GUO JIA XIAN DAI ROU YANG CHAN YE JI SHU TI XI XI LIE CONG SHU

中国肉羊产业发展动力机制研究

李秉龙　夏晓平　著

中国农业科学技术出版社

《国家现代肉羊产业技术体系系列丛书》编委会

总　序

随着人们生活水平的提高和饮食观念的更新，日常肉食已向高蛋白、低脂肪的动物食品方向转变。羊肉瘦肉多、脂肪少、肉质鲜嫩、易消化、膻味小，胆固醇含量低，是颇受消费者欢迎的“绿色”产品，而且肉羊产业具有出栏早、周转快、投入较少的突出特点。

目前，肉羊业发展最具有国际竞争力的国家为新西兰、澳大利亚和英国等发达国家，他们已建立了完善的肉羊繁育体系、产业化经营体系，并拥有自己的专用肉羊品种。这些国家的肉羊良种化程度和产业化技术水平都很高，占据着整个国际高档羊肉的主要市场。

我国肉羊产业发展飞快，短短五十年，已由一个存栏量只有4 000多万只的国家发展成为世界第一养羊大国。目前，我国绵羊、山羊品种资源丰富，存栏量近3亿只，全国各省、自治区、直辖市均有肉羊产业分布。养羊业不仅是边疆和少数民族地区农牧民赖以生存和这些地区经济发展的支柱产业，而且在农区发展势头更为迅猛。近年来，我国已先后引进许多国外优良肉用羊品种，为我国肉羊业发展起到了积极的推动作用，养羊业已成为转变农业发展方式、调整产业结构、促进农民增收的主要产业之一，在畜牧业乃至农业中占有重要地位。

但是，我国肉羊的规模化生产还处于刚刚起步阶段。从国内养羊的总体情况来看，良种化程度低，尚未形成专门化的肉羊品种；养殖方式粗放，大多采用低投入、低产出、分散的落后生产经营方式；在饲养管理、屠宰加工、销售服务等环节还存在许多质量安全隐患；羊肉及其产品的深加工研究和开发力度不够，缺乏有影响、知名度高的名牌羊肉产品；公益性的社会化服务体系供给严重不足。

2009年2月国家肉羊产业技术体系建设正式启动，并制定出一系列的重大技术方案，旨在解决我国肉羊产业发展中的制约因素，提升我国养羊业的科技创新能力和产业化生产水平。

国家现代肉羊产业技术体系凝聚了国内肉羊育种与繁殖、饲料与营养、疫病防控、屠宰加工和产业经济最为优秀的专家和技术推广人员，我相信由他们编写的“国家现代肉羊产业技术体系系列丛书”的陆续出版，对我国肉羊养殖新技术的推广应用以及肉羊产业可持续发展，一定会起到积极的推动作用。

国家现代肉羊产业技术体系首席科学家
中国工程院院士

2010年4月12日

摘　要

随着经济的快速发展、城市化步伐的加快和居民生活水平的提高，城乡居民对高蛋白、低脂肪的羊肉产品的消费需求稳步增加。社会需求的变化促进了中国养羊业主导结构的改变，养羊由最初的毛用为主转向如今的肉用为主，肉羊产业的发展因此而方兴未艾。但与畜牧业其他行业尤其是生猪、肉鸡及奶业相比，无论在产业规模还是政策支持力度上仍存在不小的差距。特别值得指出的是，随着城市化、工业化的不断推进和加入 WTO 后过渡期的结束，肉羊产业的发展日益受到资源、环境的制约，如何在一系列的“内忧外患”中保持中国肉羊产业的可持续健康发展已经成为政府部门亟待解决的问题。因此，在此背景下对我国肉羊产业发展的各个环节进行全方位的研究分析，具有重要的理论价值和现实意义，既有助于拓展产业经济学相关理论在畜牧业经济领域的应用与深化，也有助于为政府制定和优化产业政策、为企业制定经营战略提供决策的现实依据。

本课题依据现有的经济学和管理学知识，在对比较优势理论、竞争优势理论相关内容进行梳理的基础上，运用波特的“钻石模型”作为分析工具构建了研究产业发展动力机制的理论模型，并以肉羊产业的纵向价值链为核心进一步构建了中国肉羊产业发展的动力机制模型。在实证分析部分，按照肉羊产业发展动力机制模型的理论分析框架，以肉羊产业生产、流通、市场等环节主体构成的产业纵向价值链为主线，以要素投入驱动、技术创新推动、相关产业支持以及产业政策扶持所构成的外源动力为辅助，从中国肉羊生产区域变动及其比较优势变化、肉羊产业的加工与流通、国内羊肉消费的总体特征及微观主体的消费行为选择、贸易自由化背景下的中国肉羊产业国际竞争力 4 个角度，对中国肉羊产业发展的动力机制进行了深入分析。

本项研究的主要结论是：第一，中国肉羊产业发展是内源动力和外源动力交互作用的结果。第二，中国肉羊产业生产区域变动与比较优势变动具有内在一致性。肉羊生产已逐步向自然条件适宜、农村经济发展水平较低、非农产业发展相对滞后的地区转移和集中，这些地区具有肉羊生产的比较优势，是今后肉羊生产发展的重心。第三，利益分割与产业链接决定中国肉羊产业的流通模式与运行效率。中国肉羊产业的加工流通环节发展滞后，产业化组织程度低，羊肉产品的加工转化程度不高，市场适应能力差，难以形成具有竞争力的品牌产品。第四，消费结构、消费者的消费行为及其影响因素对羊肉市场的发育起着重要的决定作用。具有不同个人特征和家庭特征的消费者拥有各自差异的羊肉消费偏好。第五，贸易自由化使中国肉羊产业面临着机遇和挑战，但总体发展处于不利地位。虽然世界肉羊生产的重心在发展中国家，但发达国家依然占据着肉羊国际贸易的主导地位。中国肉羊产业具有明显的“生产大国、出口小国”特征，国际竞争力与澳大利亚、新西兰等发达国家相比有较大差距。

本项研究的特色与可能存在的创新有：第一，提出了中国肉羊产业发展的内源动力与外源动力交互作用机制说。第二，首次运用固定效应模型和概率优势模型对中国肉羊产业区域变动与区域比较优势变动进行对比分析。第三，通过调查所获得的数据，运用统计方法和行为选择模型对我国城市羊肉消费者的品牌信任程度与其羊肉食品购买行为之间关系、城市消费者的户外羊肉消费行为及其影响因素进行实证分析。

关键词：肉羊产业；产业链；产业发展；动力机制

Abstract

With the rapid development of economy, the fast pace of urbanization and the increase of people's life, people have a higher consumption of sheep meat with high protein and low fat. The change of social demand promotes the change of China's meat sheep industry's structure. The sheep's function is transferred from hair to meat, so the meat sheep's development is budding. But compared to other industries like pig, chicken and dairy industry, there are big distance in the aspect of industry scale and supporting level of policy. It has to be pointed out that the meat sheep industry's development is affected by resource and environment with the improvement of urbanization and industrialization. So, how to keep the sustainable and healthy development of China's meat sheep industry is in urgent need to be solved. Against this background, it is of important theoretical value and realistic significance to analyze the whole process of meat sheep industry's development. It can help deepen the relative theory's application in the field of economy and provide the realistic basis for government to make and better industry policy.

The book builds the theoretical model to research industry development motivate in according to the current knowledge on economics and management on the basis of comparative advantage theory and competitive advantage theory with Port's diamond model as the analyzing tool and the vertical value chain of the meat sheep industry as the core. The dynamical mechanism of China's meat sheep industry development is analyzed under the model of meat sheep development dynamical mechanism, with value chain of production, distribution and market as the main line, with element input, technology innovation, and corresponding industries support as the aid in the four aspects of competitive advantage, processing and distributing, the major characteristics of meat sheep's consumption, and international competitiveness.

The conclusion of the book is as follows. Firstly, China's meat sheep industry has been transferred to the area with appropriate natural condition, low economic development and low non-agriculture development level. The area's economic development, the variation of employment, comparative benefits and policy's support are three key factors to influence the transfer of meat sheep industry's area. Secondly, the comparative advantage development of China's meat sheep industry is imbalanced. On the whole, the transfer of production area and comparative advantage is consistent, so the focus of the meat sheep industry development should be in the area with comparative advantage. Thirdly, the processing and distributing parts are backward, the product of meat sheep has a low degree of processing, most of them are preliminarily processed, so the added value of the product, the adapting ability to the market are low, so it is difficult to form a competitive product with a famous brand. Fourthly, meat sheep has a low percentage in the consumption of people and in slow growth. Presently the meat sheep can not satisfy different family's various demands. Fifth, although the focus of the world meat sheep industry is in the developing countries, the developed countries have the leading position in the trade of sheep meat. China's meat sheep industry has the characteristic of big production and small export, not competitive with other developed countries such as Australia and New Zealand.

The characteristics and innovations of the book are as follows. (1) It firstly proposed the interaction mechanism of Chinese meat sheep industry between internal power sources and external power sources. (2) It used a Fixed Effect Model and Stochastic Dominance Model to analysis the region changes and the changes of regional comparative analysis for the first time. (3) According to the investigation data, the paper used statistical methods and behavioral choice model of consumer to empirical analysis the urban trust relationship of sheep meat brand with other factors, which include food purchase behavior of urban consumers, consumer behavior and its impact factors on outdoor for sheep meat.

Key words: meat sheep industry; industry chain; industry development; dynamical mechanism

目　录

1 导　论

1.1 选题背景

1.1.1 中国肉羊产业发展的有利条件

（1）肉羊产业发展迅速，产业前景光明

20世纪60年代以来，国际养羊业的主导方向发生了变化，出现了由毛用转向肉毛兼用直至肉用为主的发展趋势。在这一大背景下，我国肉羊产业发展方兴未艾，尽管生产兴起时间较短，但发展的速度很快。自20世纪90年代以来，我国绵羊、山羊的存栏量、出栏量、羊肉产量均居世界第一位，肉羊业产值占畜牧业的比重也在不断提高。截止到2009年底（FAO数据），我国肉羊存栏量和出栏量分别为2.81亿只和2.69亿只，肉羊年产量达到386.7万吨，比1980年的45.1万吨增加了341.6万吨，占世界羊肉产量的比重也由1980年的6.14%增加到2009年的29.64%，年均增长速度为7.92%，远远高于世界2.10%的平均增长速度。与此同时，羊肉在我国肉类产量中的比重不断提高，由1980年的3.70%提高到2009年的5.09%，肉羊业产值（2008年为1 085亿元）占畜牧业总产值的比重也已经由1990年的2.84%提高到2008年的5.27%。

（2）肉羊产业在促进农牧民增收、带动相关行业发展中作用显著

作为畜牧业的一个子产业，它上联种植业、下联加工业，既能促进种植业结构的调整，又能延伸到二三产业，实现多环节、多层次、多领域的增值增收。肉羊产业的发展能有效地转化粮食和其他副产品，可以带动种植业和相关产业发展，促进农业向深度和广度拓展，其发展还可以增加老少边穷地区农牧民就业机会，是农牧民脱贫致富最直接、最有效的途径。据调查，2002年肉羊饲养平均每只纯收益100元，2007年平均达140元，提高了40%。

（3）居民对畜产食品需求增加，尤其以肉羊产业为代表的草食畜牧业的发展对改善居民饮食结构意义重大，两者呈现良性互动

随着经济的快速发展、城市化步伐的加快和居民生活水平的提高，城乡居民对高蛋白、低脂肪类畜产品的消费需求将稳步增加。1985年，我国人均牛羊肉消费数量，城镇居民为2.6千克，农村居民仅为0.65千克；2009年，城镇居民人均达到3.70千克，农村居民人均达到1.37千克，分别比1985年增长34.06%和110.77%。今后十多年是我国全面建设小康社会的关键时期，每年新增人口约700万；预计城镇居民人均可支配收入以每年11%以上的速度增长，农村居民人均纯收入以6%以上速度递增；城市化水平以年均1%的速度加快推进。综合考虑上述因素，依据《国家粮食安全中长期规划纲要（2008～2020年）》相关

数据测算，到2020年，肉、奶人均需求将分别达到53.4千克和45.9千克，消费年均增长速度分别为2.3%和6.7%。其中，牛羊肉消费占居民肉类消费总量的比重将增加到16%，牛羊肉人均需求将达到8.5千克。因此，发展包括肉羊产业在内的草食畜牧业对改善居民膳食结构，提高居民生活水平意义重大。

（4）肉羊产业发展对促进节粮型畜牧业发展，缓解粮食安全压力意义深远

在我国畜牧业生产中，猪、鸡等耗粮型家畜占绝对优势，牛、羊等草食家畜所占比例较低。随着工业化、城镇化步伐的加快，我国人口数量将继续增长，耕地面积将不断减少，粮食增产难度越来越大，保持粮食供求长期平衡任务艰巨。而我国作为人均耕地面积只有1.2亩、人均占有粮食不足400千克并拥有13亿人口的大国，要从有限的粮食产量中挤出大量饲料用粮，其潜力十分有限。况且，改革开放30多年来，我国饲料粮占粮食总产量的比重不断提高，用量逐年增加。20世纪80年代初，养殖业全部饲料用粮0.72亿吨，占全国粮食总产量的20%～25%；2005年，饲料用粮1.96亿吨，占全国粮食总产量的比重上升到40.54%；2007年，在我国肉类产品价格大幅上涨、消费有所下降的情况下，饲料用粮依然达到2.05亿吨，占粮食总产量的比重达40.82%。所以，饲料原料短缺的局面将成为我国畜牧业可持续发展的最大瓶颈。不过，如果合理发展草食畜牧业，每年将会节省大量粮食。按2007年我国牛、羊肉总产量613.4万吨、382.6万吨计，可节约粮食8 964万吨，相当于增加耕地2.96亿亩。与此同时，我国现有可利用草原总面积3.3亿公顷，人工种草面积2 500万公顷，退耕还草面积550万公顷，农作物秸秆6亿多吨，十分适宜发展草食畜牧业。因此，大力发展牛、羊等节粮型草食家畜，是充分利用自然资源、缓解粮食安全压力、促进我国居民食物消费结构升级的有效途径。

综上所述，合理开发利用牧草、秸秆及其他非粮资源，发展草食畜牧业已成为当前畜牧业发展的必然选择。正因如此，肉羊业正在成长为我国畜牧业的一个“朝阳产业”，在改善我国居民的膳食结构、提高国人的身体素质、增加农牧民生产经营收入、促进我国农业尤其是畜牧业生产结构的调整等方面大有可为。不过，虽然肉羊产业发展具有一系列得天独厚的优势条件，但也存在为数不少的制约因素。

1.1.2 中国肉羊产业发展的制约因素

（1）肉羊产业发展日益受到资源和环境的制约

从生产上看，随着宏观经济的不断发展，肉羊生产日益受到来自非农产业和其他畜牧业发展的压力，成长空间日渐狭小，尤其在一些经济发达地区，肉羊生产出现了持续萎缩的态势，致使我国肉羊生产有向“老少边穷”地区转移的趋势。不可否认，这些地区一直以来就是我国肉羊生产的重要区域，但受经济发展水平和资源生态环境脆弱的制约，以上地区很难承担起中国肉羊产业现代化发展的重任。这一矛盾不仅存在于肉羊产业的发展之中，而且是中国畜牧业发展所面临的共同问题。因此，不难发现中国肉羊产业的发展日益受到环境和资源的约束。

（2）肉羊生产的产业链不健全，产业化组织程度非常低，缺少名优品牌

从加工流通上看，肉羊产业的发展有赖于肉羊加工业的发展，但农户的小规模生产、肉羊加工业的原料—专门化肉羊品种的缺乏、优质肥羔供应的严重不足，使加工业“巧妇难为无米之炊”，不仅严重制约了羊肉加工的专业化和规模化，也使现有的规模加工业开工不

足、设备闲置，阻碍了优质肉羊生产及其产业的发展。另外，肉羊生产的产业链不健全，产业化组织程度非常低。产业链利益主体之间各自为政、互为独立，并没有建立“风险共担、利润共享”连接机制。直接导致肉羊产品的加工转化程度不高，多数企业还是以初级加工为主，产品附加值低，保鲜期和货架期短，市场适应能力差。因此，很难形成自己的品牌，严重制约了中国肉羊产业的发展壮大。

（3）羊肉消费在居民畜产品消费①中比例偏低，消费者对羊肉品质要求越来越高

从消费上看，羊肉消费在整个畜产品消费中比例偏低。从绝对量上看，猪肉、牛肉、禽肉、蛋类和奶制品人均消费量分别由1985年的16.68千克、2.15千克、3.24千克、6.84千克、6.32千克（1992年数据）增加到2008年的19.26千克、2.22千克、8.00千克、10.74千克、19.30千克，增幅为15.47%、3.26%、146.91%、57.02%和205.38%。而唯独羊肉消费由1992年的1.56千克下降到2008年的1.22千克，降幅为21.80%；由此可见，我国居民畜产品消费结构“过于向肉类集中，肉类又过于向猪肉集中的双集中”趋势明显。这种略显畸形的饮食结构使羊肉产品消费市场难以扩大，严重制约了中国肉羊产业的进一步发展。与此同时，国内畜产食品质量安全事件频发，触动着广大消费者的敏感神经，使他们对畜产食品的选择态度上也变得更为保守谨慎，对畜产品的质量和品质要求也更为挑剔，这使以千家万户小规模生产为主的肉羊产业发展面临着巨大的挑战。因此，中国消费者饮食结构的不合理和消费态度的微妙变化使中国肉羊产业的发展面临着很大的不确定性。

（4）“生产大国，出口小国”特征明显，市场竞争日趋激烈

从国际贸易上看，中国是典型的“生产大国，出口小国”。作为当前世界上最大的羊肉生产国，中国在世界羊肉贸易中所占的比例非常小，只有不到0.2%的羊肉产量用于出口，大约占到世界羊肉出口总量1%左右的份额。特别是自加入WTO后，随着我国畜产品市场的逐步放开，国外肉羊发展强国像澳大利亚、新西兰的羊肉产品对我国的羊肉产品在国际、国内两个市场上形成挤压，主要表现为，我国羊肉产品出口额的下降，出口市场的狭小和进口的不断增加，贸易逆差的不断扩大。2008年羊产品进口继续增加，出口微降，贸易逆差达到5485.6万美元，比上年增加3091.7万美元。造成这一局面的根本原因就是我国羊肉产品国际竞争力偏低。因此，羊肉产品市场上所呈现出来的“国际竞争国内化、国内市场国际化”的变化趋势使中国肉羊产业的可持续发展面临着极大的压力和挑战。

所以，在中国，虽然肉羊产业的发展前景光明，而且发展也初具规模，但与畜牧业其他行业尤其是生猪、肉鸡及奶业相比，无论在产业规模还是政策支持力度上仍存在不小的差距。特别值得指出的是，随着城市化、工业化的不断推进和加入WTO后过渡期的结束，如何在一系列的“内忧外患”中保持中国肉羊产业的可持续健康发展已经成为中国政府亟待解决的问题。对于以上问题，国内学者也进行了一定的研究，但技术研究多于产业经济研究，并且多数研究主要集中在国外经验的介绍和宏观层面的定性分析与对策探讨，仅限于对我国的肉羊产业现状进行描述性分析，进而提出相应的政策建议。相对而言，从经济理论上对肉羊产业的研究缺乏足够的广度和深度，而且也缺乏从整个产业链的视角进行系统全面的实证研究。因此，要想探寻中国肉羊产业可持续发展之道，需要系统深入地从理论和实证角

① 由于当前国家统计局公布的畜产品消费数据并不包括户外消费数据，所以实际羊肉消费数据可能会被低估。

度研究和探讨并尽可能科学全面地揭示下列问题之后才能从根本上解决上述难题。

①自从农业部先后出台并实施《肉牛肉羊优势区域发展规划（2003 ~ 2007 年）》《肉羊优势区域布局规划（2008 ~ 2015 年）》以来，中国肉羊生产区域发生怎样的变动？有哪些影响因素？这些变动是否符合比较优势原则，各生产区域的比较优势现状如何？这些生产区域的变化和比较优势的变动是否总体上保持一致？

②中国肉羊产业的加工流通环节发展状况如何？存在哪些问题？这些问题又是如何制约着肉羊产业的发展的？

③中国羊肉消费市场呈现怎样的变化特征，在饮食结构逐渐改变和食品质量安全日益受到关注的大环境下，消费者的家庭内和户外消费行为有什么样的变化，行为变化的影响因素都有哪些？这些变化对肉羊产业发展带来什么样的影响？又该如何作出相应调整？

④自加入 WTO 以来，中国羊肉产品国际贸易呈现怎样的变化趋势？在不断变幻的国际市场环境中，中国肉羊产业的国际竞争力如何？

上述问题的揭示，需要我们从产业链视角出发，在对肉羊产业发展各环节所存在问题进行定量描述和定性分析的基础上，对中国肉羊产业现行的发展模式进行科学的反思，从而为中国肉羊产业的可持续发展、国际竞争力的提升和产业发展政策的战略性调整提供理论和现实依据。

1.2 研究意义

从国际范围上看，随着包括肉羊产品在内的畜产食品贸易的不断发展和消费者对畜产食品质量安全关注程度的日益提高，规模化生产占主导地位的发达国家畜产食品产业链优化进程加快，特别是像澳大利亚、新西兰这两个肉羊强国其肉羊产业的运行机制日趋完善，肉羊产业继续保持着强大的国际竞争力。这些成功的经验越来越引起社会各界的普遍关注，相关研究相继出现。但到目前为止，国内外对小规模生产占主导地位背景下的畜牧业特别是基于产业链视角的肉羊产业发展的系统研究还是空白。因此，根据相关的经济学和管理学理论实证研究中国肉羊产业发展的相关问题，深入分析产业链上生产、加工流通、消费与国际贸易诸环节的发展态势及其对肉羊产业发展的影响，不仅是一个具有一定新意的课题，而且其研究成果将具有比较重要的理论意义和现实意义。

1.2.1 理论意义

通过对中国肉羊产业发展动力机制的理论建构，进一步丰富和完善产业经济与畜牧经济的理论体系。要想从根本上解决中国肉羊产业发展规模过小、国际竞争力不高的现状，必须立足于肉羊产业发展的基本特征，从肉羊业产业链各环节的发展变化角度入手，对肉羊业产业链的运行过程中所存在的关键问题进行系统全面的研究。因此，本研究主要以产业链理论、比较优势理论和竞争优势力理论为基础，构建中国肉羊产业发展动力机制的全新逻辑框架和研究思路。针对中国肉羊产业而言，由于本研究所要进行的理论探讨和实证分析多是开拓性的，研究思路和研究内容可供借鉴的已有数据资料或研究成果极为有限，更多的研究工作需要在统计分析和典型调研的基础上进行。因此，本项研究所获得的研究成果在一定程度上可填补肉羊产业国内研究的空白，将为中国肉羊业产业链优化和其他畜牧业的分支产业发展等相关问题研究积累重要的文献资料并提供重要的理论借鉴，从而有助于丰富和完善产业经济和畜牧业经济的理论体系。

1.2.2 现实意义

通过对中国肉羊产业发展动力机制的实证分析，有助于为国家和各级政府制定和优化肉羊产业政策提供理论和现实依据，为肉羊养殖户和相关企业及相关单位制定经营战略和完善经营策略提供决策依据。具体而言，本研究在由产业链理论、比较优势理论和产业竞争力理论所构建的理论基础和逻辑框架的基础上，对中国肉羊产业发展各环节存在的问题及其影响因素等进行全面系统的理论探讨和实证分析。其研究成果将为既能全面考虑中国肉羊农牧户小规模生产占主导地位的实际，又符合产业链特性的产业发展道路的选择提供理论和客观依据。因此，本项研究将有助于厘清产业链各环节所存在的问题及其对肉羊产业发展的作用机制，提高中国肉羊产业链的运行效率，有助于全面提升中国肉羊产业的国际竞争力，有助于为政府制定和优化相关产业政策、为相关企业制定经营战略和策略提供决策依据。

1.3 国内外相关研究现状综述

1.3.1 与畜牧业发展相关的实证研究

（1）资源禀赋与畜牧业发展的相关研究

要素禀赋中的要素是一个广义的概念，既包括自然资源、资本资源、人力资源、基础设施等物质资源，也包括制度、技术以及文化等非物质资源（Stuart Mounter，2008）。相关研究表明，不同的要素禀赋组合能够衍生出不同的畜牧业发展模式。针对中国而言，由于不同地区的土地、资本和劳动力等资源的禀赋程度不同，导致在畜牧业发展过程中各种资源要素的投入强度和结合方式各异，因此，表现出土地密集型畜牧业、资本密集型畜牧业及劳动力密集型畜牧业 3 种不同的发展模式（李瑾、秦向阳，2009）。也有学者在对国外现代畜牧业发展模式介绍的基础上，根据我国东中西部地区不同的资源禀赋，提出了东部“外向型”现代化畜牧业、中部“农牧有机结合型”现代畜牧业、西部“特色型”现代畜牧业 3 种不同的畜牧业发展模式（现代畜牧业课题组，2007）。总体而言，资源禀赋与畜牧业发展的关系主要体现在两个方面，一是资源的丰裕程度对畜牧业发展的促进作用；二是畜牧业发展对资源禀赋的反作用。国内研究也主要集中在这两个方面，其中，资源的丰裕程度对畜牧业发展的促进作用主要体现在物质资源和非物质资源的作用力上。在物质资源的作用上，如饲料资源在畜牧业现代化发展上具有重要的战略地位，没有充足的饲料，畜牧业就无从发展（王建华，1996）。而种质资源对畜牧业的发展也同样具有重要的作用，是现代畜牧业发展的基础。有学者通过对我国畜禽品种资源的利用现状的调查，研究了品种资源的利用与改良程度与畜牧业发展之间的关系，发现我国目前的良种繁育体系不适应畜牧业发展的需求，一是种畜禽场结构不合理；二是种畜禽场规模小、经营效益低。地方品种虽然具有耐粗饲、适应环境能力强、繁殖性能高、肉品质好等优点，但也存在生长速度慢、饲料报酬低、瘦肉率低等缺点，不适应市场要求。只有将引进的优良品种与我国地方资源品种进行杂交育种，开发出新一代的具有我国品种资源优势的优良品种，才是我国养殖产业立于世界竞争优势的关键所在（申茂向、李保明，2005）。随着温室效应越来越受到社会各界的关注，气候变化对畜牧业的发展影响也逐渐成为学界研究的热点，有学者以西藏那曲地区为例，对气候变化与牧业生产的关系进行了研究，发现总体来看，那曲地区的气候变化呈现气温增高，降水量、相对湿度、低云量增加，蒸发量、总云量、日照时数减少的趋势有利于牧业生产（卓嘎、杨秀海，2009）。不过也有学者通过对我国西部主要牧区1980年代以来出现的气候暖干化趋势进行了分析，得出了与前者相反的结论：气候暖干化趋势，是导致我国主要牧区环境恶化、草地退化和沙化的根本原因之一。加之长期过度放牧，使草地生产力不断下降，严重制约了牧区畜牧业的发展（吕晓英，2003）。在非物质资源的作用上，主要是制度、文化等意识形态的东西通过对人的行为的引导和规范来作用于畜牧业的发展。目前，国内这方面的研究多见于草原文化和草原产权制度对草原畜牧业发展影响的研究。合理地利用草原文化对牧区畜牧业的发展具有重要的促进作用，因为草原文化是原生态文化，其核心价值观就是以人与自然和谐相处为根本特质的“天人合一”思想。它代表着纯天然、无污染、绿色环保，代表着广阔无垠、热情奔放、生机勃勃，这一无形资源是打造特色畜牧业品牌、宣传产品、开展绿色营销的有利条件。如能把草原文化中的生态理念、强悍进取的民族精神融入企业文化之中，将使企业获得持久发展的内驱力（玉玺，2007）。由于草原产权的外部效应使得不同的草原产权归属带来不同的规模经济效应，当前由于草原产权的归属不清，使得牧民的自利性放牧行为偏离社会最优目标，导致了过度放牧，草场严重退化，使草原畜牧业的发展受到了很大的制约（徐斌，2009）。虽然现有研究主要集中在资源禀赋对畜牧业发展的作用上，但也有少量研究将研究的视角转向畜牧业的发展对资源的反作用上，特别是不同的畜牧业发展模式对区域资源禀赋有着不同程度的影响。如有学者通过建立江河源区草地畜牧业对其生态环境演变作用的机理模型，对畜牧业发展过程中出现的游牧和固定放牧两种模式对区域生态环境的演变进行了定性分析。结果表明：畜牧业对环境演变的压力同游牧范围或面积、草场的恢复能力成反比，同畜群结构合理性和畜群数量成正比。因此，固定放牧对环境演变的作用程度远高于游牧对环境演变的作用程度（冯永忠、杨改河，2005）。不过，通过对这方面研究的进一步梳理发现，现有研究更多关注的是当前我国畜牧业的不当发展对资源禀赋的负面影响上，由于我国长期片面强调舍饲畜牧业，并且在“以粮为纲”的主流下形成“粮—猪”系统，从而割裂了植物生产层与动物生产层的自然耦合机制，严重降低了生产水平和生态健康（任继周，2005）。另外也有学者通过对畜禽养殖业集约化程度与水资源保护之间关系的研究，认为自20世纪90年代以来，随着我国畜禽养殖业集约化程度的快速提高，对环境尤其对地表水和地下水产生了突出的污染，这样不仅影响了生态环境的可持续发展，对畜牧业的可持续发展也带来了负面影响（柯炳生，2005）。

（2）产业链与畜牧业发展的相关研究

通过对相关文献的归纳，发现有关产业链与畜牧业发展的研究主要集中在两个方面：一是针对产业链各环节发展特征、主体行为及其对整个产业发展的影响研究；二是从整个产业链角度分析产业链各利益主体间利益联结与分配方式对畜牧业发展的影响。在研究对象的选择上，既有对畜牧业的整体研究又有选取畜牧业中某一分支产业所开展的专门研究，且这方面研究以针对生猪产业的研究居多，近年来奶业也受到了越来越多的关注。

在有关产业链各环节发展特征、主体行为及其对整个产业发展的影响研究方面，已有研究一般将畜牧业的产业链从价值链视角分为生产、加工流通、消费等主要环节。在生产环节上，有学者以生猪为例专门研究了我国生猪不同规模饲养的成本效益变化趋势，成本效益的影响因素以及规模经济效益所处阶段。得出我国生猪小规模和中等规模饲养都处于规模报酬递增阶段，大规模饲养处于规模报酬递减阶段。最后认为生猪规模养殖和专业化生产是生猪饲养业发展的必然选择（李桦，2007）。也有学者对猪肉供应链中养猪场的微观行为进行了研究，结果表明：由于有限理性和机会主义的存在，并且在利益最大化的驱动下，公司与养猪场之间展开竞争，产生利益冲突，使优质猪肉供应链的整体目标受到损害，进而影响各自利益最大化的实现（孙世民、卢凤君，2004）。在加工流通环节，不同规模的加工企业对整个产业发展的影响和作用是不同的，崔惠玲、董筱丹、程漱兰（2002）以奶业为例，对中国奶业发展的产业主体进行了分析，发现基于规模效应和质量安全的角度，乳品加工大中企业是奶业发展的中坚力量，乳品加工小企业是大企业提高竞争力和低成本扩张的基础。但从整体上看，由于当前畜产品加工企业规模普遍偏小，企业科技和制度创新能力不足，产品质量差，管理制度落后，竞争力不强，仍基本停留在简单的屠宰、分割、冷藏等初级阶段的水平，加工深度不够且加工技术落后，存在着花色品种较少和优质高档品种比重低等问题，致使其对整个产业的带动能力不足，已成为制约畜牧业发展和农民增收的主要瓶颈（申茂向、李保明，2005）。通过对“瓶颈”现象成因的进一步分析，发现主要还是由于畜产品加工企业规模小、龙头企业缺乏、技术研发水平低、产品品牌效应差、市场拓展不够等原因严重制约了畜牧业的成长壮大（左应鸿、刘莉，2001）。在畜牧业发展的消费环节，由于畜牧业生产结构与消费结构的不相适应导致畜产品结构缺乏多层次与多样化，畜产品质量与消费者需求之间存在着显著差距，落后的生产效率与旺盛的需求之间也同样存在着矛盾（李瑾，2008）。生产环节与消费需求的不一致，导致了畜产品市场的反复波动，而这些问题普遍存在于各分支产业之中，不利于产业的健康和稳定发展。如有学者从市场价格波动的角度，研究了市场与生猪产业发展的关系，发现由于供应量变化导致价格大幅度波动的现象，不利于产业的健康发展，给我国生猪产业的养殖主体、消费者以及产业链关联产业主体都带来了巨大损失。而提高猪肉的品牌影响力是规避生猪价格波动风险、减少整个产业链相关主体损失的重要举措（卢凤君、刘莉，2007）。也有学者通过深入分析美国和日本两大发达国家近50年来畜产品消费结构引致的畜牧业生产变革的做法与经验，基于产业链视角提出了未来中国畜牧业发展方向：①发展适度养殖规模，农户家庭经营仍是畜牧生产主体。②将畜牧生产与生态环境保护相结合。③注重科技开发，提高生产效率。④加快发展畜产品加工业及餐饮业（Tzouramani I.、Sintori A，2008）。

在从整个产业链角度分析产业链各利益主体间利益联结和分配方式对畜牧业发展的影响研究方面，学者们通过对我国畜牧业产业化组织程度的研究，发现行业组织和合作组织发育不足成为当前我国畜牧业面临的最大挑战（周应恒、耿献辉，2003）。正是因为产业组织的这一缺陷对畜牧业产业结构的调整以至竞争力的提高具有不可忽视的影响，是我国畜牧业缺乏整体竞争力、比较效益低、基础脆弱、后劲不足的重要原因，其负面影响不会因技术水平提高、资金的充裕而缓释（吕广宙，2005）。从具体的畜牧业分支产业的发展来看，有学者通过对我国奶业生产组织模式的分析，发现中国奶业由于缺少牛奶生产合作组织与龙头企业的竞争，龙头企业与农户谈判地位的明显不对称等造成企业买方垄断而在利益分配上占有更大优势，但龙头企业之间的竞争正使原来的垄断租金幻灭（王胜利、蔡志强，2004）。由于产业组织化程度低、产业链各环节利益分配的不均衡导致各利益主体之间所享受的利润和承担的风险不对等。张磊、常来发（2009）对北京市猪肉产业链各环节相关主体利益分配进行调查研究，结果表明：一头生猪从养殖到屠宰最后进入到销售环节，利润在不同经营主体之间的分配。从绝对量上来看，由高到低依次为零售、批发、屠宰、收购和养殖。而市场风险主要由位于产业链两端的养殖户和消费者所承担。究其原因，主要就是畜牧业缺乏健全合理的利益分配机制，如有学者对乳品产业链纵向组织关系进行分析后发现，在目前的纵向约束的联结方式下，无论是农户与奶站、加工企业与奶站，还是加工企业与销售商之间，均会导致非合作博弈，这说明在我国占主导地位的纵向约束的乳品产业链联结方式存在不完备性（侯淑霞、郝娟娟，2008）。正是由于利益联结方式的不完备性进一步致使各环节利益主体在市场交易中的话语权不对等，尤其是养殖环节由于小规模分散饲养占主体而导致在交易中缺少真正意义上的“利益代言人”。以牛肉产业链为例，由于产业链发育不完整，大型屠宰加工企业成为整个产业链的核心，在与农户的合作中，屠宰加工企业更愿意选择养牛大户进行合作，其根本动因在于可以获得最大的利益分配。而交易成本是农户选择销售形式的主要影响因素。农户与加工企业合作主要是为了减少不确定性（王桂霞，2005）。但正是产业链中相关主体的强强联合所产生的挤出效应进一步对小规模养殖户的利益形成挤压，致使其发展步履维艰。由于收益、风险的不对等，进一步导致了小规模散养户在养殖过程中的机会主义行为，从而在源头上就给畜产品供给带来严重的质量安全隐患。有学者基于中美乳业产业链结构比较视角，研究了乳业产业链结构对乳业成长的影响，认为毒奶粉事件是乳制品企业在原奶收购环节长期过分压榨奶农致使行业各环节利益分配失衡的必然结果（齐春宇，2008）。由于产业链之间存在着相互制约的关系，产业链条中任何一个环节出了问题，都会起连带作用，都会影响整个产业的发展（赵剑锋，2004）。只有理顺供应链各方的利益分配比例，才能使整个行业得以健康发展并保障食品安全。因此，为了促使产业链之间形成完善的利益分配和风险承担机制，必须培育畜牧业的产业组织，推进畜牧业的纵向一体化，建立我国畜牧业各个领域的产业链体系，这也是解决畜牧业小生产与大市场的矛盾，降低饲养成本和加工成本，提高畜牧业经济效益，保护资源和环境，提高我国畜牧产业竞争力的迫切需要（周应恒、耿献辉，2003）。而这一观点也得到了其他专家的认同，贾永全（2004）通过对市场经济条件下畜牧业发展所面临的4种风险的危害分析，认为实行产业化经营，完善产业化模式才能有效规避风险，促进畜牧业的健康发展。邓蓉、张波（2003）从分工和专业化的角度，对畜牧业小生产者的组织化问题进行了分析，发现产业化经营是现阶段我国小农户实现组织化经营的重要途径，能够提高畜牧业的生产效率，促进我国畜牧业的发展。

（3）关联产业与畜牧业发展的相关研究

一般来说，与畜牧业发展相关联的产业主要包括良种繁育、饲料种植及加工、产品包装、物流配送等与畜牧业产前、产中、产后密不可分的产业。这些关联产业与畜牧业的关系主要体现在其对畜牧业发展的推动和畜牧业对其发展的拉动上，例如，畜牧业与种植业互相依存、互相促进，既可使粮食转化增值，又可增加有机肥以提高农产品品质，实现降本增效。畜牧业还可以通过自身产业化和工业化，为农区加工业提供更宽阔的平台和深厚的潜能，为农区工业化以至城镇化铺设一个良好的起点（刘建铭，2004）。在牧区，关联产业的发展同样对草原畜牧业的发展起着巨大的支持性作用，有学者专门分析研究了相关产业的发展对内蒙古乳业成长的影响，结果显示：超高温灭菌和无菌包装技术的引进、交通基础设施条件的改善、现代连锁经营零售业态的发展以及农业种植结构的调整，这些相关产业的发展为内蒙古乳品企业全国竞争创造了良好的支持条件（赵云平，2006）。不过，畜牧业与关联产业并不总是保持着相互促进的发展关系，其中任何一方的发展失调都会给另一方发展产生不利影响。有学者通过运用粮畜生产协调度（CDGPAH）对福建省粮食生产和畜牧业发展协调状况的时空变化情况进行了定量分析，结果表明：1991～2005 年来福建省粮食生产和畜牧业发展之间的相悖趋势日益严重，主要是由于耕地面积的不断减少和耗粮型畜牧业过度发展（姚成胜、朱鹤健，2009）。

（4）畜产品质量安全与畜牧业发展的相关研究

畜产品质量安全问题对畜牧业的健康发展影响深远，通过限制畜牧业其他优势的发挥而直接制约着畜牧业国际竞争力的提高。虽然我国畜禽产品在国际市场上具有明显的价格优势，但由于药物残留超标，卫生指标不合格，出口受到了极大限制。畜禽产品的安全已经成为制约我国动物源食品参与国际竞争、打入国际市场的一个首要因素，直接影响畜禽产业的发展（王冲，2006）。也有学者进一步从我国畜产品出口遭遇道德壁垒的视角出发，分析其中的原因主要为我国的饲养方式落后，公众动物福利意识差，运输方式不达标，肉畜屠宰方式落后（陈子剑，2009）。不过随着消费者健康意识的提升，对畜产食品质量安全的关注度和要求不断提高，畜牧业各环节利益主体开始有意识的通过产业链优化来降低发生食品质量安全风险的概率。如有学者通过对我国猪肉产业链上投资实践的研究后认为，随着人们对无公害、绿色、有机猪肉需求的增加以及市场准入门槛的提高，为了自身利益的最大化，进入中高档猪肉产业链的各企业已普遍采取了一体化投资行为（李晓红、卢凤君，2005）。

（5）政府功能定位与畜牧业发展的相关研究

政府作为畜牧业发展必不可少的外部条件，其作用主要体现在利用产业政策和相应的制度安排对产业链各个环节施加影响，有学者以乳业为例，认为政府在乳品产业链纵向组织关系优化与整合过程中发挥着不可替代的作用，政府有义务从乳品产业链之外第三者的角度，监督、维护、服务、调控乳业市场的正常秩序与运行，发挥公共管理和社会服务职能，通过社会化服务体系的建设，促进乳业和乳品产业链纵向组织关系的协调发展（侯淑霞，2008）。也有学者以地方乳业为案例研究了政府在乳业发展中的作用，如赵云平（2006）通过对内蒙古乳业成长历程的深度分析，认为政府通过配置资源、培育市场、推进技术进步、协调各产业主体关系等措施对整个乳业产业链施加影响。而乳业的发展既受益于国家层面宏观政策环境的改善，又得益于当地政府实质性乳业政策的支持。不过，有研究表明，政府的政策或制度安排不仅对产业发展的规模、速度以及演化路径产生明显的促进作用，有时也能产生明显的抑制作用。如有学者通过对内蒙古伊金霍洛旗的系统调查，研究了禁牧政策对农牧交错典型区畜牧业的影响，发现禁牧政策对畜牧业饲养方式、成本收益产生了影响，在缺少生态补偿政策的情形下，禁牧使畜牧业成本明显增加，而收益增加却不明显，导致部分农牧户放弃了畜牧业养殖（贾卓、李艳春，2008）。也有学者通过对内蒙古牧区畜牧业发展过程中不同阶段的制度安排进行比较分析，发现由于制度安排上存在的缺陷与不足，直接导致了畜牧业中的第一性生产能力的衰退和第二性生产能力的下降，并提出应加大政府扶持力度和草原产权制度改革力度（刘志国，2007）。虽然政府行为对畜牧业发展影响显著，但是不同层级的政府在畜牧业发展过程所扮演的角色和发挥的作用是不尽相同的。有学者通过界定中央、地方政府在畜牧产业化经营中的职能分工，认为经济活动产生的“外部效应”、市场机制对公共产品资源配置无效率以及市场机制的调节易引起经济波动等缺陷，需要政府的调控，尤其在产业化经营初期地方政府应在基础建设、龙头企业扩张、引导农民走向市场、培育民间中介机构和服务体系等方面发挥作用；中央政府应在市场政策、减轻农民负担、保护畜牧资源、维护生态环境、确保畜产品安全方面发挥作用。政府行为对产业化经营的干预程度应与其发展程度成反比，从经济学意义讲，客观上应存在一个合理的限度，要建立一个适度和合理的政府，即政府所支付的边际成本小于市场交易的边际成本，这种干预就是适度和合理的，反之亦然（程支中，2003）。

1.3.2 与肉羊产业发展相关的实证研究

通过对与肉羊相关的核心词汇的检索，共检到与肉羊产业发展相关的英文文献40多篇。通过对这些文献的整理后发现，从研究内容上看，既有研究世界肉羊的生产、消费与贸易，也有针对某个国家的肉羊产业发展；从研究方法来看，既有定性分析，也有定量分析。但对中国肉羊产业发展相关问题的研究，国外学者鲜有涉足，从事这一领域的研究基本上都是国内学者。从研究的角度来看，技术研究盛于经济研究。从研究的具体内容来看，与肉羊相关的研究，大多散布于畜牧业、畜产品有关的研究之中，缺乏有针对性的研究，一些零星的产业经济分析，也多是着眼于产业链中的某一环节，很少有系统完整的研究。

因此，鉴于当前国内外研究现状，本文将从国际、国内两个维度进行文献综述，但以国内综述为主。

（1）国外有关肉羊产业发展的研究

通过关键词检索发现，国外有关肉羊产业发展的经济研究主要集中在生产和贸易两个方面：

世界及主产国肉羊生产研究。世界养羊业生产经历了由16～19世纪中叶毛用为主，到20世纪初的肉毛兼用直至20世纪50年代以来的肉用为主的新阶段（Stuart Mounter *et al.*，2007）。世界养羊业由“毛主肉从”向“肉主毛从”的趋势转变，促进了肉羊产业的快速发展（Keithly G. Jones，2003）。世界肉羊产业的快速发展主要是因为20世纪50年代以后，随着人类化纤合成工业和服装业的飞速发展，使羊毛在纺织工业中的比重下降，毛用羊的饲养受到了很大的冲击。同时，由于人民生活水平的提高及自身保健意识的不断增强，人类对羊肉的需求量在逐年增加，羊肉的生产效益远远高于羊毛生产（Terence Farrell，2007）。

在世界羊肉产量快速增长的同时，肉羊生产呈现出以下几个特征：①羊肉生产的发展不仅表现在产量上，同时反映在羊肉生产的结构上，就是肥羔生产迅速增加。世界上主要肉羊生产国都在大力发展肥羔生产（Keithly G. Jones，2003）。②羊肉生产呈现由发达国家向发展中国家转移的趋势（András Nábrádi，2003）。发达国家羊肉产量的下降，并不意味着这些国家羊肉消费量在下降，只是其国内产业结构调整，部分羊肉缺口开始需要进口来填补（Kelly Lock，2007）。③在养羊业发达国家，肥羔生产的良种化、规模化、专业化、集约化程度较高。发展中国家的养羊业仍处在传统畜牧业阶段，但发达国家的养羊业已经进入现代畜牧业阶段，即采用集约化的生产方式进行大规模生产（Andrew Muhammad，2004）。由于肉羊育种、畜牧机械、草原改良及配合饲料工业技术的进步，世界肉羊饲养方式也在发生巨大的变化。养羊业比较发达的国家过去粗放经营已经逐渐被集约化经营生产所代替（William F. Hahn，2004）。

总结世界肉羊产业发达国家的经验主要有：①建立肉羊产业合作组织，开展一体化经营。畜牧业发达国家几乎对每个家畜家禽品种都成立了合作组织，通过建立专业合作社体系，开展一体化经营，尽可能地延长产业链，吸纳劳动力，实现产业内价值的大幅度增殖（Duncan Anderson，2009）。在澳大利亚、新西兰，肉羊产业一体化程度很高，这保证了肉羊产品产、加、销各环节的协调（Paul Keatley，2009）。同时，产业链的整合与协调，减少或消除了产加销各方利益冲突，可以提高整个肉羊业的效率和效益，增强其市场竞争力（Fraser，I.，2001）。②建立健全的社会化生产服务体系。政府鼓励建立和健全从配种、饲料、防疫治病到屠宰、加工、销售等一整套技术、生产资料也供应和产品流通领域的社会化服务体系，不仅为养羊业集约生产的专业养羊户所欢迎，而且同时是稳定发展农户分散饲养肉羊的必要条件（Hone，P.，2001）。在澳大利亚、法国、荷兰、丹麦等国，一个养羊户可以同时参加信用、饲料、机械等多个合作社，来解决肉羊产业生产中所需要的各种服务（Kingwell，R.，1999）。③依靠科技和管理提高生产率。④政府对肉羊产业的发展采取各种形式的优惠政策。这些优惠政策包括政府投资、低息或无息贷款；对生产者进行价格补贴；实行最低保护价格；国家参与市场调控等（Bathgate，A.，2001）。

世界肉羊贸易研究。世界羊肉进出口量在20世纪90年代基本呈现增长的趋势，但自2000年以后开始呈现逐年递减的趋势，以后虽略有增长，但总的来说变化不大，只是贸易的区域结构略有变化（Jones & Keithly，2003）。但世界羊肉的进出口金额在2000年以后仍然保持逐年递增的趋势（Christopher G. Davis.，2005）。

在当前世界羊肉贸易中有以下几点值得关注：①羊肉的出口被发达国家垄断，进口国也集中在发达国家（Roley Piggott，2008）。新西兰和澳大利亚是最主要的羊肉出口国，羊肉的主要进口市场有欧盟、美国、日本、沙特阿拉伯和俄罗斯，其中欧盟、美国和日本进口的主要为高档羊肉。目前，在国际市场销售的羊肉主要为肥羔（WTO，2002）。②世界上最主要羊肉进口地区欧洲的羊肉产量逐年下降，羊肉主要出口国的产量也在下降（FAO，2006）。这些国家羊肉产量波动既受自然灾害、疫病的影响，又与其畜牧业生产结构的调整、贸易政策的变化有关。虽然发达国家羊肉产量下降，但是世界范围内羊肉需求量却不断增加，尤其是墨西哥、加拿大羊肉消费量一直呈上升趋势。这种情况推动了国际市场羊肉价格上扬，需求供给差距进一步拉大（Carson，A. F.，2001）。③从世界范围来看，亚非的阿拉伯国家联盟和欧洲的欧盟15国是国际主要的活羊进口区域，而出口主要集中在大洋洲发达国家的澳大利亚、新西兰和非洲的发展中国家，亚洲的发展中国家和东欧国家（Hyslop，J. J，2005）。④和其他主要肉类产品相比，世界羊肉出口价格从总体上看处于大幅度增长的趋势。而猪肉和鸡肉的出口价格总体呈现负增长，这说明羊肉产品和同类产品（如猪肉、鸡肉等）相比，有着越来越强的国际竞争力。⑤新西兰、澳大利亚既是肉羊生产大国又是肉羊出口的超级大国，具备极强的国际竞争力。从近20多年的发展趋势看，新西兰、澳大利亚的国际市场占有率有一定的起伏，但一直保持在较高的水平（McGee，M.，2005）。

（2）国内有关肉羊产业发展的研究

随着世界养羊业由毛用为主转向肉毛兼用但以肉用为主的新阶段，我国肉羊产业获得了长足发展。肉羊业在畜牧业中的地位稳步上升，羊肉产品在改善城乡居民的日常饮食结构中扮演着重要的角色。国内学术界对肉羊产业发展的关注度也大有提高，与国外研究注重理论研究的积累相比，国内研究更注重以例证的方式解释现实问题，依据中国的国情和历史发展脉络对我国肉羊产业发展的有关问题进行多角度的描述和分析，提出现实的经验总结并给出相应的对策建议。经过整理发现，这些研究多从生产、流通、消费和贸易中的某一方面进行描述性分析，因此，本文基于产业链视角对国内已有研究从肉羊产业现状、制约因素、发展对策3个方面进行综述。

中国肉羊产业发展的现状研究。改革开放以来，在市场需求的拉动下和相关政策的推动下，肉羊产业得到了较快的发展。

从生产上看，自20世纪80年代末以来，中国已成为世界上绵羊、山羊饲养量、出栏量、羊肉产量最多的国家（邓蓉、张存根，2006；刘玉满，2008）。与此同时，羊肉在我国肉类产量中的比重、肉羊的生产水平也在不断地提高（刘春龙、孙海霞，2005）。从生产区域的分布来看，我国基本上所有省区都生产羊肉，产区比较分散（郑江平，2005）。从生产区域的变动来看，我国羊肉生产有进一步集中的趋势，绵羊肉的生产不断向内蒙古、新疆、河北这3个省区集中，山羊肉的生产不断向河南、山东集中。由于牧区草原生态环境恶化和气候条件的恶劣，国内牧区养羊业发展受到限制，而农区肉羊产业由于资源优势则高速发展（张立中，2005；朱明，2007）。从总体上看，中国肉羊生产的重心有由牧区向农区转移的趋势（刘芳，2006；王兆丹、魏益民，2009）。饲养方式上，农户小规模养殖仍占主体，农牧区普遍采用秸秆、人工牧草和精饲料作为肉羊的主要饲料，正逐步由放牧转变为舍饲和半舍饲，这充分利用了农区丰富的秸秆资源和闲置的劳动力，缓解了肉羊对草地资源和生态环境的压力，为牧区养羊业的复兴带来新的发展契机（孙晓萍、肖西山，2003）。饲养的规模化程度不断提高，特别是在广大农区，养殖小区大批出现（刘芳，2006）。从生产的比较优势上，中国肉羊生产具有广阔的消费市场、丰富的绵羊、山羊品种和丰裕的劳动力、饲草、饲料等资源（刘春龙、孙海霞，2005）。

从消费上看，随着我国城乡居民收入水平的不断提高，消费观念逐步转变，羊肉以其鲜嫩、多汁、味美、营养丰富、胆固醇含量低等特点，愈来愈受到消费者的青睐。羊肉消费量呈上升趋势（王锐、何永涛，2006；王兆丹、魏益民，2009）。不过多数学者认为官方的统计数据对我国居民畜产品消费量严重低估，主要原因之一是其消费数据不包括在外就餐（钟甫宁，1997；袁学国、王济民，2001）。李志强、王济民（2000）通过对1998年全国六省大中城市的调查研究表明，城镇居民在外消费畜产品尤其是肉类产品比重不断提高，肉类产品达到38.9%，其中牛羊肉外出消费比例高达65%，禽肉为40.4%。随着市场经济和社会的不断发展，畜产品生产和消费的商品化、市场化程度越来越高。我国的食物消费方式正在由传统的家庭加工自给为主转变为购买半成品、成品甚至直接户外消费为主（李瑾，2008）。

随着收入的增加，不仅城乡居民的肉类消费量和消费方式发生变化，而且消费结构、消费类型也相应发生改变。与农村居民相比，城镇居民在肉类消费中，更倾向于消费高蛋白、高营养、低脂肪的动物性食品（李哲敏，2007）。其中，城市羊肉消费增长幅度高于农村（潘耀国，2009）。另一方面不同收入水平的居民，羊肉及其制品的消费量存在差异，据有关学者的测算，按照收入五等分，城镇居民收入最低的吃肉最少，随着收入的增加，肉类消费数量同步增加，收入越高吃肉越多。如果进一步细分，占比在5%的城镇困难户，肉类消费水平只有20千克，这与农民的平均吃肉水平相当。按城乡人口统算，也有5%左右的最高收入人群的家庭肉类购买量开始下降，但户外消费却有明显上升，综合起来看，吃肉最多的还是中高收入群体。有钱人吃肉多，收入增加，肉类消费也将相应增加（黎东升，2005；

潘耀国，2009）。也有学者研究发现收入高的人吃肉多，吃肉多的人，肉制品消费比例大（王秀清，1999）。不过收入水平提高到一定程度后，肉类消费量是趋于下降的，但肉类消费支出是增加的，这其中由于人们肉类消费结构发生了变化，猪肉比重下降，牛羊肉及其制品的消费比重明显上升（夏晓平、李秉龙，2009）。

在中国，肉类消费存在地域差异。肉类消费结构的差异不仅同个人收入多少和肉类价格高低相关，而且跟消费者所处的地域息息相关（蒋乃华、辛贤，2002；夏晓平、李秉龙，2009）。南方城镇居民猪肉和禽肉消费量最高，禽肉消费支出是北方的1.9倍；而牛羊肉的消费支出，北方53元正好是南方27元的2倍，内蒙古、青海、宁夏和新疆4省区城镇居民家庭人均牛羊肉支出134元，是南方平均水平的5倍，其中人均羊肉支出96元为南方6元的16倍。新疆农民人均羊肉消费8千克，城市居民人均羊肉消费高达9.19千克（潘耀国，2009）。

从贸易上看，中国是典型的生产大国，出口小国（刘芳，2006）。作为当前世界上最大的羊肉生产国，在世界羊肉贸易中占的比例非常小，只有不到0.2%的羊肉产量用于出口，大约占到世界羊肉出口总量的1%左右的份额（FAO，2008）。自加入世界贸易组织后，由于受到国际市场的冲击，中国羊肉进口量逐年增加，而出口量逐年萎缩（刘芳、邓蓉，2007）。羊肉出口目的地主要是约旦、中国香港地区，主要出口省区为山东、内蒙古和河北。羊肉进口来源国主要是新西兰和澳大利亚。活羊出口增加，主要出口到中国香港地区和尼泊尔，主要出口省区为湖北和西藏。总体来看，贸易逆差有继续扩大之势（司智陟，2009）。

肉羊产业发展主要制约因素研究。养羊生产出现萎缩趋势，品种良种化程度低，生产力水平不高，与养猪业、奶牛业、肉牛业、养禽业相比，养羊业发展后劲和比较效益明显下降，养羊的机会成本增加（赵有璋，2009）。中国肉羊业存在的主要问题是羊肉生产过于分散、单位规模较小、生产方式落后、生产加工销售脱节（邓蓉、张存根，2006）。养羊业仍是千家万户分散饲养，受资金约束不能形成规模，小生产与大市场的矛盾突出（彭华，2007）。肉羊生产技术水平仍然较低，表现为良种化程度不高，羊肉生产时间长，商品率低，饲养成本高，个体胴体重小，羊肉品质较差，出口量少（彭华，2007；石国庆，2007；吴建尼玛、王月英，2008）。当前我国肉羊生产中优质肉羊和羔羊肉比重低，原因主要有以下几点：第一，传统思想认识没有转变，尤其是在牧区，重存栏，轻出栏，羔羊肉生产比例还较低；第二，优质高档羊肉没有价格优势，“优质不能优价”无法调动投资者和生产者的积极性；第三，缺少优质高档羔羊肉的生产技术；第四，没有优质高档羔羊肉的分级标准；第五，羊肉及其产品的深加工不够（肖西山，2001；康凤祥、高雪峰，2008）。农户的小规模生产严重制约了羊肉加工的专业化和规模化，制约了优质肉羊生产及其产业的发展（徐宏玲、李双海，2004）。肉羊生产的产业链不健全，产业化组织程度非常低，种羊繁殖、商品肉羊生产和出栏羊的屠宰、羊肉深加工之间几乎是各自为政，互为独立，没有建立较为紧密的有机联系（钱宏光，2000）。导致肉羊产品的加工转化程度不高，我国羊肉产品加工品种与国际市场存在较大差距。多数企业还是以初级加工为主，产品附加值低，保鲜期和货架期短，市场适应能力差（肖西山，2005）。从国际贸易来看，中国羊肉产品的国际竞争力一直很弱（乔娟、李秉龙，2006；刘芳，2006）。非价格因素（主要是产品的质量和安全）成为影响中国肉羊产品国际竞争力的主要原因（邓蓉，2006；乔娟、李秉龙，2006）。因而，羊肉进入国际市场的难度较大。一是世界贸易量的限制，主要出口国大都是发达国家，竞争对手强劲；二是我国羊肉质量难以满足多数进口国的要求。主要表现为不能满足卫生及动物检疫标准，其中包括鲜嫩度、卫生保障、疫病控制、兽药残留等（邓蓉、张存根，2006；刘芳，2006）。正因为如此，中国的羊肉主要是出口到中东地区和俄罗斯，很难进入发达国家的高端市场。

肉羊产业发展的对策研究。通过对已有研究整理，针对肉羊产业发展的对策研究大都基于生产加工的视角，这些代表性的对策主要有：积极调整养羊业的生产方向和产品结构，注重优质羊肉产品生产，提高羔羊肉的生产比例（邓蓉、张存根，2006；石国庆、任航行，2007）。大力发展规模化养羊，抓好肉羊生产基地的建设，提高肉羊生产的集约化、专业化程度（张立中，2005；康凤祥、高雪峰，2008）。不过有的学者建议发展规模养殖应适度，农户家庭经营仍是畜牧生产主体，理由是中国现有的土地政策下，人多地少的现实必须发展劳动力密集型畜牧业（李瑾、秦向阳，2009）。注重良种建设，以改良地方品种为主，引进肉用羊品种为辅。健全良种繁育和技术推广体系，大力推广先进的综合配套养羊新技术，开展多元杂交，利用杂种优势（张立中，2005；刘春龙、孙海霞，2005；张德鹏，2007）。继续优化肉羊生产优势区域布局，充分发挥地区优势（肖西山，2001；刘芳、何忠伟，2007）。调整种植业结构，增加饲料饲草产量（徐宏玲、李双海，2004）。完善动物防疫体系，加强动物疫病控制（康凤祥、高雪峰，2008）。加强质量安全控制。注重肉羊生产、加工环节的无公害化、控制产品污染，发展绿色羊肉产品（刘芳，2006；彭华，2007）。加强政府关于肉羊业的扶持政策，强化龙头，扶持中介，积极扶持养羊户的发展（刘芳，2006；吴建尼玛、王月英，2008）。应加强养羊业的基础设施建设，同时要加大政府科技投入（肖西山，2001；赵有璋，2009）。培育龙头企业密切产销联系，完善羊产品交易市场，推进肉羊产业化进程，健全肉羊业的产业化组织体系（徐宏玲、李双海，2004）。将种羊繁殖、肉羊生产、羊肉加工有机连接在一起，实行产业化经营，延长产业链条，减少中间环节，降低交易费用（刘玉满，2008；吴建尼玛、王月英，2008）。大力促进羊肉及其产品的深加工，积极开拓肉羊产品消费市场，针对国内国际、城乡、南北市场，实行差异化营销（刘芳，2006）。

1.3.3 相关方法的应用研究

（1）与畜牧业研究相关的方法

畜牧业作为产业经济学和农业经济学共同的研究范畴，理论上讲，适用于这两个学科的研究方法都能够运用到畜牧业的研究领域里。在现有的针对畜牧业发展的研究里，一般性的统计描述和指标分析比较普遍，不过，通过采用各类数据进行计量分析近年来也逐渐成为学界研究的流行趋势，各种实证研究也日渐增多，因此，本文主要对此类研究方法作一简单综述。从目前国内研究来看，用计量方法研究畜牧业发展，涉及畜牧业产业链的各个环节，不过受数据收集的限制，目前研究仍主要集中在生产和消费环节。如有学者运用国内资源成本系数法（DRC）对我国畜牧业不同饲养方式下进行成本比较优势的测算，发现主要畜产品的生产比较优势有下降趋势，但规模化养殖不如农户散养比较优势显著（李建平、罗其友，2002）。也有学者运用Probit模型和线性回归模型对影响农户生猪销售行为的因素及其影响程度进行了分析，发现家庭总人口数、家庭最高受教育水平、生猪存栏数、猪圈清洁状况、猪圈质量、市场信息等对农户生猪销售行为有较为显著的影响。由于组织化程度低，养猪协会在生猪生产和销售中并没有发挥出应有的作用（刘晓昀、李娜，2007）。不过，通过对已有研究的分析综合后发现，在生产环节，更多的是运用计量方法来测算生产效率变化及其影响因素，采用的方法更多的是运用增长方程、随机前沿（SFA）和数据包络分析（DEA）等方法。如有学者采用增长速度方程对陕西省1984～2004年畜牧业技术进步贡献率进行测算，研究表明：陕西畜牧业的技术进步贡献率相对资金的贡献率来说并不明显（朱玉春、郭江，2006）。也有学者采用随机边界生产函数形式，利用省际时间序列与截面混合数据，对生猪、肉牛、肉羊和奶牛的增长因素进行了分析，结果表明：我国畜牧业增长中，全要素生产率提高的贡献低于投入增长的贡献，畜牧业仍然处于粗放型的生产方式（杨军，2003）。在消费环节，主要侧重于运用行为选择模型和价格波动模型对消费者的行为和畜产品市场价格波动的相关研究。如有学者采用二元Logit模型对北京市消费者的质量安全畜产品的消费行为展开实证研究，研究后认为，消费者对畜产食品质量安全的关心程度比较高，标识信息的可接受性影响着消费者对畜产食品质量安全的认知水平，并且消费者愿意为安全畜产食品支付更高的价格（王可山、李秉龙等，2007）。也有学者采用均衡转移模型从供给、需求及营销3个方面，综合分析外部因素对猪肉价格的影响程度。结果表明，生猪供给受投入品价格、养殖技术及风险等因素的影响，而猪肉消费受替代品价格、收入及人口等因素的影响，任何一个因素变动，都会刺激市场产生新的均衡，发生价格波动（虞祎、胡浩，2009）。从研究对象上看，计量方法主要运用到生猪、乳业这些在我国畜牧业中占有重要地位的行业，而一些规模小、产值在畜牧业中所占比重低的行业则鲜有研究。如有学者运用DEA方法对我国生猪生产的技术效率、纯技术效率、规模效率及全要素生产率的变化进行度量。结果显示6年间（2000～2005年）我国生猪生产的效率展现出了规模特征、区际特征和时际特征，大部分省份综合技术效率值与1较接近，技术效率、技术进步、全要素生产率的增长速度较慢，需引进新技术并加强对新技术的推广以提高生产的效率水平（杨湘华，2008）。也有学者以中国乳制品业为例，采用非参数Malmquist指数方法，实证分析了中国乳制品业增长过程中全要素生产率的变动状况，从总体上看，中国乳制品业的全要素生产率呈增长趋势，其中，支撑着乳制品业全要素产率增长的主要是技术进步作用，尽管技术效率是下降的，但技术效率的下降不足以抵消技术进步的影响（张莉侠、刘荣茂、孟令杰，2006）。紧接着该学者进一步利用SBM超效率模型测算了乳制品企业的综合技术效率及规模效率，结果显示，乳制品企业的综合技术效率水平较低，对综合技术效率贡献最大的是规模效率（张莉侠、杨国涛，2007）。此外，另有学者在跨省面板数据的基础上，运用生产函数的随机前沿技术分析估计了2004～2006年我国4种奶牛养殖方式（散养、小规模、中规模和大规模）下的原料奶生产的技术效率。研究发现，我国不同地区随着奶牛养殖规模的扩大，原料奶生产技术效率逐步提高的趋势并不明显，不同地区应该根据各自的技术效率优势发展奶业（彭秀芬，2008）。

（2）与肉羊产业研究相关的方法

作为畜牧业中的朝阳产业，近年来肉羊产业的发展也受到越来越多研究者的关注，特别是针对肉羊产业发展的经济研究也开始不断涌现。但无论从研究的深度还是研究方法的多样性上都不如乳业、生猪产业。在实证研究方面，国外研究要早于国内，研究领域也更为宽泛和深入，涉及肉羊产业发展的各个方面，此外，研究方法也更为多样。在供给环节上，如有学者采用 Logit 模型来分析南非 Qwawqa 地区肉羊养殖户接受兽医技术和服务的行为选择，发现养殖户更愿意采用事后治疗而不是事前预防的技术和服务，更愿意采用“可视性技术”，而不是无法直接感知效果的预防性服务，在具体的兽药选择中更愿意采用抗生素而不是疫苗（W. T. Nell *et al.*，2002）。在需求环节上，有学者运用特征价格指数函数对美国西弗吉尼亚地区羊产品市场价格变动的影响因素进行测算，结果表明消费者消费偏好变动、区域市场的发展、来自新西兰和澳大利亚进口羊产品的冲击是导致价格变动的主要因素（Doolarie Singh-Knights *et al.*，2005）。不过，国外研究不单单是关注某一环节的实证研究，也有相关研究侧重于各环节之间的相互影响。如有学者运用价格、时间等解释变量构建预测模型来模拟不同市场策略下新西兰羊存栏量的变化，发现价格变化对农场主的经营决策影响具有滞后性（A. C. Rayner，1968）。也有学者采用 EDM 模型来比较分析澳大利亚研发投资、品种改良和政策变动对羊肉和羊毛生产的作用效果，结果表明对生产者而言，生产环节研发技术要大于非生产环节技术、出口刺激政策大于国内刺激政策，其中出口政策刺激效果又要好于其他非生产环节的 R&D。对消费者而言，旨在改善羔羊品质的技术研发的刺激效果要好于政策推动效果（Stuart Mounter *et al.*，2008）。国内研究方面，国内学者主要是通过借鉴其他产业的研究方法来研究肉羊产业，研究的范围也更为宏观。如有学者借用运筹学中的层次分析法（简称 AHP）对绿色肉羊产业发展两阶段的影响因素的重要程度进行排序，发现在肉羊产业成长期，市场结构、需求状况、供给状况、规范程度等对绿色肉羊产业的发展影响很大，在成熟期，品牌、饲养加工技术对绿色肉羊产业的影响很大，政策和收入状况的影响下降（强振宏，2005）。不过，近年来国内针对肉羊产业的经济研究有进一步微观的趋势，研究视野开始向产业链各环节渗透，不同的研究方法也日渐增多。在生产环节，有学者运用成本收益分析法对新疆的羊产业发展进行对比研究，得出新疆的本种绵羊成本收益率要高于改良绵羊，与其他省份相比，高于青海、甘肃，低于内蒙古和宁夏（郑江平，2005）。也有学者运用概率优势指数（PSD）对中国肉羊散养的区域比较优势进行了测算，发现陕西、辽宁、安徽的概率优势明显，而其他省份则处于概率劣势（刘芳，2006）。在消费市场环节，有学者采用波特的“钻石模型”作为分析框架，运用市场占有率、贸易竞争指数指标对中国的羊肉和活羊国际竞争力进行测算，发现中国的羊肉与活羊的国际竞争力一直很弱（乔娟、李秉龙，2006）。

1.3.4 关于已有相关研究的评价

综上所述，随着世界畜牧业的发展以及产业竞争的加剧，国内外学者对畜牧业相关产业发展的理论和实证研究取得了不少成果，研究视角和方法也日趋多样化。这为本研究的顺利开展提供了理论和方法上的借鉴。不过，国外学者对产业发展过程中相关利益主体（生产者、加工企业、消费者和政府）的行为选择及影响因素进行了初步研究，但所有研究都是以发达国家现代化畜牧业为对象，这种研究范式和结论运用到中国这样一个小规模生产占主导地位的国家具有很大的局限性；并且，国内现有研究特别是针对肉羊产业研究多是对现象的描述性分析，或是简单的经济学分析，仍存在较为明显的不足：

第一，宏观层次的研究，主要集中在国外经验的介绍和宏观层面的定性分析与对策探讨，对我国的肉羊产业现状进行描述性分析，进而提出相应的政策建议。相对而言，从经济理论上对畜牧业尤其是肉羊产业的研究缺乏足够的广度和深度。

第二，微观层次的研究，实证分析不足。在分析方法上更多采用的是描述性统计分析，缺乏严格的数理模型和计量经济分析，没能对数据和信息的价值做深入的挖掘和验证；此外，从经济学角度以畜牧业中分支产业作为研究对象而开展的实证研究还不多见。

第三，现有研究多注重肉羊产业发展中某一环节，研究较为零散，缺少从全产业链的视角对我国肉羊产业发展相关问题的系统分析，特别是针对我国小规模生产占主导地位的肉羊产业发展机制的研究还属空白。

1.4 研究目标与研究内容

1.4.1 研究目标

本研究的总目标是通过在发展现代农业的大背景下中国肉羊产业发展动力机制问题的研究，基于产业链视角分析生产、加工流通、消费、国际贸易等环节对肉羊产业发展的作用，探寻制约我国肉羊产业发展的关键因素，并在此基础上提出相应的政策建议，供有关企业和政府部门决策参考。具体目标是：

（1）从理论上构建中国肉羊产业发展的动力机制模型。在对比较优势理论、竞争优势理论相关内容进行梳理的基础上，运用波特的“钻石模型”作为分析工具，构建研究产业发展动力机制的理论模型，并以肉羊产业的纵向价值链为核心进一步构建中国肉羊产业发展的动力机制模型。

（2）基于产业链的视角分析影响中国肉羊产业发展的主要因素有哪些。在分析中国肉羊产业发展历程及现状的基础上，基于产业链视角，运用相关的经济理论和方法，从生产、加工流通、消费和国际贸易等环节来研究影响中国肉羊产业发展的主要影响。

（3）根据中国肉羊产业发展的动力机制与主要影响因素及其作用大小，提出促进中国肉羊产业发展的政策建议。

1.4.2 研究内容

第一部分：理论基础和逻辑框架

本部分将为全文的分析和研究提供相应的理论基础与逻辑框架。首先，依据现有的经济学和管理学知识，在对比较优势理论、竞争优势理论相关内容进行梳理的基础上，运用波特的“钻石模型”作为分析工具，构建研究产业发展动力机制的理论模型，并以肉羊产业的纵向价值链为核心进一步构建中国肉羊产业发展的动力机制模型。

第二部分：中国肉羊产业发展的特征与问题分析

本部分主要采用描述性统计分析和归纳总结相结合方法，分析中国肉羊产业的历史演变和发展现状，为全文研究的展开奠定基础，主要内容包括：

（1）对中国肉羊产业的发展历史作一简单回顾并根据其发展特征进行阶段性划分；

（2）分析当前中国肉羊产业的发展特征、存在的问题。

第三部分：基于综合比较优势的中国肉羊产业区域变动趋势分析

本部分主要运用计量方法和统计方法定量探讨中国肉羊产业发展的生产环节变化特征及

其主要影响因素，具体内容包括：

（1）首先，运用描述性统计方法来分析肉羊产业规划政策实施前后中国肉羊生产的优势区域变动特征，并且采用面板数据模型实证分析影响中国肉羊生产区域变动主要因素；

（2）其次，根据上述变动分析结果，采用概率优势方法测定各优势生产区域变动是否符合比较优势原则以及各自比较优势的大小，然后，进一步定性分析影响各优势生产区域比较优势大小的基本因素；

（3）最后，结合生产区域变动和比较优势变化的分析结果，比较分析区域变动、比较优势变化之间是否具有内在一致性，二者之间呈现怎样的逻辑关系，对肉羊产业的发展传递怎样的启示。

第四部分：基于利益分割与产业链接的肉羊产业流通模式分析

本部分主要采用描述性分析和比较分析的方法来系统分析中国肉羊产业加工流通环节的发展现状及存在的主要问题。主要内容包括：

（1）描述性分析中国肉羊产业流通体制的历史沿革及其变动特征；

（2）在对当前肉羊产业流通主体分类的基础上，对各类主体行为特征展开比较说明；

（3）通过对现有以屠宰加工为核心的肉羊产业纵向协作模式的分析来定性说明加工与流通环节的发展对肉羊产业内各利益主体发展的作用方式以及如何通过打造产业龙头企业来带动整个产业的发展。

第五部分：基于消费者行为的中国羊肉消费特征与趋势分析

本部分主要采用描述性统计方法和计量方法实证分析中国肉羊产业消费环节的变化趋势及存在的主要问题，影响消费者羊肉消费行为的主要因素以及这些因素对肉羊产业的发展具有怎样的借鉴意义，具体内容包括：

（1）运用统计数据，描述分析中国畜产品、羊肉产品消费特征及其变动趋势；

（2）根据微观调查所取得数据，采用二元 Logistic 模型定量分析品牌信任、食品质量安全等因素对消费者羊肉产品消费（家庭内部消费）行为的影响；

（3）继续运用微观调查数据，采用行为选择模型实证分析城市消费者的羊肉产品户外消费行为及其主要影响因素。

第六部分：基于贸易自由化的中国肉羊产业国际竞争力分析

本部分主要运用出口波动及产业国际竞争力的相关测度方法对加入 WTO 前后两个阶段中国羊肉产品国际贸易的变动及国际竞争力的变化情况展开具体分析，主要内容包括：

（1）运用 1980 年以来的国际贸易数据，描述性分析世界肉羊生产、贸易格局及其变动特征；

（2）对中国肉羊产业的国际贸易现状及变动趋势进行描述分析，特别是重点关注加入 WTO 前后两阶段中国羊肉产品进出口贸易特点和变化趋势；

（3）运用产业竞争力的相关测度指标（国际市场占有率、贸易竞争指数、显示性比较优势指数）比较分析 20 世纪 80 年代以来中国与其他主要肉羊生产大国（澳大利亚、新西兰和英国）羊肉产品国际竞争力的大小及其变化趋势，并通过价格、质量指数指标进一步探讨影响国际竞争力大小的主要原因。

第七部分：主要结论、政策建议与研究展望

在总结上述研究主要结果的基础上，基于产业链优化视角结合中国肉羊产业发展的实际，提出促进中国肉羊产业可持续发展的一系列政策建议，并对论文研究的不足之处及有待进一步研究的问题进行说明。

1.5 研究方法与逻辑框架

1.5.1 研究方法

本研究主要采用理论探讨与实证分析相结合的研究方法。具体的实证分析方法主要包括以下几个方面。

（1）实地调查

中国肉羊产业发展问题涉及产业链的各个环节，已有可供本项目实证研究的统计资料很少，因而本项目除了尽可能多的收集二手资料外主要采取实地调查获得第一手数据资料，并在此基础上进行实证研究。本文调查主要包括实地考察、访谈、问卷调查等。

①肉羊主产区的实地考察、访谈

实地考察、访谈主要是在肉羊主产区进行，调查地区主要包括内蒙古、新疆、河北、山东等省份，考察和访谈的内容主要包括了解主产区不同规模肉羊养殖户的养殖品种、购买渠道、接受生产服务的情况、饲料来源渠道、养殖规模、养殖方式、销售渠道、接受一体化生产的（合作）意愿、生产的成本收益及其影响因素；不同规模生产者对价格、政府规制等因素的反应程度；考察选择养殖肉羊或其他畜禽时的影响因素；肉羊加工企业的加工规模、成本收益与养殖户者之间的利益链接方式。通过实地考察和访谈来增强对中国肉羊主产区的肉羊产业发展总体情况的把握。

②羊肉主消费区的问卷调查

问卷调查主要是从微观视角调查城市居民对羊肉食品的消费行为及其影响因素，调查地点选定在内蒙古的呼和浩特市和包头市，调查的内容主要包括城市居民的羊肉消费习惯和认知水平、消费行为和支付意愿以及被调查者的基本信息 3 个方面，通过调查以期达到如下目标：一是通过对城市居民羊肉品牌与消费者购买行为之间的互动研究来分析企业品牌的塑造和消费者对品牌的忠诚度对企业发展和产业成长的引导和推动作用。二是通过城市居民户外羊肉消费行为的研究可以探寻畜产食品户外消费模式的变化特征及其对肉羊产业的影响。三是通过对消费环节（消费者购买行为和户外消费行为）的综合研究，来分析消费者的态度、行为对生产、加工、流通等产业链其他环节利益主体行为产生的深刻影响，这对改善羊肉产品的供给，促进整个肉羊产业的发展具有重要意义。

（2）描述性统计分析

描述性统计分析主要用在：

①根据统计资料，对中国肉羊产业的发展历程、现状进行描述性分析，以揭示肉羊产业发展中存在的问题、判断其发展趋势；

②选取特定的比较优势测算指标、绩效指标，通过简单的数据计算，来比较分析中国肉羊主产省区的比较优势及其变动趋势；

③根据国际贸易的官方数据，对世界羊肉产品贸易格局及变化趋势、中国羊肉产品国际贸易变动特征及其国际竞争力进行定量分析，具体的评价指标有：

国际市场占有率：

$$WMS_{ij} = \frac{X_{ij}}{X_{wj}}$$

其中，WMS_{ij} 是 i 国 j 商品的国际市场占有率，X_{ij} 是 i 国 j 商品的出口额，X_{wj} 是世界 j 商品的出口额。国际市场占有率越高，表明该国 j 商品的国际竞争力越强；国际市场占有率越低，表明该国 j 商品的国际竞争力越弱。

贸易竞争指数：贸易竞争指数可以表明某国生产的某种产品是净进口，还是净出口，以及净进口或净出口的相对规模，从而反映某国生产的某种产品相对于世界市场上供应该产品的其他国家来说，是处于生产效率的竞争优势还是劣势以及优劣势的程度。在不考虑外商投资影响的情况下，贸易竞争指数的计算公式为：

$$TC_{ij} = \frac{X_{ij} - M_{ij}}{X_{ij} + M_{ij}}$$

式中，TC_{ij} 表示贸易竞争指数，X_{ij} 、M_{ij} 分别表示 j 国 i 产品的出口额和进口额。TC_{ij} 值大于零，表示 j 国 i 种产品为净出口，说明该国的这种产品生产效率高于国际水平，具有较强的国际竞争力，绝对值越大，国际竞争力越强。TC_{ij} 值小于零，表示 j 国 i 种产品为净进口，说明该国的这种产品生产效率低于国际水平，不具有或缺乏国际竞争力，绝对值越大，越缺乏国际竞争力。TC_{ij} 值等于零，则表示 j 国 i 种产品的生产效率与国际水平相当，其进出口纯属与国际间进行品种交换。

显示性比较优势指数：显示性比较优势指数（RCA）最早是由巴拉萨（Balassa，1965）提出来的，这一指数也是在对国际竞争力进行评价时最常用的一个指标，是指一国某种产品出口额的世界占有率与该国的所有出口产品金额占世界总出口产品金额之比的比例。其计算公式为：

$$RCA_{ij} = \frac{\frac{X_{ij}}{X_{wj}}}{\frac{X_i}{X_w}} = \frac{\frac{X_{ij}}{X_i}}{\frac{X_{wj}}{X_w}}$$

其中，$X_{wj} = \sum_{i=1}^{n} X_{ij}$ ，$X_i = \sum_{j=1}^{m} X_{ij}$ 且 $X_w = \sum_{j=1}^{m} X_{wj}$

上式中，X_{ij} 是 i 国 j 商品的出口额；X_{wj} 是世界 j 商品的出口总额；X_i 是 i 国所有商品的出口额；X_w 是世界所有商品的出口总额。RCA 反映了 i 国（地区）出口总额中 j 产品的出口比例相对于世界出口总额中 j 产品的出口比例的大小，它剔除了国家总量波动和世界总量波动的影响，能较好地反映所研究产品的相对优势，因而被广泛采用。由于本文主要是想反映羊肉产品与畜产品之间的出口竞争优势对比状况，如果按照 RCA 的一般计算公式，就需要羊肉的出口优势与整个出口产品的优势作对比，这样一来比较范围就过大，所以为了更真实地反映各国羊肉产品相对于本国整个畜产品的出口比较优势和各国之间的竞争优势对比，本文将 RCA 改为某国羊肉产品出口额的世界占有率与该国畜产品出口额的世界占有率之比，其中畜产品包括初级畜产品和活畜。

一般认为，当 $RCA > 2.5$ 时，说明 i 国（地区）在 j 产品上具有极强的出口竞争力；当 $1.25 < RCA < 2.5$ 时，说明 i 国（地区）在 j 产品上具有较强的出口竞争力；当 $0.8 < RCA <$

1.25 时，说明 i 国（地区）在 j 产品上具有中等竞争力；当 $RCA<0.8$ 时，则说明 i 国（地区）在 j 产品上的竞争力较弱。

出口产品质量指数：出口产品质量指数指一国某种出口产品的单位价格指数与该国出口商品价格总指数的比率。从理论上讲，如果出口产品质量指数呈上升趋势，则表明该产品出口附加值在增长，即在国际市场上的质量竞争力在上升；如果出口产品质量指数呈下降趋势，则表明该产品出口附加值下降，即在国际市场上的质量竞争力在下降。本文运用出口产品质量指数来测度我国及其他主要出口国的羊肉产品质量，并进行比较分析。由于较难获得各羊肉主要出口国的出口商品的价格总指数，本研究将采用世界羊肉平均出口价格指数来替代，所算的结果也能在一定程度上反映各国出口肉羊产品附加值的竞争力的变化趋势。因此，其计算公式为：

$$Q_{jni} = \frac{\dfrac{P_{jni}}{P_{joi}}}{\dfrac{P_{wni}}{P_{woi}}}$$

式中：Q_{jni} 表示第 n 年 j 国 i 种产品出口质量指数，P_{jni} 表示第 n 年 j 国 i 种产品出口价格，P_{joi} 表示基期 j 国 i 种产品出口价格，P_{wni} 表示第 n 年世界 i 种产品出口价格，P_{woi} 表示基期世界 i 种产品出口价格（$j=1$，2，3……；$i=1$，2，3……），1985 年为基期。

（3）计量模型分析

在描述性统计分析基础上，利用选定的计量模型做如下分析。

①采用面板数据模型（固定效应模型）定量分析主产省之间肉羊生产区域变动的影响因素

为综合考察中国肉羊生产区域变动的影响因素及其作用强度，本文结合 Panel Data 来构建具体的实证模型。根据 Balestra 和 Nerlove 提出的分析 Panel Data 的一般模型：

$$Y_{it} = \alpha_i + X_{it}\beta + \varepsilon_{it} \qquad t = 1,2,...,T; i = 1,2,...,N \tag{1}$$

在式（1）中，α_i 表示非观测效应，即不随时间而变化的特征性影响；β 为待估参数；X_{it} 满足严格的外生性假定，即 $E(u_{it}|X_{it},\alpha_i) = 0$，若非观测效应 α_i 与解释变量相关，即 $Cov(X_i,\alpha_i) \neq 0$，那么模型就是固定效应模型；反之，若非观测效应 α_i 与解释变量不相关，即 $Cov(X_i,\alpha_i) = 0$，那么模型就是随机效应模型。

根据相关理论假定，本研究将肉羊生产的自然条件、区域经济水平、比较收益、劳动力、技术进步和政策等变量作为模型的控制变量纳入到基本模型（1）中。

基于理论假定和变量设置，本文的实证模型具体形式如下：

$$PC_{it} = \alpha_i + \beta_1 GO_{it} + \beta_2 GA_{it} + \beta_3 DA_{it} + \beta_4 AGDP_{it} + \beta_5 RP_{it-1} + \beta_6 NAR_{it-1} \\ \beta_7 NL_{it} + \beta_8 AE_{it} + \beta_9 SR_{it} + \beta_{10} DP + \varepsilon_{it} \tag{2}$$

其中 $t = 1$，2，…，19；$i = 1$，2，…，20；$t-1$ 表示该指标上一期值。

②中国肉羊生产区域的比较优势及其变动趋势进行分析

这部分主要采用概率优势（Stochastic Dominance）分析方法对不同地区肉羊的生产成本、技术水平和要素的使用效率进行对比分析，借此判断哪些地区具有肉羊生产的优势。参照该理论基本框架，概率优势分析的步骤如下：

计算一个地区 n 年来 50 千克肉羊主产品生产成本（或生产成本各主要组成要素）的发

展速度 V，其中 $V = ht/ht - 1$，h 表示指标值，t 表示年份；

对 V 按从小到大的顺序排列（n 个）；

假设每年为一个样本，则每个发展速度 V 出现的概率就为 $1/n$；

计算累计概率 S（S 最高取值 0.999999）；

经过变换，S 和 V 之间存在以下线性关系：$V = -a/b + 1/b * Ln(1/S - 1)$。

把 V 和 $Ln(1/S - 1)$ 作为两个变量，对上式用 OLS 分别估计不同地区肉羊养殖指标的一级概率优势（FSD）值。其中生产成本、仔畜进价、精饲料和青粗饲料费用的 FSD 越小，则该地区肉羊生产的比较优势越大。每只羊日均增重的 FSD 越大，则该地区肉羊生产的比较优势越大。

③采用二元选择模型（Logistic）对消费者的羊肉户内、户外消费行为及其影响因素进行实证分析

在本研究中，选取内蒙古的呼和浩特和包头两地，针对城镇居民的户内、户外羊肉消费行为及其影响因素进行了测度，由于在户内、户外所采用的计量模型同为二元 Logistic 模型，所以，将以城镇居民的户内羊肉消费行为为例来对模型的构造和因素的设定进行阐述。本文通过选取城市居民对品牌羊肉和非品牌羊肉的选择来考察其户内消费行为。假设消费者对品牌与非品牌羊肉产品的接受程度是由一个潜在的效用水平变量 y 决定，在某个效用水平 u 之上，消费者会选择购买品牌羊肉产品，在该效用水平之下，消费者会选择非品牌的普通羊肉产品，所以消费者的选择行为可以用下面的概率模型表示：

$P(y = 1 \mid X) = P(y > u)$

其中，潜在效用水平 y 由消费者对品牌的信任程度、消费者对食品安全的风险感知、对政府监管的信赖程度以及消费者的个人和家庭特征等变量共同决定，即 $y = B_0 + XB + v$，模型概率函数采用逻辑概率分布函数形式，即：

$$P_i = F(Z_i) = F(B_0 + \beta X_i) = \frac{1}{1 + e^{-Z_i}} = \frac{1}{1 + e^{-(B_0+\beta X_i)}}$$

将上述模型进一步转化后可以得到二元 Logistic 模型：

$$Ln(\frac{P_i}{1 - P_i}) = B_0 + XB + v$$

其中，上式左边是被解释变量即消费者对羊肉产品的二元选择行为，1 表示消费者选择购买品牌羊肉产品，0 表示选择购买非品牌的普通羊肉产品。B 是解释变量系数组合，X 是解释变量组合，除了本项所要重点考察的消费者的品牌信任程度这一变量外，该组合还包括了现有研究中已被验证了对消费者消费行为具有重要影响的变量，主要包括消费者的个人特征、家庭特征、消费者对食品质量安全的认知、对产品自身的评价以及其所处的消费环境这五组变量。其中在本项研究里，个人特征包括性别、民族、年龄、受教育程度、是否为家庭主要食品购买者；家庭特征包括家庭人口数、家庭结构、家庭人均月收入以及家里是否有人不喜食羊肉；对食品质量安全的认知包括对羊肉产品外观新鲜度的关注程度、对羊肉产品质量安全的关注程度、对政府食品质量安全监管的信赖程度；对羊肉产品的评价主要包括对羊肉的偏爱程度、价格的敏感程度；消费者所处的消费环境包括主要购买场所、亲戚朋友的推荐以及销售人员的推销程度。

除了上述选定的主要实证分析方法外，因素分析和比较分析等也都是研究中需要的分析方法。

1.5.2 技术路线（如下图）

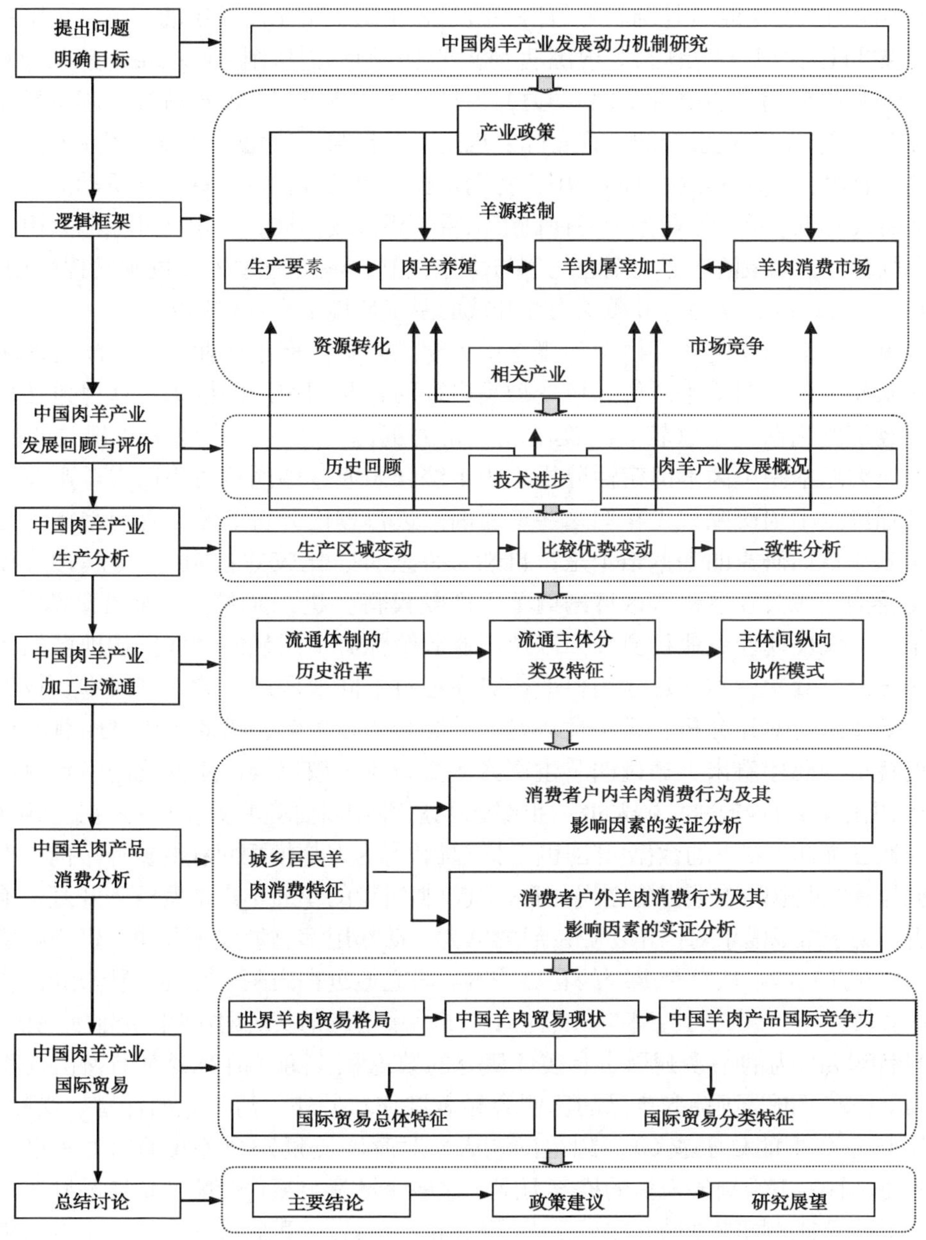

1.6 研究的创新点

第一，提出了中国肉羊产业发展的内源动力与外源动力交互作用机制说。肉羊产业发展的核心问题是动力机制问题。中国肉羊产业发展的内源动力是产业链上利益主体的行为机制即产业内企业的竞争与协作机制，外源动力包括要素投入驱动、市场需求拉动、技术创新推动、相关产业支持以及政府产业政策扶持。内源动力机制和外源动力机制之间的相互关联和互动为肉羊产业的发展提供了协同作用的综合驱动力，不过，在产业发展的不同阶段，起主导作用的动力因素是各不相同的，产业发展的过程实际上也是产业自组织演化的过程。产业发展的外源动力对于促进产业发展起着非常关键的作用，特别是在产业发展初期，这些外源动力的作用就更加明显。然而从长期来看，产业作为一种自组织系统要持续发展，还得把外在因素引入到自身内在的动力机制中，以激活产业内企业竞争与协作机制，最终通过内在机制发挥作用。因此，中国肉羊产业发展是内源动力与外源动力在开放的系统环境下交互作用的结果。

第二，首次，运用固定效应模型和概率优势模型对中国肉羊产业区域变动与区域比较优势变动进行对比分析。肉羊生产的区域变动是多种因素共同作用的结果，这里包括自然条件差异、区域经济发展水平、比较收益变动、劳动力资源、技术进步效率和相关的政策因素等。已有的研究基本是单因素的定性分析，为了综合研究这些因素对中国肉羊产业区域变动的影响及其强度，本项研究首先在对这些重要因素进行理论分析的基础上，采用固定效应模型进行了回归分析。研究的基本结论是，自然条件适宜、比较效益明显、劳动力资源丰富、产业政策完善的经济欠发达优势区域的肉羊生产规模将会进一步扩大，而在非农产业发达、劳动力成本高、农民非农就业机会较多以及产业政策优势不明显的经济发达地区的肉羊生产将会进一步萎缩。其次，本文还运用概率优势模型对不同地区肉羊的生产成本、技术水平和要素的使用效率进行对比分析，概率优势是一种综合比较优势，借此可以判断哪些地区具有肉羊生产的优势。总体看来，通过肉羊生产区域变动与区域比较优势变化的一致性分析，我国肉羊生产的区域变动与各自区域的综合比较优势总体上基本吻合，具有内在一致性。

第三，通过调查所获得的数据，运用统计方法和行为选择模型对我国城市羊肉消费者的品牌信任程度与其羊肉食品购买行为之间关系、城市消费者的户外羊肉消费行为及其影响因素进行实证分析。关于市场需求对肉羊产业发展的巨大拉动作用都已形成了共识，但面对复杂的市场机制，人们对此只能形成一个笼统的看法。本项研究通过在内蒙古呼和浩特市和包头市对城市羊肉消费者较大样本量的问卷调查，首先研究了城市羊肉消费者对羊肉品牌的信任程度和影响其品牌产品购买行为的一系列因素。实证研究的结论是，随着消费者对品牌信任程度的提高，其购买羊肉产品时选择品牌产品的比例会显著增加。另外，消费者的性别、受教育程度、家庭是否有16岁以下的孩子或60岁以上的老人、对政府质量安全监管的信赖程度、购买地点、购买的便利程度以及销售人员的推荐力度，这些变量都会显著影响消费者品牌产品的购买行为，不过不同变量的影响方向和程度是不尽相同的。然后，我们进一步研究了城市消费者的户外羊肉消费行为及其影响因素，其中，消费者的性别、受教育程度、是否为家里主要食品购买者、家庭规模、家庭人均月收入、户内羊肉购买频率、家里是否有人不喜食羊肉、对就餐价格的敏感程度、羊肉的偏爱程度以及对羊肉产品质量安全的关心程度，这10个变量对消费者的户外羊肉消费频率影响显著。不过不同变量的影响方向和程度同样也是不尽相同的。

2 研究的理论基础与逻辑框架

产业发展是一个十分复杂的演化过程，受到经济、社会等多方面因素的影响，国内外理论界对产业发展机制的研究做了许多有益的探索，本章在对产业、产业发展以及动力机制的内涵、外延做出描述性界定的基础上，进一步对比较优势理论、竞争优势理论的主要内容进行梳理，最后，以波特竞争优势理论的“钻石模型”为基础分析工具，构建研究肉羊产业发展动力机制的理论模型，分析各因素的作用机理，为研究中国肉羊产发展的动力机制奠定理论基础并提供逻辑分析思路。

2.1 主要概念界定

2.1.1 产业与肉羊产业

产业作为经济单位，介于宏观经济与微观经济之间，是属于中观经济。它既是国民经济的组成部分，又是同类企业的集合。因此，如何具体把握产业这个概念，对产业经济问题的研究很有现实意义。根据现有研究，对产业概念可作如下理解：

其一，产业是社会分工的产物。随着社会分工的发展、生产力水平的提高，产业的内涵与外延得到不断的充实和扩展。在不同历史时代的理论研究中，产业的含义是不尽相同的。重农学派流行时期，产业主要指农业，这时手工业依附于农业，尚未形成独立的经济活动。但资本主义工业产生以后，工业发展对整个社会经济发展具有举足轻重的作用，那时的产业曾被用来专指工业。现在产业一词的英文 Industry，即指工业，产业与工业这两个名词是同一个词。在马克思的政治经济学中，曾把产业视为物质资料生产部门，即按资本主义生产方式经营的生产部门。到了近代，社会生产力有了巨大的发展，工业、农业、建筑业、商业、运输业等均达到相当的规模，社会分工也越来越细，特别是服务部门得到了空前的发展，出现“经济服务化”态势。这样，作为经济研究对象的产业的范畴需要重新界定。由于其内涵和外延充实扩展了，于是，凡是有投入产出活动的行为和事业，都被列入产业活动之内。而且把为生产、生活服务的活动纳入到产业活动之中，从而极大地扩展了产业的内容，既包括生产部门、流通部门，还包括服务部门、文化教育以及公共行政事务等部门。

其二，产业是具有某种同类属性的企业经济活动的集合。它既不是某一企业的某些经济活动或所有活动，也不是部分企业的某些或所有经济活动，而是指具有某种同一属性的企业经济活动的总和。某些情况下企业并不仅仅从事某项单一经济活动而可能从事包括多种类型的经济活动，一个企业从事多种产业经营，即跨行业经营，因此，同一企业又可以划归于不同的产业。

其三，产业是介于宏观经济与微观经济之间的中观经济。产业经济既不专门研究国民经济总量，那是宏观经济的主要研究对象，也不专门研究具体的企业和家庭的经济行为，那是微观经济的研究对象，产业经济研究的是介于两者之间的具有某些共同特征的企业经济活动组成的集合。

在对产业概念的内涵与外延界定的基础上，本项研究进一步尝试对肉羊产业的内涵与外延进行界定。同大产业一样，随着社会分工的发展、生产力水平的提高以及需求结构的不断变化，不同时期肉羊产业内涵和外延的界定是不一样的，在养羊业处于毛用为主和肉毛兼用时期，肉羊本身并没有形成一个独立的产业而是被包括在整个羊产业内，统称为养羊业或羊业。随着养羊业转向肉用为主阶段，肉羊产业被分化出来，逐渐形成一个独立的产业体系，此时的肉羊产业才成为一个严格意义上产业。由于本项研究以肉羊产业一个完整产业系统的发展机制作为研究对象，因此，本项研究所涉及的产业概念将突破以往从平行视角对产业的划分，从纵向视角将产业定义为从资源到市场整个产业链上提供产品和服务具有某种同类或类似属性的企业生产经营活动的集合。因此，本研究所指的肉羊产业包括从肉羊饲养、加工、流通、贸易和消费的全过程及其各利益主体间的相互联系。

2.1.2 产业发展

产业发展指单个产业经历其生命周期的一种过程。外在地表现为从弱小到强大、从不成熟到成熟。内在地则包括 3 个方面的变化：产业规模、产业技术和产业组织。产业规模的变化显示了产业在数量变化上的特征，绝对量方面主要有产业的产出量、产业的投资量、产业的存量资产以及各相应指标在产业体系中的比例；相对量方面主要有产业产量增长率、产业投资增长率、产业存量资产增长率以及各种增长率在整个产业体系的比例。产业技术的变化是产业发展中质的改变，是引领产业从低级向高级发展以及决定产业成长速度的根本因素。如果说产业规模的变化表达了产业发展在横向上的扩张范围，那么产业技术则表达了产业在纵向上进一步发展的方向和横向规模上的边界。产业规模和产业技术的变化从数量和质量方面规定了产业发展的过程。产业组织的变化指随着产业成长产业内企业数量和规模分布以及企业之间的关系的改变。产业组织的变化不仅是市场结构、企业行为和绩效的变化，更进一步也包括企业组织的变化，而且企业组织和产业组织存在着相互依存的关系。企业组织的成长蕴涵着两层意义，即企业组织规模的总体趋势和个别企业组织由小到大的成长过程，前者就是产业组织合乎规律的形态变化。总的来说，产业发展过程就是由这 3 个方面的变化综合作用的结果。

在界定产业发展的同时，应对其与产业增长、产业成长的关系进行划分。产业发展与产业增长虽然有紧密的联系，但区别也是明显的。产业增长只是产业发展的一个方面，仅仅是数量方面的内容。产业发展与产业成长较为接近，但仍有一些细微区别。首先，在研究范围上，产业发展比产业成长更广阔，不仅指单个产业，还可以指整个产业，而且更接近宏观经济领域，经济政策和产业政策的意味更浓。其次，在关注点上有差异，产业成长只是重点关注单个产业从小到大、从弱到强的过程及其运行规律，而产业发展不只停留于此，还要进一步考察与其他产业的关联和在整个经济体系中的关系。产业发展的内涵更宽泛。尽管如此，在不严格界定这两个概念的条件下，如果意在描述产业随时间演化的过程时，产业发展和产业成长在特定情况下是可以混用的。

2.1.3 动力机制

“机制”一词源于机械学，也叫机理，在英语中都是 Mechanism，原意是指机器的构造和工作原理。现代汉语字典解释为有机体的构造、功能及其相互关系。目前“机制”一词已被经济学和社会学广泛引用，凡指一个动态演化系统的组成结构及运行原理。如市场机制、价格机制、分配机制、协调机制等。

本项研究的动力机制是指影响产业发展的各种要素及其相互作用关系。具体包括以下几个方面内容：一是影响产业发展的各主要因素；二是各主要因素对产业发展的作用方式及结果；三是各个因素之间的相互关系；四是各个因素相互作用形成的产业演进动力。

2.2 产业发展的理论渊源

从本质上说，产业的发展首先是该产业在产业之间的竞争过程中利用一系列条件形成自身发展的比较优势，然后在一定的机制作用下，将产业间的比较优势转化为产业内部的竞争优势，不断获取促进产业发展动力源的过程。因此，构造中国肉羊产业发展的动力机制首先应对产业发展动力源的基础理论比较优势理论与竞争优势理论的相关内容进行梳理说明。

2.2.1 比较优势理论

比较优势是指两国在生产过程中，由于生产要素、技术等因素的不同而出现相同产品之间生产成本的相对差异。比较优势理论是由大卫·李嘉图首次提出并用来解释国际贸易现象的理论。对国际贸易的原理作出最初解释的是英国古典经济学家亚当·斯密，他在 1776 年的著作《国富论》中提出绝对优势理论，各国在生产技术上的绝对差异，进而造成劳动生产率和生产成本上的绝对差异，是国际贸易和国际分工的基础。如果一国在某种产品的生产上拥有更高的劳动生产率或更低的生产成本和价格，就称该国在这一产品上拥有绝对优势。后来学者们将绝对优势的理解扩大到所有的生产率，包括自然资源、气候环境等方面的差异。绝对优势理论认为，一国应该集中生产并出口那些自己拥有绝对优势的产品，进口不具有绝对优势的产品，其结果比什么都生产更有利。因此从绝对优势理论我们可以看出，一国具有绝对优势的产品具有国际竞争力。

但是绝对优势理论无法解释当一国在所有产品上都具有较高的生产率，而另一国在所有的产品生产上都低于其他国家时的国际贸易情况。为了更好地解释国与国之间的贸易，大卫·李嘉图进一步从相对生产效率的角度完善了亚当·斯密的绝对优势理论，并将其发展为比较优势理论。该理论认为，国际贸易的基础并不限于生产技术上的绝对差别，只要各国存在生产技术上的相对差别，就会出现生产成本和产品价格的相对差别，从而使各个国家都集中生产并出口具有“比较优势”的产品，进口其具有“比较劣势”的产品，从而获取比较利益。从相对优势理论我们可以看出，一国在其存在相对优势的产品上也存在着国际竞争力。

相对优势理论虽然指出了比较优势的存在，但却将之归结为技术的不同而产生的结果。20 世纪瑞典经济学家俄林和他的导师赫克歇尔又进一步从生产要素比例的差别而不是生产技术的差别上，解释了生产成本和商品价格的不同，从而导致比较优势的产生。这就是要素禀赋理论，该理论认为，生产商品不仅需要劳动力，还需要资本、土地等其他的生产要素。而且不同商品生产所需要的生产要素配置也是不同的。资本密集型产品的生产技术性要求较高，需要大量的机器设备和资本的投入，而劳动密集型产品的生产则需要大量的体力劳动。由于各国生产要素的储备比例和资源禀赋是不同的，有的国家资本相对雄厚，有的国家劳动力相对充足，因此，产品生产的相对成本不仅可由技术差别决定，而且可以由要素比例和稀缺程度的不同决定。一般来说，劳动力相对充裕的国家，劳动力价格相对便宜，因此，劳动力密集型产品的生产相对成本比较低一些；而资本充足的国家，资本的价格低一些，生产资本密集型产品的相对成本较低。因此，比较优势的基础是生产资源配置或要素禀赋的差别。

要素禀赋理论解释了生产要素禀赋不同的国家之间进行贸易的原因，但却不能解释为什么大部分国际贸易却发生在要素禀赋相同或相近的国家之间（如发达国家之间），以及同一产品在一个国家即出口又进口（称为产业内贸易）的情况，而这两种贸易在20世纪60年代以来发展很快。于是便出现了解释这种现象的新贸易理论。如M. V. 波斯纳的技术差别理论和以弗农的产品生命周期理论为中心的新增长理论，这些理论把人力资本和技术等因素考虑进来，描述了发达国家的“夕阳”产业在贸易竞争中，由于技术外溢和低成本的吸引向发展中国家转移的过程，阐述了产业优势转移的可能性和原因。新贸易理论与传统比较优势理论的区别在于，前者力图从动态的、竞争过程和发展的角度来解释竞争力的来源，而后者是从静态的、竞争主体自身的比较角度来解释竞争力的来源。

2.2.2 竞争优势理论

竞争优势是相对于比较优势的一个概念。竞争优势是指在市场竞争中所表现出超过竞争对手的优势所在。竞争优势表现的前提是市场，即只有在市场竞争的过程中竞争优势才能体现。竞争优势理论是由哈佛大学教授迈克尔·波特创立的。20世纪80年代迈克尔·波特教授在反思传统的国际贸易理论的基础上，将产业经济学和企业战略管理两大研究领域结合起来，把产业组织理论引入战略管理研究，出版了著名的竞争三部曲：《竞争战略》《竞争优势》和《国家竞争优势》，并以此为标志系统地阐述了竞争优势理论。他认为，一国经济发展以及国际竞争力水平并非只与政治环境和宏观经济条件相关，微观经济基础也起重要的作用。一个国家的竞争力集中体现在其产业在国际市场中的竞争表现，而一国的特定产业能否在国际竞争中取胜，取决于生产要素、需求要素、相关产业和支持性产业的表现及企业的战略、结构和竞争对手的优劣程度4个主导影响因素和政府的作用以及机遇两个附加影响因素。其中，4个主导因素形成一个菱形结构，形似钻石，所以称为“钻石模型”。模型的各个顶点相互强化，共同构成动态的激励创新的竞争环境，从而成为一国（或地区）产业竞争力的源泉。“钻石模型”已被学者们视为“经济分析范式”，广泛运用于不同产业的竞争力分析（图2-1）。

“钻石模型”中的4个主导影响因素和两个附加影响因素所包含的主要内容为：

要素条件指一国拥有的生产要素，包括劳动力、可耕地、自然资源、资本和基础设施等，可以归为人力资源、物质资源、知识资源、资本资源和基础设施等几大类，主要反映一个国家或地区在特定产业竞争中有关生产方面的表现。总体来说，生产要素可以分为基本要素和高级要素两类。基本要素是指一国先天拥有或不用花费太大代价就能得到的要素；高级要素指通过长期投资或培育才能创造出来的要素。对农业来说，基本要素又称为传统农业生

产要素，主要包括气候条件、地理位置、劳动力和土地、水利等农业自然资源，这些要素有的是自然生成，有的只要简单的私人及社会投资就能拥有；高级要素可称为现代农业生产要素，主要包括农业技术、人力资本、现代化的农业基础设施、农业生产管理等，现代生产要素不是自然生成的，是需要依靠持续地追加投资创造出来。

需求条件是指市场对该项产业提供的产品或服务的需求状况，包括国内需求和国外需求。波特认为国内需求的重要性是国外需求代替不了的。国内需求的规模、构成和增长形式以及国内需求偏好传播到国外市场的机制等对国家竞争优势有十分重要的影响。

相关或支持性产业是指由于共用某些技术、共享同样的营销渠道或服务而联系在一起的产业或具有互补性的产业，一个国家的产业要想获得持久的竞争优势，就必须在国内拥有在国际上有竞争力的供应商和相关产业。

企业的战略、结构和竞争是指企业的基础条件、组织和管理形态以及国内市场竞争的表现。不同国家的企业在竞争目标、竞争战略和组织方式上都不相同，国家优势来自于对它们的选择和搭配。各个国家由于环境不同，需要采用的管理体系也就不同。

机遇对于竞争优势非常重要。产业发展的机遇通常是指基础发明、技术、战争、政治环境发展、国内外市场需求方面出现重大变革与突破。这些变化常常会消除已有竞争者所建立起来的竞争优势，并为在新的条件下某国的企业取而代之和赢得新的竞争优势创造条件。

政府对其他每个因素都有广泛的影响力。波特认为政府在国家竞争优势中的真正作用在于它影响4个基本要素，即它可以对这四者之中的每一个因素施加积极或消极的影响，从而对产生竞争优势的过程施加积极的或者消极的影响。

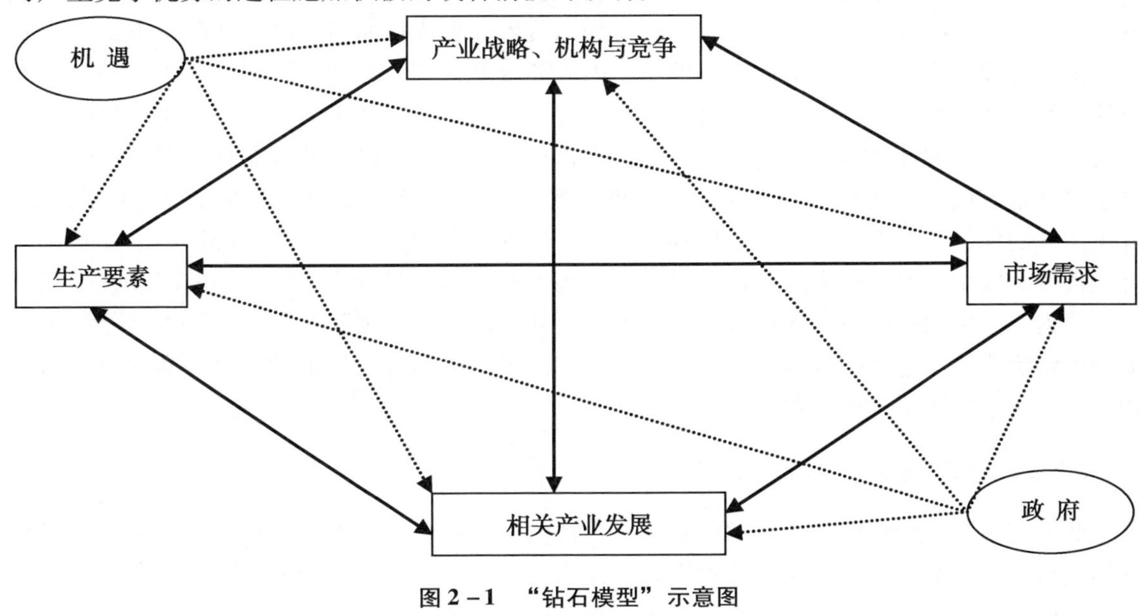

图2－1　“钻石模型”示意图

2.3　“钻石模型”与肉羊产业发展的动力源泉

在此部分，将运用“钻石模型”并结合肉羊产业自身发展的特点，对影响肉羊产业发展的关键因素给出解释，并依据“钻石模型”的六要素来分析肉羊产业发展的动力源泉。

2.3.1 肉羊产业的生产要素条件

生产要素是指产业生产活动所需要的基本物质条件和投入要素，包括天然资源、人力资源、知识资源、资本资源、基础设施等。产业的发展并不仅与生产要素的数量有关，更重要的还取决于它们被应用时所发挥的效率。根据前述对“钻石模型”基本要素的分析，在农业生产中，生产要素可以分为传统农业生产要素（基本要素）和现代农业生产要素（高级要素）两大类。传统农业生产要素主要包括气候条件、地理位置、劳动力和土地、水利等农业自然资源，这些要素有的是自然生成，有的只需简单的私人及社会投资就能拥有。肉羊产业的生产环节对传统的生产要素有着很强的依赖性，初级要素的重要性至今仍然是不可忽视的。初级要素对于促进肉羊产业发展的重要意义在于，它使得肉羊生产由于丰富的要素供应而得以在低成本水平上进行，从而增强羊肉产品在国际市场上的价格竞争力，以此推动肉羊产业的发展。然而必须看到的是，这种建立在自然资源基础上的低成本优势并不稳定，因为它并非以生产率水平提高为前提。以资源要素为依托的肉羊生产如果仅依赖于低成本优势，很容易因其他国家的养殖技术突破、更先进的畜牧业生产方式等原因而削弱甚至丧失原有的优势，而且，随着本国农业资源的消耗，要素价格逐渐提高，资源依托型竞争力必然会遭受致命打击。在现实生活中，丰富的资源或廉价的成本因素还可能造成资源配置的低效率，反而形成产业发展的阻力。现代农业生产要素主要包括农业技术、人力资本、信息、现代化的农业基础设施及农业生产管理等。现代生产要素不是自然生成的，是需要依靠持续地追加投资创造出来，建立在这一基础上的产业发展优势将是一种高层次的优势，这种颇具竞争力的产业发展模式可能通过降低成本或者为消费者提供优良品质的产品或服务来实现，但是无论以哪种方式，竞争对手都不易模仿，因为高级要素和专用型要素的培育需要一个相当长的过程和充足的资本，为现有和潜在对手设置了竞争性障碍和进入壁垒。由于畜牧业再生产是自然再生产和社会再生产相互结合的过程，在生产力水平极低的农业社会里，传统生产要素尤其是自然条件（如土地、气候、地理位置等）对肉羊产业的发展和竞争力的提升起着决定性的作用。但随着经济的发展和生产力水平的提高，畜牧业生产率的提高主要来自具有现代性的新生产要素投入的增加，这时，对肉羊产业发展起着决定性作用的因素就是高级生产要素。一国肉羊产业要保持持续的发展动力和难以赶超的国际竞争力，除了充分利用本国的资源优势外，还必须致力于发展肉羊产业的高级要素和专用型要素，以提高资源的利用效率并形成本国肉羊产业所独有的特色。

2.3.2 肉羊产业发展的需求条件

此要素主要是指本国市场需求的特征。在任何一类产业中，本国市场对竞争力的形成都有相当重要的影响。波特认为，这种影响不仅来自于规模经济，就产业国际竞争力的形成而言，国内市场的素质比其规模更重要得多。本国市场特征包括以下几个方面：第一，国内需求的性质（或顾客的需求形态）。国内需求的性质又可分为细分的需求、老练挑剔的需求、前瞻性的需求三类，这三类不同性质的需求会对产业的竞争优势产生有不同的影响；第二，国内需求的规模和成长模式。本国需求规模，一方面能激励企业投资与再投资，有助于产业竞争力的形成；另一方面庞大的国内市场为企业带来的丰富机会，可能使企业缺乏向外拓展的意识，从而成为不利于产业竞争力形成的因素。从发展模式来说，国内需求的快速增长与

成熟总是有利于企业的国际竞争；第三，从国内市场需求转化为国际市场需求的能力。本国市场上国际化的下游产业有助于产业发展海外市场，提携国内产业参与国际竞争。

针对肉羊产业而言，由食品消费结构升级、健康消费观念加强，以及农产品质量安全所引发的消费者质量安全意识的提高，这3种因素所带来的畜产品市场需求的变化是肉羊产业发展的主要驱动力。随着城乡居民收入水平的提高，消费结构不断升级，粮食类的直接消费在消费总量中的比重将逐步下降，而畜产品的消费水平逐步提高，与此同时，人们追求高蛋白、低脂肪类的健康食品使得食品消费结构正在发生从量的满足到质的提高的转变。而突出的食品质量安全问题使人们对农产品质量安全有了更高的要求。羊肉产品不仅营养丰富，而且是高蛋白低脂肪类食品的典型代表，并且肉羊饲养过程中主要以饲草料喂养为主，与其他畜禽饲养相比，受到添加剂、农兽药污染的可能性要小得多，因此羊肉的质量安全水平有保障，这些特性正好满足了人们这些方面的消费需求，从而为肉羊产业的发展提供了巨大的市场空间。因而，市场需求将成为肉羊产业发展的重要推动力。

2.3.3 肉羊产业发展的相关和支持性产业

绝大多数产品在被最终消费之前都要经过多道生产工序和市场环节，因而产业的发展不可能通过依靠某一企业来包揽从原材料准备到最终零售的所有环节。相关和支持性产业在产业发展的过程中起到了相当重要的作用。如果企业与低于平均水平的上下游产业结盟，则会减弱其竞争性，阻碍其发展速度。无论在产业链中企业之间的关系结构如何，合作对于一个产业持续地创新和升级以维持其优势总是必需的。相关产业有两种类型，一类是互补性产业，是指为某产业发展提供条件、资源、设备、零配件或服务等方面的产业，互补性产业的发展对产业成长具有推动作用，互补性产业又分为两种情况。第一种是为产业发展提供公共条件或服务的产业，如基础设施条件的改善，这种产业往往依赖于政府或整个社会提供，虽与某个特定的产业发展没有必然因果关系，但相关产业条件的改善会客观上推动该项产业的发展，如我国交通基础设施的改善和连锁经营业的兴起，虽不是由肉羊产业发展所带动或是专门针对肉羊产业而发展的，但却客观地推动了羊肉产品营销渠道的革命。第二种是与该产业构成产业链的配套产业，如肉羊产业发展中的育种业和饲草料产业。这些产业往往以肉羊产业的发展为需求，不仅这些相关产业的发展能够推动肉羊产业发展，更重要的是肉羊生产的发展可以对这些产业发展形成强有力的拉动作用，带动这些相关产业实现跨越式发展，二者之间是一种互相依赖和促进的关系。影响产业发展的另一类相关产业是互竞性产业。即与该产业使用某种共同的生产要素或满足消费者相同或类似需求的产业。互竞性产业对产业成长的作用具有双重性，一方面通过资源上的竞争和市场上的替代对该产业成长形成制约，如畜牧业中的生猪、肉禽和肉牛产业等，但另一方面，也正是这种竞争带来的巨大外部压力形成了产业不断创新和发展的动力。

2.3.4 肉羊产业发展的经营主体行为——企业的战略、结构和竞争

肉羊产业是以羊肉生产为中心的产前、产中、产后3个领域全部内容的总和，在产业的发展过程中初步形成了一条从生产到消费的产业价值链，肉羊屠宰加工企业以其前向控制羊源，后向开拓市场在肉羊产业发展中起着主导作用，成为肉羊产业价值链的核心环节。因此，以羊肉产品生产即屠宰加工为中心，肉羊产业的发展还包括肉羊养殖、羊肉产品的市场

销售环节，其中肉羊养殖环节依赖于产前投入要素，如肉羊的繁育、饲料加工、疫病防控等，生产这些投入要素的产业可以称为肉羊产业的上游产业。肉羊产品的市场销售环节依赖于肉羊产品的运输、储存、营销渠道等，这些产业可以称为肉羊产业的下游产业。屠宰加工企业也必须与最好的下游企业结盟，以保证在市场条件变化时其产品依然能卖得出去，与其下游市场的紧密联系有助于屠宰加工企业及时了解市场变化，对其产品质量进行必不可少的提升，从而有利于增强整个产业链的竞争力。有竞争力的上游产业的存在可以为肉羊屠宰加工企业提供及时、高质量的原材料和各种服务；而有竞争力的下游产业则可通过“提升效应”直接拉动肉羊生产的发展。因此，产业链经营主体之间的竞争、协作程度直接影响到肉羊产业发展状况的好坏。

2.3.5 肉羊产业发展的机遇

机遇在这里是指那些超出控制范围内的随机事件，一些偶然性或随机性的事件有时会对某一产业发展产生重要影响，这是因为偶然事件会打破原本的竞争状态，使竞争主体之间的地位发生突变，从而为竞争者提供新的竞争空间。一般来说，这些机遇包括：重大的产业技术革新、全球金融市场或汇率的重大变化、外国政府的重大决策、自然灾害、战争等。通常来说，它对产业发展的影响不是决定性的，同样的机遇给不同的产业可能造成不同的影响，能否利用机遇以及如何利用机遇还取决于上述 4 种基本因素作用的好坏。不过针对肉羊产业而言，机遇对其快速发展有着相当重要的意义，如我国政府实施的优势农产品区域布局规划、畜牧业生产结构的调整。另外，最近几年来，国内外频发的重大食品质量安全事件引起人们对食品质量安全的日益重视。与此同时，在国际市场上，随着贸易的日渐自由化，双边、多变贸易的快速发展。以上变化给我国肉羊产业的发展带来了机会和挑战，促使政府重视和加大对肉羊产业发展的支持力度和对食品消费市场的质量安全监控监管力度，积极引导消费者的健康消费需求，从而为肉羊产业的发展提供了一个良好的发展机遇和外部环境。

2.3.6 肉羊产业发展的政府政策

政府的产业政策是一个国家或地区的政府为了其全局和长远利益，对资源配置和利益分配进行主动干预，对产业内企业行为进行某些限制或诱导，从而对产业发展的方向施加影响的一系列政策的总和。一般说来，产业政策至少有 3 个方面重要作用：一是弥补市场失灵，完善资源配置机制，解决资源配置的宏观效益问题；二是直接体现了经济发展的战略意图，是政府在市场机制基础上更有效地实施赶超战略的需要；三是更好地参与国际竞争的需要。因此，作为一种较为直接、强烈的经济干预政策，产业政策在经济政策体系中处于核心地位，对各项经济政策具有导向意义。针对肉羊产业而言，政府行为对肉羊产业发展的作用是通过影响“钻石模型”中的 4 个基本因素来实现的。比如，政府通过加大农业基础设施建设、治理生态环境、加强畜牧业科学研究和肉羊繁育、饲养管理的先进技术推广，从而有利于肉羊生产要素的改善。另外，政府还可以通过制定产业政策，引导产业的合理布局，不断完善产业链条，调控市场结构，引导企业行为等，如政府通过实施肉羊生产相关补贴政策、畜产品市场的价格调控机制，直接影响和调节肉羊的生产和消费需求。

2.4 “钻石模型”与肉羊产业发展的动力机制

2.4.1 产业发展的动力机制

产业发展的核心问题是动力问题。产业的发展不会是单一的动力驱动，而是多因素的动力组合。从产业发展的主体来看，产业发展的动力源无非是政府、市场（需求）、产业组织（企业）等，但相同的动力源在不同的产业发展中所发挥的作用是不尽相同的，结合上述产业发展的“钻石模型”分析框架，影响产业发展的主要因素无非是生产要素（基本要素：资源环境、劳动力、资本；高级要素：技术）、需求、供给（产业组织）、分工（相关与支持性产业）、政策（包括制度）等，相应地，主要的产业发展动力源有要素驱动、需求拉动、技术带动、供给创造（包括产业组织、相关与支持性产业）、政策推动。通过对这些要素之间关系的分析，本课题构建了产业发展动力机制的一般模型（图2-2）。

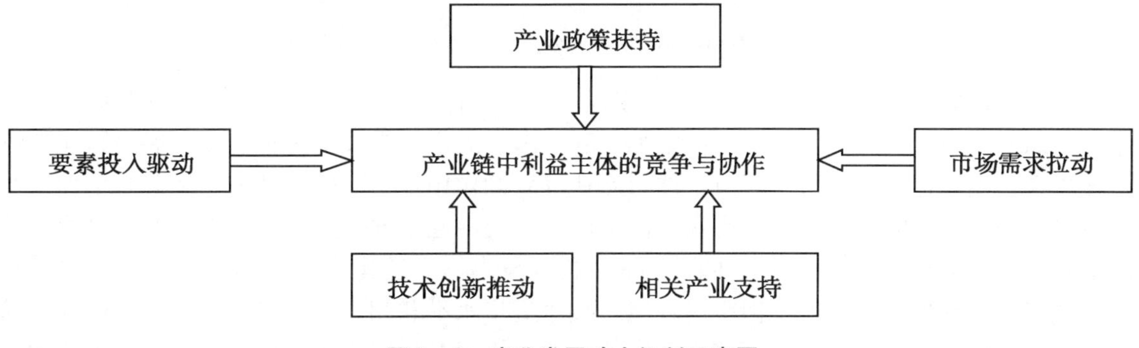

图2-2 产业发展动力机制示意图

以上是一般产业发展的动力机制模型，这个动力机制模型把产业发展放在一个综合的环境中。通过各种因素的综合作用完成产业的发展。其中市场需求是产业发展的导向，对产业发展起吸引和拉动作用；要素投入构成了产业系统的物流和能流，为产业发展提供驱动力；技术创新可以提高投入产出效率，是产业发展的核心推动力；相关产业的支持为产业发展提供支撑条件，是产业发展的协动力；政府的产业政策为产业成长提供有利的宏观环境，对产业的发展起到推动作用，它们共同组成了产业发展的外源动力。产业发展的内源动力则来源于产业链各环节利益主体的行为机制即企业的竞争与协作。外源动力机制和内源动力机制之间的相互关联和互动为产业发展提供了协同作用的综合驱动力。不过，在不同产业之间或产业发展的不同阶段，起主导作用的动力因素是各不相同的。产业发展的过程实际上也是产业自组织演化的过程。产业发展的外源动力对于促进产业发展起着非常关键的作用，特别是在产业发展初期这些外源动力的作用就更加明显。然而从长期来看，产业作为一种自组织系统要持续发展，还得把外在因素引入到自身内在的动力机制中，以激活产业内企业竞争与协作机制，最终通过内在机制发挥作用。

2.4.2 肉羊产业发展的动力机制

根据上述产业发展动力机制的一般理论模型，结合我国肉羊产业价值链的构成和肉羊产业发展的动力源，本项研究所要构造的中国肉羊产业发展的动力机制的逻辑框架如图2－3所示。

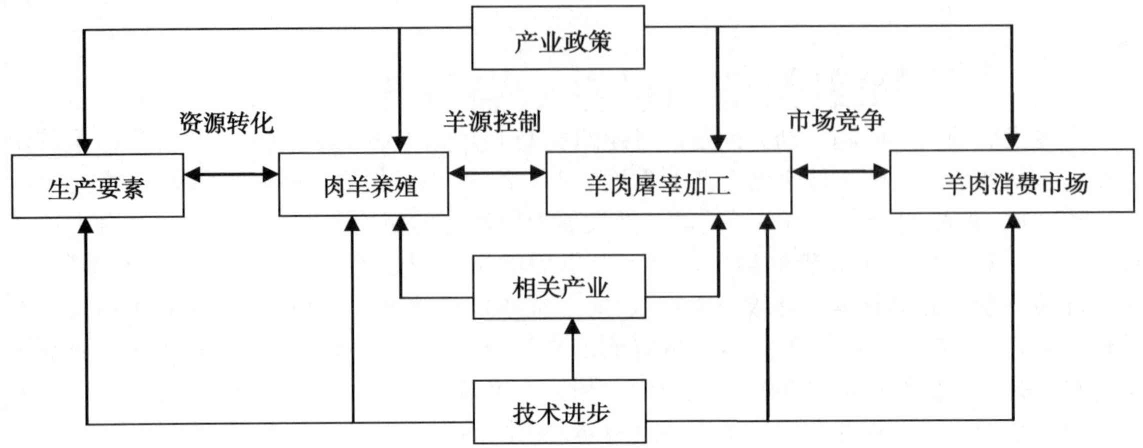

图2－3　中国肉羊产业发展的动力机制框架图

在这一动力机制的分析框架中，将肉羊产业发展置于一个开放而综合的环境系统中考察，从纵向上看，肉羊养殖、羊肉屠宰加工和羊肉产品市场构成了肉羊产业发展的纵向产业价值链条，而且链条中的每个环节主体对产业发展的作用是不同的，其中，肉羊屠宰加工企业以其前向控制羊源，后向开拓市场在肉羊产业发展中起主导作用，成为肉羊产业价值链的核心环节，它同产业链其他行为主体之间的竞争与协作一道构成了肉羊产业发展的内源动力。同时，生产要素条件、羊肉市场环境、技术进步水平和相关支持产业的发展又构成了肉羊产业发展的基本条件和外部环境，政府的产业政策通过配置资源、培育市场、推进技术进步、优化产业结构、协调各产业主体关系等措施对产业发展施加影响，这些要素一道构成肉羊产业外展的外源动力。正是在内源动力和外源动力的交互作用下共同推动了肉羊产业的不断发展。为此，本项研究的逻辑思路是，首先在总结中国肉羊产业发展的现状及特点的基础上，将依据肉羊产业的纵向价值链分别从肉羊的生产、流通、市场（国内消费市场、国际市场）来全面研究中国肉羊产业发展的动力机制，并将肉羊产业发展的外源动力（产业发展的基本要素）融入到内源动力（产业链各环节主体的竞争与协作）的分析之中。

2.5　本章小结

为了构建中国肉羊产业发展动力机制的理论框架，本章首先对与本研究紧密相关概念的内涵和外延作了界定，这些概念主要包括产业与肉羊产业、产业发展、机制与动力机制。其次，在对产业发展的基础理论比较优势理论和竞争优势理论进行梳理的基础上，从理论上探讨了产业发展的动力源泉。第三，运用波特的“钻石模型”作为工具来分析中国肉羊产业发展的动力源，并将肉羊产业发展的影响因素与“钻石模型”的六要素一一对应。第四，进一步依据产业发展的“钻石模型”构造中国肉羊产业发展的动力机制，分为两个步骤：其一，构造一般产业发展的动力机制模型，将产业发展归结为内源动力与外源动力交互作用的结果，其中，内源动力为产业链上利益主体的行为机制即产业内企业的竞争与协作，外源动力包括要素投入驱动、市场需求拉动、技术创新推动、相关产业支持以及政府产业政策扶持；其二，根据产业发展动力机制的一般理论模型，结合我国肉羊产业价值链的构成和肉羊产业发展的动力源，构造本课题所要研究的主题——中国肉羊产业发展的动力机制，即中国肉羊产业的发展是内源动力（肉羊产业链相关利益主体行为）与外源动力（生产要素条件、羊肉市场环境、技术进步水平、相关支持产业的发展以及政府的产业政策）在开放而综合的系统环境下共同作用的结果。

通过从理论上构建中国肉羊产业发展的动力机制，进一步明晰了本课题的研究思路，首先在总结中国肉羊产业发展的现状及特点的基础上，将依据肉羊产业的纵向价值链分别从肉羊的生产、流通、市场（国内消费市场、国际市场）来全面研究中国肉羊产业发展的动力机制，并将肉羊产业发展的外源动力（产业发展的基本要素）融入到内源动力（产业链各环节主体的竞争与协作）的分析之中。

3 中国肉羊产业发展的特征与问题分析

研究一个产业的发展，首先，应该对该产业的发展作一总体评价，这必然要遵循“回顾过去、把握现在、展望未来”的逻辑思路，因此，对中国肉羊产业发展的研究也采用这一研究范式，本章首先对中国肉羊产业的发展历程作一简单回顾，以期从中总结出一些对肉羊产业的今后发展有规律性的因素；其次，基于产业链视角，从生产、加工流通、消费与国际贸易这几个主要环节对中国肉羊产业的发展现状进行概述，从中探寻当前肉羊产业的发展特征以及存在的主要问题，以便为后续研究的进一步开展奠定基础。

3.1 中国肉羊业发展历史回顾

中国养羊业历史悠久，早在夏商时代就有关于养羊的文字记载。1000 多年前，中国南方主要以饲养山羊为主，以后逐步形成规模。养羊业具有繁殖率高、适应性强、易管理等特点，因而养羊业至今在中国广大的农区和牧区都普遍存在。20 世纪 80 年代以前，我国的养羊业主要是解决羊毛生产问题，羊肉的生产尚未受到重视。随着 60 年代以来，国际养羊业的主导方向发生了变化，出现了由毛用转向肉毛兼用直至肉用为主的发展趋势。在这一大背景下伴随着我国社会经济的发展，城乡居民收入的增加和生活水平的提高，食物消费结构发生相应的调整，从而对蛋白质含量高、胆固醇含量低、营养丰富的羊肉需求量明显增加。同时，改革开放以来，党在农村各项方针政策的不断完善和落实，中国农业和农村经济得到了全面的发展，畜牧业已经成为农村经济的一个重要支柱产业，养羊业也因此而获得了新的发展机遇。特别是 20 世纪 90 年代以来，随着羊毛市场疲软，羊肉需求量猛增，尤其是优质羔羊肉的需求量增加迅猛，极大地促进了羊肉生产的快速发展。因此，在市场需求和相关政策的推动下，我国肉羊产业发展迅速。自 20 世纪 80 年代末以来，中国已成为世界上绵羊、山羊饲养量、出栏量、羊肉产量最多的国家。羊肉产量由 1980 年的 45. 1 万吨迅速增加到 2009 年的 386. 7 万吨，增加了 341. 6 万吨，占世界的比重也由 1980 年的 6. 14% 增加到 2009 年的 29. 64%，年均增长速度为 7. 92%，远远高于世界 2. 10% 的平均增长速度。与此同时，羊肉在我国肉类产量中的比重不断提高，由 1980 年的 3. 70% 提高到 2009 年的 5. 09%，占畜牧业总产值的比重也已经提高到 2008 年的 5. 27%。

3.2 中国肉羊产业发展的基本特征

3.2.1 肉羊生产总体特征

（1）肉羊生产快速发展，肉羊生产水平不断提高

20 世纪 90 年代以来，我国肉羊生产保持了较快的发展势头，肉羊存栏量、羊肉产量均有不同幅度的增长（表 3－1）。从绝对量上看，1997 年我国肉羊存栏量达到 25 575.7万只，此后逐年增长，在 2004 年创造历史新高，达到 30 426万只的最好水平。不过，近几年来有所回落，但仍保持在年存栏 28 000 万 ~ 30 000万只的发展水平。与此同时，我国羊肉产量呈直线增加趋势，由 1997 年的 212.8 万吨，提高到 2008 年的 380.3 万吨，12 年间羊肉产量增加了 167.5 万吨，年均增长率高达 6.56%。从肉羊存栏量增长率和羊肉产量增长率的对比可知，我国羊肉产量的增长速度大大超过了羊存栏量的增长速度，这表明我国肉羊生产水平在不断提高。这一变化趋势通过每只羊的活重和日增重两个指标的年变化值可以更好地体现出来，1997 年我国每只肉羊的平均出栏体重和日增重分别为 34.77 千克和 0.103 千克，到 2008 年该指标值分别提高到 39.80 千克和 0.190 千克，与 1997 年相比分别提高了 14.47% 和 84.47%。

表 3－1　我国肉羊历年生产情况一览表

年份	年末存栏量（万只）	年增长率（%）	羊肉总产量（万吨）	年增长率（%）	活重（千克/只）	日增重（千克/只）
1997	25 575.7	7.79	212.8	17.57	34.77	0.103
1998	26 903.5	5.19	234.6	10.24	32.35	0.109
1999	27 925.8	3.8	251.3	7.12	32.71	0.111
2000	27 948.3	0.08	264.1	5.09	34.1	0.116
2001	27 625	－1.16	271.8	2.92	38.5	0.148
2002	28 240.9	2.23	283.5	4.3	40.3	0.145
2003	29 307.4	3.87	308.7	8.89	36.8	0.128
2004	30 426	3.82	332.9	7.84	41.6	0.175
2005	29 792.7	－2.08	350.1	5.17	42.45	0.183
2006	28 369.8	－4.78	363.8	3.91	43.3	0.192
2007	28 564.7	0.69	382.6	5.17	40.7	0.194
2008	28 084.9	－1.68	380.3	－0.6	39.8	0.19

数据来源：1998 ~2009 年《中国统计年鉴》，其中活重、日增重由相应年份的《中国农产品成本收益资料汇编》整理所得

（2）肉羊业在畜牧业中的地位稳步上升

随着我国肉羊生产的快速发展，肉羊业在畜牧业中的地位也是稳步上升。通过羊肉占肉

类比重和肉羊产值占畜牧业产值这两个指标值的变动情况，可以很直观的反映这一上升趋势（表3－2）。2000年我国羊肉产量占肉类产量的比重为4.39%、肉羊业产值占畜牧业产值的比重为4.76%，在2000～2008年间这两个指标呈逐年提高趋势，2008年分别为5.22%和5.27%。

表3－2　我国肉羊生产在畜牧业中比重变化

年份	肉类产量（万吨）	羊肉产量（万吨）	羊肉占肉类比重（%）	畜牧业产值（亿元）	肉羊产值（亿元）	肉羊占畜牧业比重（%）
2000	6 013.9	264.1	4.39	7 393.1	352	4.76
2001	6 105.8	271.8	4.45	7 963.1	399.9	5.02
2002	6 234.3	283.5	4.55	8 454.6	454.2	5.37
2003	6 443.3	308.7	4.79	9 538.8	557.3	5.84
2004	6 608.7	332.9	5.04	12 143.8	648.1	5.34
2005	6 938.9	350.1	5.05	13 310.8	739.5	5.56
2006	7 089	363.8	5.13	13 640.2	836.8	6.13
2007	6 865.7	382.6	5.57	16 124.9	896.9	5.56
2008	7 278.7	380.3	5.22	20 584	1 085	5.27

数据来源：2001～2009年《中国农村统计年鉴》

（3）肉羊生产以散养为主，规模化程度不断提高

在饲养方式上，我国农牧户小规模养殖仍占主体，农牧区普遍采用秸秆、人工牧草和精饲料作为肉羊的主要饲料，正逐步由放牧转变为舍饲和半舍饲，这充分利用了农区丰富的秸秆资源和闲置的劳动力，缓解了肉羊对草地资源和生态环境的压力，为牧区养羊业的全面复兴带来新的发展契机。2008年我国肉羊年出栏量在100只以下的占总出栏量的82.74%。不过总体来看，饲养的规模化程度不断提高，特别是在广大农区，养殖小区大批出现。通过表3－3可以看到，与2005年相比，我国2008年肉羊年出栏量在100～499只、500～999只、1000只以上都有不同程度的提高。

表3－3　2005年、2008年我国肉羊养殖规模分布

年份	年出栏数1～29只		30～99只		100～499只		500～999只		1 000只以上	
	场（户）数	出栏数（万只）	场（户）数	出栏数（万只）	场（户）数	出栏数（万只）	场（户）数	出栏数（万只）	场（户）数	出栏数（万只）
2005			1 637 343	8 845.57	221 071	4 323.19	13 655	815.21	2 255	329.3
2008	21 195 332	18 390.26	1 527 559	8 411.73	237 306	5 049.66	13 692	892.67	2 432	455.91

数据来源：2006年、2009年《中国畜牧业年鉴》

（4）肉羊生产的区域化特征明显，产业集中度不断提高

从生产区域的分布来看，我国基本上所有省区都生产羊肉，产区比较分散。不过从生产区域的变动来看，我国肉羊生产有进一步集中的趋势。通过对我国传统的五大牧区以及农区

五大主产省羊肉产量变动的分析（表3-4），可以发现，从总体上看我国肉羊生产向这十大省区不断集中，1997年该十大省区羊肉产量为154.9万吨，占当年全国产量212.8万吨的72.8%，到2008年这一比重提高到75.4%，其中2006年创历史新高达到93.98%。进一步细分，可以看到我国牧区肉羊生产有向内蒙古、新疆这两个传统养羊大区集中的趋势，而农区有进一步向山东、河南、四川、河北这4个农业大省集中的态势。不过传统上人们所认为的"中国肉羊生产的重心有由牧区向农区转移的趋势"却并没有很明显地体现出来。20世纪70年代末，农村基本经营制度经历重大变革后，由于制度变革带来的巨大激励效应对我国农牧业的发展带来了长久的促进作用。特别是广大农区呈现农牧兴旺的发展势头，农区丰富的饲料和劳动力资源使包括肉羊生产在内的畜牧业发展迅速，反映在肉羊生产上就是农区羊肉产量占全国羊肉产量的比重急剧上升，1980年农区五大肉羊主产省的羊肉产量占全国比重由为26.7%，这一比值在1996年达到顶峰，高达45.3%。而与此同时五大牧区的羊肉产量占全国的比重由49.0%下降到27.5%，不过从1997年开始，这一形势开始逆转，农区五大省的肉羊生产占全国的比重开始下滑，而牧区五大省开始稳步上升。农区五大省的羊肉占全国比重由1997年的38.4%下降为2008年的32.5%，期间虽有所上升，但与前期相比，仍趋于总体下降的趋势，而五大牧区这一指标值由1997年的34.5%上升到2008年的42.9%，总体上保持稳步提高的态势。产生这一趋势的原因主要是由于前期牧区过度放牧，草原生态环境恶化和气候条件的恶劣，使国内牧区养羊业发展受到限制，影响了其产量的扩大，而农区肉羊业由于资源优势则高速发展。不过随着我国改革的不断推进，农区总体经济水平要高于牧区，特别是非农产业的发展水平要高于广大西部牧区。城市化的快速发展和非农就业机会的增加，使农区从事肉羊生产的比较效益下降，机会成本要远远高于牧区，这样就对农区的肉羊产业发展产生相当程度的制约。同时相比较而言，牧区肉羊业的发展受到其他种养业的竞争程度要远远低于农区。由于牧区主要为少数民族人口聚集的地区，畜牧业养殖可选择范围要远远小于农区。因此，相对而言，这样反而有利于牧区肉羊产业的稳定和发展。所以时至今日，牧区的肉羊生产较为集中，具有相对规模优势，仍具备很强的区域性比较优势。

表3-4 牧区与农区主产省羊肉产量及比重变化 （单位：万吨,%）

	年份	1997	1998	1999	2000	2001	2002	2003	2004	2005	2006	2007	2008
	全国	212.8	234.6	251.3	264.1	271.8	283.5	308.7	332.9	350.1	363.8	382.6	380.3
牧区	内蒙古	27.6	27.0	29.8	31.8	32.6	33.8	45.3	60.3	72.4	81.0	80.8	84.8
牧区	新疆	27.7	32.5	33.6	37.5	40.5	42.6	45.5	52.7	60	67	60.5	46.0
牧区	甘肃	6.9	6.8	6.9	7.5	8.4	9.3	10.6	11.2	12.5	14.4	14.6	15.4
牧区	青海	6.3	6.4	6.7	7	6.7	8	8.5	8.8	9.2	9.6	8.7	8.7
牧区	西藏	4.8	5.6	5.7	5.7	6.2	6.9	7.4	7.6	7.5	8.1	8.2	8.3
牧区	合计	73.3	78.3	82.7	89.5	94.4	100.6	117.3	140.6	161.6	180.1	172.8	163.2
牧区	占全国比重	34.45	33.38	32.91	33.89	34.73	35.49	38.00	42.23	46.16	49.51	45.16	42.91

（续表）

年份		1997	1998	1999	2000	2001	2002	2003	2004	2005	2006	2007	2008
全国		212.8	234.6	251.3	264.1	271.8	283.5	308.7	332.9	350.1	363.8	382.6	380.3
农区	山东	16.6	20.9	23.3	24.8	27.6	30.2	33	35	36.4	36.6	33	33.2
	河北	20.2	21.8	23.4	24.6	25.6	26.7	29	31.1	33.7	35.4	24.3	26.5
	河南	25.2	28	30	32	34.5	37.8	42	44.6	46.7	51.2	25.3	26.5
	安徽	10.2	11.5	10.1	11.2	10.9	11.9	15.1	16.4	16.4	17.6	13.2	13.4
	四川	9.4	10.7	13.2	16.2	16.3	16.8	17.4	18.8	20	21	23.8	24.0
	合计	81.6	92.9	100	108.8	114.9	123.4	136.5	145.9	153.2	161.8	119.6	123.6
	占全国比重	38.35	39.6	39.79	41.2	42.27	43.53	44.22	43.83	43.76	44.47	31.26	32.50

数据来源：1998～2009年《中国统计年鉴》

3.2.2 羊肉产品消费的总体特征

（1）羊肉产品消费总体上保持稳中有升的态势

随着我国城乡居民收入水平的不断提高，饮食结构的不断改善，粮食类的直接消费在食物消费总量中的比重逐步下降，而畜产品的消费水平则明显提高。与此同时，随着人们健康意识的不断增强，其追求高蛋白、低脂肪类的健康食品使得食品消费结构正朝着从量的满足到质的提高这一方向转变。因此，羊肉以其鲜嫩、多汁、味美、营养丰富、胆固醇含量低等特点，愈来愈受到国内消费者的青睐，消费量整体上呈现上升趋势。据国家统计局发布的公开数据显示，2002年全国人均家庭消费羊肉0.79千克，2006年达到近年来的最高值1.11千克，此后有所下降，2008年为0.98千克。分开来看，城镇居民的人均消费量由2002年的1.08千克提高到2008年的1.22千克，农村居民人均消费量则由0.61千克增加到0.73千克。不过多数学者认为官方的统计数据对我国居民畜产品消费量严重低估，主要原因之一是其公布的消费数据未将在外就餐包括在内。

（2）在肉类消费市场上，羊肉产品价格在小幅波动中保持上扬的态势

随着羊肉产品消费量的不断上升，近年来羊肉产品的市场价格也是呈现一路上扬的态势。根据图3－1，我们可以看到2000～2009年以来，我国带骨羊肉价格整体上保持上涨势头，由2000年的14.77元/千克大幅提升为2009年的32.63元/千克，增幅高达120.92%。从价格变动的趋势上可以分为3个阶段，第一个阶段就是2000～2006年，这一时期带骨羊肉由14.77元/千克小幅稳步上升为2006年的18.62元/千克；第二个阶段为2006～2008年，这一时期价格由2006年的18.62元/千克快速上升到2008年的31.86元/千克；第三个阶段为2008～2009年，我们仍可以发现羊肉价格在高位上保持小幅上扬态势（图3－1）。

3.2.3 中国羊肉及其相关产品国际贸易的基本特征

从贸易上看，中国是典型的生产大国，出口小国。作为当前世界上最大的羊肉生产国，中国在世界羊肉贸易中所占的比例非常小，只有不到0.2%的羊肉产量用于出口，大约占到

世界羊肉出口总量1%左右的份额。中国羊肉及其相关产品进口增加、出口减少，贸易逆差呈扩大之势。

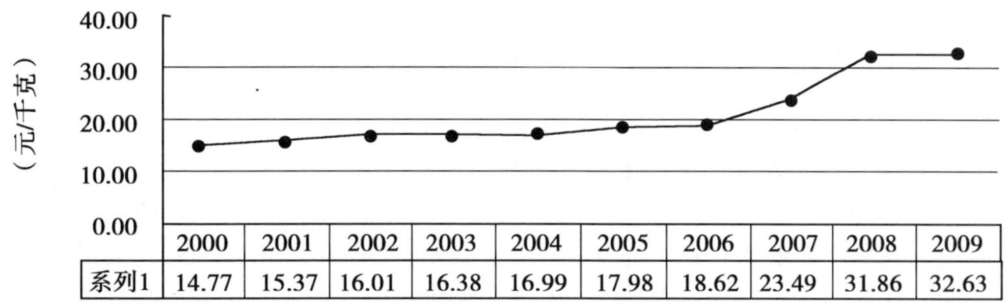

图3－1　中国带骨肉羊年度零售价格走势图（2000～2009年）

数据来源：根据中国畜牧业信息网数据绘制

通过表3－5，可以发现我国羊肉贸易竞争指数（该指数取值范围－1～1，数值越大竞争力越强）20多年来一直为负数，而且绝对值总体表现为先增加后递减的趋势，最高年份2001年达到0.87，此后有所下降，这说明我国羊肉贸易从20世纪80年代以来一直为贸易逆差，而且进口额远远超过出口额。传统养羊大国澳大利亚和新西兰的羊肉贸易竞争指数一直为正，而且大多数年份为1，最低时也达到了0.98，说明这两个国家的羊肉出口能力极强，表现出相当强的国际竞争力。

表3－5　中国与世界羊肉主要出口国贸易竞争指数变化

年份	1980	1985	1990	1995	2000	2001	2002	2003	2004	2005	2006	2007	2008
中国	0.18	－0.4	－0.54	－0.74	－0.79	－0.87	－0.82	－0.62	－0.45	－0.39	－0.3	－0.47	－0.58
澳大利亚	1	0.98	0.99	0.99	1	1	1	1	1	1	1	1	1
新西兰	1	1	1	0.99	0.98	0.99	0.99	0.99	0.99	0.99	0.99	0.99	0.99
英国	－0.51	－0.31	－0.03	0.12	－0.05	－0.43	－0.28	－0.14	－0.2	－0.15	－0.1	－0.21	－0.09

数据来源：FAO统计数据库

虽然近年来贸易竞争指数逐年缩小，但贸易逆差的绝对值呈扩大之势。2008年羊产品进口继续增加，出口微降，贸易逆差达到5485.6万美元，比上年增加3 091.7万美元。自加入世界贸易组织后，由于受到国际市场的冲击和对优质高档羊肉需求的增加，中国羊肉进口量逐年增加，而出口量逐年萎缩。2008年中国羊肉出口总额为5 038.3万美元，同比减少6.9%；出口总量为1.46万吨，同比减少34.2%。羊肉出口目的地主要是约旦、中国香港地区，主要出口省份为山东、内蒙古和河北。2008年羊肉贸易逆差拉大，为5 552.8万美元。羊肉进口来源国主要是新西兰和澳大利亚，进口额占羊肉进口总额的99.6%。活羊出口增加，2008年中国活羊（除种羊外）只有出口，累计出口额为65.22万美元，同比增加26%；出口量为1.87万只，同比增加8%。活羊主要出口到中国香港地区和尼泊尔，主要出口省份为湖北和西藏（司智陟，2009）。

3.3 中国肉羊产业发展存在的主要问题

3.3.1 肉羊生产过于分散、单位规模较小、生产方式仍显落后

我国当前肉羊养殖的主要模式是农户小规模散养（饲养规模在100只以下），年出栏量占全国80%以上，其中农区一半以上的农户饲养规模在10只以下。虽然在现行土地政策条件下，农村劳动力过剩以及农产品生产的相对低效益使农牧户散养肉羊成为增收的重要方式，也就是说这种散养形态有其经济合理性；而自给型的饲料资源及经营上的灵活性使这种模式的长期存在成为可能，存在着技术与经济上的合理性。但这种千家万户式分散饲养，受资金约束不能形成规模，小生产与大市场的矛盾突出。这种生产方式既给重大疫病防治和畜产品质量安全提高带来巨大隐患，也严重影响着畜禽良种、动物营养等先进肉羊生产技术的推广普及，表现为肉羊良种化程度不高、羊肉生产时间长、商品率低、饲养成本高、个体胴体重小、羊肉品质较差、出口量少。因此，近年来我国肉羊产业在有些地方出现萎缩趋势，品种良种化程度低，生产力水平不高，与养猪业、奶牛业、肉牛业、养禽业相比，肉羊业发展后劲和比较效益明显下降，养羊的机会成本增加。

3.3.2 肉羊产业发展日益受到资源、环境的约束

作为畜牧业中的一个子产业，肉羊产业的发展与资源环境的承载力密切相关，我国是一个人口大国，人均资源占有率较低，肉羊产业增长首先受到客观资源条件的制约。受国际粮食价格上涨和国内深加工消耗量增加等因素影响，主要饲料原料价格持续高价位运行，供应紧张的状况在短期内难以缓解。同时在我国肉羊养殖的主产区，随着城市化的拉力和农村自身发展的推力，农村青壮年劳动力迅速向非农产业转移，导致肉羊养殖的机会成本增加，发展肉羊养殖的劳动力成本明显加大，无论是规模化养殖场工人及技术人员，还是散户的自身用工折价，工资都有不同程度的提高，养羊人工成本不断增加。受制于现行的土地政策，土地使用权流转的交易成本加大，无论是牧区的草原畜牧业还是农区的耕地畜牧业，土地问题已成为制约加快规模养殖发展的重要因素；由于前期草原畜牧业的过度发展，导致草原沙化严重，承载力严重下降，农区规模化养殖所产生的粪便等废弃物的污染等环境问题已越来越受到社会关注，为了保护环境各地政府因此而出台的一系列限制政策制约了肉羊产业的进一步发展。

3.3.3 肉羊生产和加工严重脱节，产业链不健全，产业化组织程度低

肉羊产业的发展有赖于肉羊加工业的发展，但农户的小规模生产、肉羊加工业的原料—专门化肉羊品种的缺乏、优质肥羔供应的严重不足，使加工业“巧妇难为无米之炊”，不仅严重制约了羊肉加工的专业化和规模化，也使现有的规模加工业开工不足、设备闲置，阻碍了优质肉羊生产及其产业的发展。当今世界各肉羊生产大国都在大力发展肥羔生产，羊肉产量中羔羊肉所占比例美国为92%以上，英国为94%，法国为75%，新西兰为90%以上，澳大利亚为70%。而中国平均为4%～6%，其中新疆为15%，内蒙古为12%，黑龙江为10%。造成我国肉羊生产中优质肉羊和羔羊肉比重过低，原因主要有以下几点：第一，传统

思想认识没有转变，尤其是在牧区，重存栏，轻出栏，羔羊肉生产比例还较低；第二，优质高档羊肉没有价格优势，“优质不能优价”无法调动投资者和生产者的积极性；第三，缺少优质高档羔羊肉的生产技术；第四，没有优质高档羔羊肉的分级标准；第五，羊肉及其产品的深加工不够。

另外，肉羊生产的产业链不健全，产业化组织程度非常低。与其他养殖业类似，我国肉羊产业链涉及环节多，利益主体复杂，且分配极不合理。肉羊产业链除了养殖者和消费者外，还包括饲料加工企业、活羊贩运商、屠宰加工、批发商与零售商等利益主体。长期以来，市场波动的风险基本上由产业链的两个最重要的利益主体，即消费者和养殖者来承担。一般在羊肉高价期，消费者必须承担绝大部分的负担；在低价期时，养殖者却必须承担产业的大部分亏损。而饲料加工企业、活羊贩运商、屠宰加工、批发商与零售商仍可获得固定利润，甚至利润更丰厚。此外，由于肉羊生产是一个复杂的过程，因此，我国肉羊养殖者除了要承担很大的市场风险外，还要承担相应的自然风险和生产风险，而产业链上的其他环节基本不存在这类风险。这说明我国肉羊产业链上的肉羊繁殖、商品肉羊生产和出栏羊的屠宰、羊肉深加工、批发零售之间几乎是各自为政，互为独立，并没有建立“风险共担、利润共享”连接机制。这直接导致肉羊产品的加工转化程度不高，多数企业还是以初级加工为主，产品附加值低，保鲜期和货架期短，市场适应能力差。因此，很难形成自己的品牌，使我国羊肉产品与国际市场需求存在较大差距。

3.3.4 羊肉及其制品在整个畜产品消费中比例偏低

虽然，我国城乡居民在畜产品消费量和支出上差异显著，但整体消费结构趋同化趋势明显。以城镇居民为例，在整个畜产品消费中，从绝对量上看（表 3－6），猪肉、牛肉、禽肉、蛋类和奶制品人均消费量分别由 1985 年的 16.68 千克、2.15 千克、3.24 千克、6.84 千克和 6.32 千克（1992 年数据）增加到 2008 年的 19.26 千克、2.22 千克、8.00 千克、10.74 千克和 19.30 千克，增幅分别为 15.47%、3.26%、146.91%、57.02% 和 205.38%。而唯独羊肉消费由 1992 年的 1.56 千克下降到 2008 年的 1.22 千克，降幅为 21.80%；从相对指标上看，猪肉消费比例出现了一定程度上的下降，而禽肉、奶类消费比例则大幅上升，城镇居民猪肉消费量占整个畜产品消费比例由 1985 年的 47.49% 下降到 31.71%，禽肉由 9.23% 增长到 13.17%，奶类由 18% 增长到 31.77%。而牛、羊肉分别由 1992 年的 5.08%、3.69% 降到 3.65%、2.01%。虽然猪肉消费比例出现微降，但在整个畜产品消费中仍占有举足轻重的地位，因此，不难发现，我国城镇居民的畜产品消费结构中猪肉所占比重依然偏高，而羊肉消费比重则明显偏低。

表 3－6 中国城镇居民主要畜产品人均消费量 （单位：千克）

畜产品	1985	1992	1997	2002	2003	2004	2005	2006	2007	2008
猪肉	16.68	17.7	15.34	20.28	20.43	19.2	20.2	20.0	18.21	19.26
牛肉		2.15	2.37	1.92	1.98	2.27	1.45	2.41	2.59	2.22
羊肉		1.56	1.33	1.08	1.33	1.39	0.98	1.37	1.34	1.22
禽肉	3.24	5.08	4.94	9.24	9.20	6.37	9.00	8.34	9.66	8.00

（续表）

畜产品	1985	1992	1997	2002	2003	2004	2005	2006	2007	2008
蛋类	6.84	9.45	11.13	10.56	11.19	10.4	10.4	10.41	10.33	10.74
奶及制品		6.32	5.92	18.12	21.71	22.19	19.2	22.54	22.17	19.30

数据来源：中经网统计数据库

3.3.5　肉羊产业的市场竞争加剧，国际竞争力偏低

加入 WTO 后，肉羊产业发展的市场竞争加剧。这主要体现在两个方面：其一，肉羊产业规模的扩大，在生产上受到其他种养业发展的限制，当前我国畜牧业发展中“一猪独大”的局面就是很真实的写照；在消费上特别是在羊肉作为非必需品消费的地区，猪肉、牛肉、禽肉都能对其造成相当大程度的替代。形成这一局面固然与我国居民的饮食偏好密切相关，但一个不容忽视的因素就是国家畜牧业发展政策的“生猪偏向”，肉羊产业发展缺少专门的特殊政策，导致肉羊生产的比较效益下降，在同其他种养业的竞争中，比较优势不明显。其二，加入 WTO 后，我国畜产品市场的逐步放开，国外肉羊发展强国像澳大利亚、新西兰的羊肉产品对我国的羊肉产品在国际国内两个市场上形成挤压，主要表现为，我国羊肉产品出口额的下降，出口市场的狭小和进口的不断增加，贸易逆差的不断扩大。造成这一局面的根本原因就是我国羊肉产品国际竞争力偏低。通过反映国际竞争力最直接常用的指标国际市场占有率的变化就可以很明显地体现出来，中国作为当前世界上最大的羊肉生产国，在世界羊肉贸易中占的比例非常小，只有不到 0.2% 的羊肉产量用于出口，从 1980 年以来占世界出口额的比重一直保持在 0.1% ~1.6%，相比之下，各自占世界肉羊生产量 5% 不到的澳大利亚和新西兰，2008 年占世界出口额的比重高达 24.75% 和 37.41%，两者合计接近世界出口总额的 2/3。因而，羊肉进入国际市场的难度较大。一是世界贸易量的限制，主要出口国大都是发达国家，竞争对手强劲；二是我国羊肉质量难以满足多数进口国的要求。主要表现为不能满足卫生及动物检疫标准，其中包括鲜嫩度、卫生保障、疫病控制、兽药残留等。

3.4　本章小结

本章在对中国肉羊产业发展历程简单回顾的基础上，进一步从产业链视角对肉羊生产、流通、消费市场等主要环节的发展现状及其存在的问题进行了概述，主要得到如下结论：

（1）中国肉羊产业发展的基本特征

首先，从肉羊生产的总特征上看，主要有肉羊生产快速发展，生产水平不断提高，肉羊产业在畜牧业中的地位不断上升，肉羊生产以散养为主，规模化程度不断上升，肉羊生产的区域化特征明显，产业集中度不断提高；其次，从羊肉消费市场的特征上看，主要有羊肉消费量呈上升趋势，消费方式日渐多样化；羊肉产品消费在城乡之间、地域之间和不同收入水平之间存在明显差异；在肉类消费的国内市场上，羊肉产品价格始终在小幅波动中保持上扬的态势；在国际市场上，中国羊肉及其相关产品进口增加、出口减少，贸易逆差呈扩大之势。

(2) 中国肉羊产业发展存在的主要问题

第一，肉羊生产过于分散、单位规模较小、生产方式仍显落后；第二，肉羊产业发展日益受到资源、环境的约束；第三，肉羊生产和加工严重脱节、产业链不健全、产业化组织程度低；第四，羊肉及其制品在整个畜产品消费中比例偏低；第五，肉羊产业的市场竞争加剧，国际竞争力偏低。

4　基于综合比较优势的中国肉羊产业区域变动趋势分析

自20世纪80年代末以来，中国已成为世界上绵羊、山羊年饲养量、出栏量、羊肉产量最多的国家。肉羊生产是增加农牧民收入的重要渠道，特别是在中西部地区，这种增收效应更为显著。研究中国肉羊产业的发展首先必须对肉羊生产区域的变动进行深入分析，中国肉羊生产布局的变化不但影响国内羊肉产品的供给总量，而且也会通过国内供给的变化对羊肉产品国际贸易产生间接影响，更为重要的是对主要肉羊生产地区的农牧民收入的稳定增长影响深远。因此，研究中国肉羊生产区域变动及其影响因素不但对国家制定科学的肉羊生产和贸易政策有重要意义，而且对于建立一个布局合理、生产区域相对集中且稳定的新型肉羊生产空间结构，促进生产区的农牧民收入稳定增长，保障肉羊产业的可持续发展都有着十分重要的现实意义。基于此，本章的内容安排如下：首先，运用描述性统计方法来分析肉羊产业规划政策实施前后中国肉羊生产的优势区域变动特征，并且采用面板数据模型实证分析影响中国肉羊生产区域变动的主要因素；其次，根据上述变动分析结果，进一步采用概率优势方法测定各主要生产区域变动是否符合比较优势原则以及各自比较优势的大小，然后，进一步定性分析影响各优势生产区域比较优势大小的基本因素；最后，结合生产区域变动和比较优势变化的分析结果，比较分析区域变动、区域比较优势变化之间是否具有内在一致性，二者之间呈现怎样的逻辑关系，对肉羊产业的发展传递怎样的启示。

4.1　中国肉羊生产区域变动及其影响因素分析

农业生产区域的变动问题一直是学界关注的重大课题，许多学者曾从不同视角或采用不同的方法进行了大量研究，但已有研究主要聚焦在种植业尤其是粮食作物水稻、小麦、玉米和经济作物棉花、大豆等品种的生产区域变动上，为数不多的涉及畜牧业生产区域变动的研究中，也主要是集中在生猪、肉牛、奶业的生产区域变动上，鲜见有关肉羊生产区域变动的专门研究。从分析方法上看，现有研究大都限于对所研究的对象进行一般性描述性分析。因此，本项研究以肉羊生产区域变动这一事实为依据，结合相关统计资料对近年来我国肉羊生产的区域变动进行描述性分析。在此基础上构建计量模型，着重从区域资源禀赋和社会经济发展差异的视角，实证分析导致中国肉羊生产区域变化的主要影响因素。

4.1.1　中国肉羊生产区域变动的描述性分析

（1）从主产区生产变动上看，牧区逐渐取代农区，重获中国肉羊生产重心的领导地位

从总体上看（表4－1），20世纪90年代以来，我国牧区六省区与农区六省羊肉总产量

占全国比重一直保持在80%左右，这12个省区是中国肉羊生产的绝对主体。其中，自1990年后农区六省羊肉所占比重长期以来始终高于牧区六省区，这一态势一直保持到2005年，表明在这一历史时期，我国肉羊生产的重心由牧区转向农区。不过自2006年起，这一态势被打破，牧区主产省羊肉比重开始超越农区一跃而重新成为中国肉羊新的生产重心。从各自的变动来看也可以进一步印证这一逆转趋势，牧区六省区自20世纪90年代以来，肉羊生产占全国比重保持平稳增长势头，特别是2003年以来，这一增长速度明显加快，而同时期农区肉羊生产所占比重呈现稳步下降趋势，最终导致在2006年被牧区所超越，不过这一趋势能否持久地延续下去，取决于牧区肉羊生产能否保持这种平稳增长的态势。

表4-1　中国主要牧区、农区羊肉产量及其占全国比重变化　（单位：万吨,%）

	年份	1990	1995	2000	2001	2002	2003	2004	2005	2006	2007	2008
	全国	106.8	201.5	274	292.7	316.7	357.2	399.3	435.5	469.7	382.6	380.3
牧区	内蒙古	12.7	16.9	31.8	32.6	33.8	45.3	60.3	72.4	81	80.8	84.8
	新疆	15.8	24.5	37.5	40.5	42.6	45.5	52.7	60	67	60.5	46
	甘肃	3.8	5.8	7.5	8.4	9.3	10.6	11.2	12.5	14.4	14.6	15.4
	青海	5.6	6.1	7	6.7	8	8.5	8.8	9.2	9.6	8.7	8.7
	西藏	3.9	4.8	5.7	6.2	6.9	7.4	7.6	7.5	8.1	8.2	8.3
	宁夏	1.7	1.7	3.3	3.7	4.5	5.5	6.1	6.4	7.2	5.7	5.9
	合计	43.5	59.8	92.8	98.1	105.1	122.8	146.7	168	187.3	178.5	169.1
	占比	40.73	29.68	33.87	33.52	33.19	34.38	36.74	38.58	39.88	46.65	44.46
农区	山东	15.7	39.2	24.8	27.6	30.2	33	35	36.4	36.6	33	33.2
	河北	8	16.8	24.6	25.6	26.7	29	31.1	33.7	35.4	24.3	26.5
	河南	8	21.1	32	34.5	37.8	42	44.6	46.7	51.2	25.3	26.5
	安徽	3	5.3	11.2	10.9	11.9	15.1	16.4	16.4	17.6	13.2	13.4
	江苏	7.3	16.5	15.8	16.3	17.2	17.6	17.4	17.9	18	7.1	7
	四川	3.7	8.3	16.2	16.3	16.8	17.4	18.8	20	21	23.8	24
	合计	45.7	107.2	124.6	131.2	140.6	154.1	163.3	171.1	179.8	126.7	130.6
	占比	42.79	53.2	45.47	44.82	44.40	43.14	40.90	39.29	38.28	33.12	34.34

数据来源：根据《中国农村统计年鉴》（1991~2009年）整理

（2）从省际变动来看，肉羊生产向少数主产省区集中的趋势明显

从主产省际之间的变动来看（表4-1），肉羊生产向少数几个生产大省集中趋势明显。其中，在牧区肉羊生产有向内蒙古、新疆和甘肃进一步集中的趋势，这3个省区一直充当着牧区肉羊生产的领头羊，其羊肉产量由1990年的32.3万吨大幅提高到2008年的146.2万吨，占牧区主产省总产量的比重也由1990年的74.25%提高到2008年的86.46%。反观农区，其肉羊生产主要集中在河南、山东、河北、四川和安徽5省，而其中河南、山东和河北是绝对的主力军，肉羊生产占农区主产省间的比重始终保持在65%以上。不过近年来，四

川肉羊生产发展很快，已由1990年的3.7万吨大幅增加到2008年的24万吨，年均增长率高达10.95%。因此，从发展趋势上看，肉羊生产在农区有进一步向河南、山东、河北和四川集中的趋势。

（3）从区域经济发展差异来看，不同经济发展水平地区肉羊生产差别显著

按农村经济发展水平划分①，如图4-1所示，中国发达地区肉羊生产占全国比重由1990年的10.30%下降到5.47%，中等发达地区则由38.76%提高到48.62%，欠发达地区由50.94%微降到45.91%。这说明从不同经济发展水平肉羊生产的区域变动来看，我国肉羊生产主要位于中等及欠发达地区，特别是欠发达地区长期以来一直是我国羊肉的供给主体。从发展趋势上看，发达地区的肉羊生产始终在低位呈现不断萎缩态势，而中等及欠发达地区的肉羊生产始终保持“高位运行”，尤其是中等发达地区在2008年一举超越欠发达地区而成为新的肉羊生产核心区。

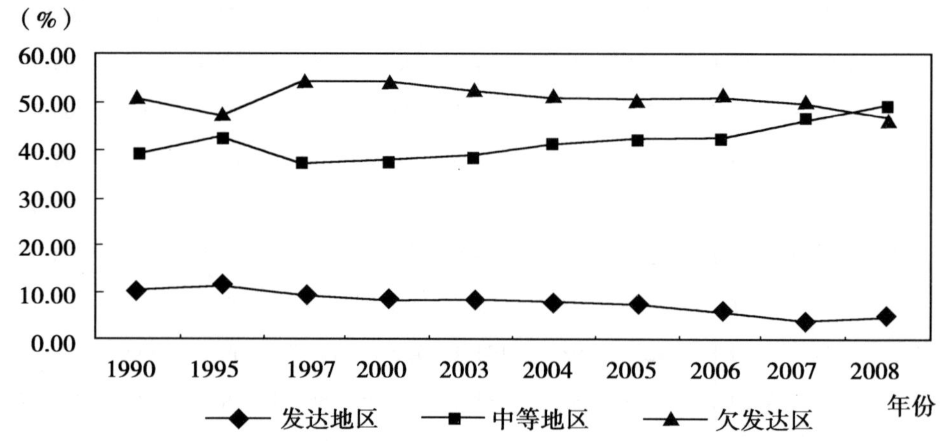

图4-1 中国不同经济区域肉羊生产占全国比重变动趋势图

数据来源：根据《中国农村统计年鉴》(1991~2009年)整理

（4）从产业集聚程度上看，肉羊生产向优势区域集中的趋势明显

从总体上看（表4-2），我国羊肉生产的四大优势区域②羊肉产量占全国的比重长期以来保持在90%左右，特别是自2003年以来呈现平稳增长的良好势头，这表明以上优势区域是我国肉羊生产的主体和生力军。进一步从变动趋势上看，肉羊生产向四大优势区域集中的趋势明显，其产量由1990年的93万吨迅速增加到2008年的350.7万吨，占全国总产量的比重也相应由87.1%大幅提高为92.2%。从优势区域内部变动来看，中原优势区和中东部农牧交错区是我国肉羊生产的重中之重，无论在生产绝对量上还是发展速度上均保持领先地位。不过，进一步从各优势区域羊肉产量占全国比重的变动趋势上看，中东部农牧交错区和

① 此处在借鉴牛剑平、杨春利（2010）的研究成果基础上，将我国农村地区按照经济发展水平划分为发达、中等、欠发达地区3个层次，具体分类请参见牛剑平、杨春利. 中国农村经济发展水平的区域差异分析［J］. 经济地理，2010（3）：479~483.

② 农业部《肉羊优势区域布局规划（2008~2015年）》中按照“资源优势、产业发展基础等”将我国肉羊生产的主要地区划分为四大优势区域，本文基于数据统计的完整性将原四大区域所覆盖的范围作了相应调整。

西南地区增势明显，而中原地区与西北地区却呈现缓慢下降的趋势。

表 4-2 中国主要优势区域羊肉生产变化 （单位：万吨,%）

年份		1990	1995	1997	2000	2003	2004	2005	2006	2007	2008
全国		106.80	201.50	210.20	274.00	357.20	399.30	435.50	469.70	382.60	380.30
中原优势区	河北	8.00	16.80	20.20	24.60	29.00	31.10	33.70	35.40	24.30	26.50
	山东	15.70	39.20	14.00	24.80	32.90	35.00	36.40	36.60	33.00	33.20
	河南	8.00	21.10	25.20	32.00	42.00	44.60	46.70	51.20	25.30	26.50
	湖北	1.10	2.80、	2.00	3.00	4.90	5.80	6.00	6.50	6.10	7.30
	江苏	7.30	16.50	13.00	15.80	17.60	17.40	17.90	18.00	7.10	7.00
	安徽	3.00	5.30	10.20	11.20	15.10	16.40	16.40	17.60	13.20	13.40
	占比	40.36	50.47	40.25	40.66	39.61	37.64	36.07	35.19	28.49	29.95
中东部农牧交错带优势区	山西	4.00	5.60	5.70	7.00	7.20	7.20	7.40	7.70	5.20	5.10
	内蒙古	12.70	16.90	27.60	31.80	45.30	60.40	72.40	81.00	80.80	84.80
	辽宁	1.30	2.60	2.40	3.40	5.10	6.10	7.10	7.60	7.00	7.30
	吉林	0.80	1.90	1.70	3.20	3.80	4.00	4.20	4.30	4.40	3.50
	黑龙江	1.30	2.70	2.90	3.50	6.70	9.00	10.70	12.00	10.40	10.50
	占比	18.82	14.74	19.17	17.85	19.06	21.71	23.38	23.97	28.18	29.24
西北优势区	新疆	15.80	24.50	27.70	37.50	45.50	52.70	59.90	67.00	60.50	46.00
	甘肃	3.80	5.80	6.90	7.50	10.60	11.20	12.50	14.40	14.60	15.40
	陕西	2.20	4.20	5.10	5.40	7.90	8.40	9.30	10.20	7.00	7.40
	宁夏	1.70	1.70	2.10	3.30	5.50	6.10	6.40	7.20	5.70	5.90
	占比	22.00	17.97	19.89	19.60	19.46	19.63	20.23	21.03	22.95	19.64
西南优势区	四川	3.70	8.30	9.40	16.20	17.40	18.80	20.00	21.00	23.80	24.00
	重庆			1.30	1.90	2.70	3.40	3.60	4.00	1.60	1.80
	云南	1.30	2.60	4.10	5.80	8.20	8.90	10.10	11.40	10.20	11.50
	湖南	0.40	1.90	5.50	6.10	9.40	10.10	11.60	13.00	10.30	10.60
	贵州	0.90	1.80	2.60	4.20	4.50	5.00	5.50	6.00	2.80	3.00
	占比	5.90	7.25	10.89	12.48	11.81	11.57	11.66	11.79	12.73	13.38

数据来源：根据《中国农村统计年鉴》（1991～2009年）整理

综上所述，自20世纪90年代以来，中国肉羊生产区域格局发生了明显的变化，且各优势区的肉羊生产变化趋势不尽相同。那么究竟是什么因素导致了这种区域格局的地理位置变化？本课题将进一步对中国肉羊生产区域变动的成因进行实证分析。

4.1.2 中国肉羊生产区域变动成因的计量分析

（1）理论假设

在自给自足的自然经济条件下，肉羊生产的区域分布主要取决于饲养环境、饲料资源和养殖习惯等传统因素的影响，这也是我国肉羊生产长期以来主要分布在北方地区尤其是牧区的主要原因。现如今在市场经济条件下，肉羊生产更多体现的是自然再生产与经济再生产的有机结合。因此，肉羊生产的区域变动是一个复杂的社会经济现象，在宏观层面上，它不仅受到自然条件、社会经济发展水平及国家政策等内外因素的影响，同时，在微观层面上还受到养殖习惯、比较收益及收入结构变化诱发的农牧民生产行为变化的影响。越来越多的迹象表明，肉羊生产区域分布更多体现的是由自然性布局向经济性布局的转变，因此，研究中国肉羊生产的区域变动在关注自然条件变化的同时，更要重视社会经济因素的影响。

①自然条件变化与肉羊生产区域变动

众所周知，自然资源是畜牧业发展的前提和基础，肉羊是草食性牲畜，一头肉羊平均一年要耗费玉米、豆粕、豆饼等精饲料 57.80 千克，耗粮数量为 40.80 千克，耗费牧草、农作物秸秆等青粗饲料 201.9 千克[①]。要满足如此庞大的饲料需求就必须有丰富的饲草、玉米、大豆、农作物秸秆等饲料供应。而中国肉羊生产的区域分布广泛，各地区之间的自然资源禀赋差异明显，因此，自然资源的变化不可避免地会对肉羊生产的区域分布产生影响。另外，干旱、冰冻自然灾害对肉羊生产影响深远，相关研究业已表明，中国畜牧业生产的波动性在很大程度上受制于自然灾害状况并具有明显的地区差异，其中水灾和旱灾都对中国区域之间的畜牧业生产造成影响，相比较而言旱灾的影响更大。基于此，本课题将各地区的自然条件因素引入实证模型之中，但是自然条件包括的因素众多，不可能选取全部的变量，根据肉羊生产的特性和变量数据的可获取性，分别选取各省区的草地面积和粮食产量两个指标来大致反映各地肉羊生产的饲料资源情况，选取各省区的旱灾成灾面积来近似反映旱灾对肉羊生产的影响并假定前两个指标与肉羊生产量之间正相关，后者呈负相关关系。

②区域经济水平与肉羊生产区域变动

随着中国经济的增长，居民收入和生活水平的不断提高，人们的食物消费已经由简单地追求“吃饱求生存”的数量阶段向追求“吃好求健康”的质量阶段转变，更加注重食物品种的丰富、食品的营养和健康价值，对高蛋白、高营养、低脂肪的动物性食品的需求将大大增加，从而引起食物消费结构的升级。因此，区域经济的增长直接带动了羊肉这一高蛋白、低脂肪类食物消费需求的增长。但是，区域经济发展对肉羊生产的影响可能出现两个方面的作用，一方面如前所述经济发展创造市场需求，对肉羊生产起到正向的促进作用；另一方面也可能出现相反的情况，这主要是因为人们生活水平提高的同时开始关注生存环境的改善，环保意识不断上升，由于羊肉需求的增加，导致饲养规模的扩大而产生大量的排泄物可能带来环境污染，致使肉羊生产不断向偏远地区转移；同时，随着城市化的进一步加速，土地的不断商品化使发展肉羊产业所必需的土地资源的机会成本不断上升，这样在用地上，肉羊生产这类传统畜牧业较之于其他非农产业缺乏比较优势，同样也导致肉羊生产向经济发展程度低的地区转移，这种转移不仅发生在省内不同区域之间，也发生在省际之间。因此，区域经

---

① 数据来源：国家发改委价格司编制的《2007 年全国农产品成本收益资料汇编》。

济发展水平的变化对肉羊生产区域变动的综合作用方向并不能够确定。在实证模型中将用各省区的人均 GDP 代表各自经济发展程度。

③比较收益与肉羊生产区域变动

其实区域经济发展水平主要是在宏观上通过创造市场需求、提高人们的环境意识等间接影响肉羊生产的区域变动，不过现实中生产者生产行为更多的是通过微观上的产业内和产业间比较收益的变化而发生变化的，从而引致生产区域的变动。一方面，作为理性人，农牧民在决定是否养殖肉羊时，会权衡肉羊和畜牧业内其他畜禽的经济效益情况，因此，畜牧业内部比较收益的变化会影响农牧户肉羊生产积极性和饲养行为。另一方面，农牧户的小规模散养和兼业化经营是目前中国肉羊生产的基本特征。随着工业化和城市化的推进，农村劳动力向非农产业转移和向经济发达的城市地区流动，已成为我国社会发展的常态。这将通过农民非农收入与农业经营收入之间的差距而产生的比较收益的变化来影响农牧民的养殖行为。由于各地区经济发展水平存在较大差异，所以不同地区农牧民生产肉羊的机会成本也存在着差异，进而对不同地区农牧民的肉羊生产行为和羊肉产量产生不同的影响。基于此，本课题使用上一年各省区羊肉价格与其他畜禽产品综合加权价格的比值、非农收入占家庭经营收入的比重这两个指标来表示不同地区农牧户当年从事肉羊生产的产业内和产业间的机会成本大小对其经营决策的影响程度。本课题假定这两个指标与肉羊生产区域变动之间呈现一正一负的关系。

④农业劳动力因素与肉羊生产区域变动

在我国畜牧业属于劳动密集型产业，在肉羊生产过程中，无论是散养还是规模饲养都需要大量的劳动投入，一个地方从事第一产业劳动力数量的多寡直接影响肉羊生产的总体规模。不过劳动力因素应从数量和质量两方面去考察其对肉羊生产区域变动的影响，一方面劳动力的丰富程度可以显著地影响地区肉羊生产的机会成本，劳动力数量越多，肉羊生产的相对机会成本就会越小，可以提高肉羊生产的比较收益，不过从另一个角度考虑，如果劳动力数量过多，会显著降低肉羊生产效率；另一方面劳动力质量即农业劳动者的受教育水平越高，越有利于采用新的饲养技术和新品种，提高肉羊生产效率，降低生产成本。鉴于此，本课题将各省区从事第一产业的劳动力数量及其平均受教育年限①纳入实证模型，并假定农业劳动力受教育水平越高对该地区肉羊生产的贡献越大，反之则相反。

⑤技术效率进步与肉羊生产区域变动

在肉羊生产中，技术进步往往意味着新的品种、新的饲养管理技术的出现并应用于实际生产中，来改善肉羊个体性能，缩短出栏周期，提高产肉量。因此，肉羊养殖生产效率的提高，有助于增加农牧户的养殖收入，从而提高农牧户的生产积极性。而畜牧业技术进步及其推广应用需要政府的大量投入，各地区政府投入的差异导致了区域之间肉羊生产过程中的技术效率差异，从而不可避免地对肉羊生产的区域变动产生影响，而各地区肉羊年出栏率之间的差别是这一影响的综合体现。因此，本课题使用各省份的肉羊年出栏率来反映技术效率进步对肉羊生产区域变动的影响，并假定两者之间正向相关。

⑥政策因素与肉羊生产区域变动

政府的产业政策不仅在宏观层面对某个产业产生重要影响，而且在微观层面上对产业内

① 根据陆文聪、梅燕（2007），农业劳动力受教育年限 = 受高等教育比例 ×14 + 受中专或高中教育比例 ×12 + 受初中教育比例 ×9 + 受小学教育比例 ×6。

的生产者行为影响深远。就肉羊生产而言，在政府政策的干预下，养殖者的生产行为不可避免地受到政策的影响。理性的生产者将根据政策的支持偏好，选择合适的饲养品种后追求由产量、价格和成本构成的预期生产收益的最大化，一个地区肉羊生产的变动在某种程度上表现为养殖者对收益变化的一种理性反应。因此，肉羊产业相关政策的变动也是导致我国肉羊生产区域变动的重要影响因素之一。本课题将引进政策虚拟变量来反映政策变动前后对我国肉羊生产区域变动的影响。

（2）实证模型构建

根据以上理论假设，为综合考察中国肉羊生产区域变动的影响因素及其作用强度，本课题结合 Panel Data 来构建具体的实证模型。根据 Balestra 和 Nerlove 提出的分析 Panel Data 的一般模型：

$$Y_{it} = \alpha_i + X_{it}\beta + \varepsilon_{it} \qquad t = 1,2,\cdots,T;i = 1,2,\cdots,N \tag{1}$$

在式（1）中，α_i 表示非观测效应，即不随时间而变化的特征性影响；β 为待估参数；X_{it} 满足严格的外生性假定，即 $E(u_{it}|X_{it},\alpha_i) = 0$，若非观测效应 α_i 与解释变量相关，即 $Cov(X_i,\alpha_i) \neq 0$，那么模型就是固定效应模型；反之，若非观测效应 α_i 与解释变量不相关，即 $Cov(X_i,\alpha_i) = 0$，那么模型就是随机效应模型。

根据前述理论假定，将肉羊生产的自然条件、区域经济水平、比较收益、劳动力、技术进步和政策等变量作为模型的控制变量纳入到基本模型（1）中。表 4－3 为上述变量具体名称、表达符号以及影响效应的假设。

表 4－3　模型变量及其影响效应假定

变量	简称	影响效应假定	变量	简称	影响效应假定
肉羊生产集中度（因变量）	PC				
粮食产量	GO	+	非农收入比重	NAR	−
草地面积	GA	+	农业劳动力数量	NL	+/−
旱灾成灾面积	DA	−	劳动力人均受教育年限	AE	+
人均 GDP	AGDP	+/−	肉羊年出栏率	SR	+
羊肉与替代产品价格比值	RP	+	政策虚拟变量	DP	+/−

基于理论假定和变量设置，本课题的实证模型具体形式如下：

$$\begin{aligned} PC_{it} = {} & \alpha_i + \beta_1 GO_{it} + \beta_2 GA_{it} + \beta_3 DA_{it} + \beta_4 AGDP_{it} + \beta_5 RP_{it-1} + \beta_6 NAR_{it-1} \\ & + \beta_7 NL_{it} + \beta_8 AE_{it} + \beta_9 SR_{it} + \beta_{10} DP + \varepsilon_{it} \end{aligned} \tag{2}$$

其中 $t = 1，2\cdots，19$；$i = 1，2\cdots，20$；$t-1$ 表示该指标上一期值。

（3）数据来源

本课题实证部分所采用的数据为 1990～2008 年中国肉羊生产四大优势区域分省的时间序列和截面数据所构成的 Panel Data。其中生产集中度按各省区羊肉产量占全国羊肉总产量的比重来表示，数据来源于《中国农村统计年鉴》；各省区粮食产量和草地面积分别来自于《中国统计年鉴》和《中国畜牧业年鉴》；各省区的旱灾成灾面积和人均 GDP 数据来源于历年《中国统计年鉴》；非农收入比重由《中国农村统计年鉴》和《中国统计年鉴》中数据计算所得；肉羊产业政策变量采用设置虚拟变量的方法，即以 2003 年开始实施《肉牛肉羊优势区域发展规划（2003～2007 年）》为时间界限，2003 年之前和之后分别设置 0 和 1 变量值。需要说明的是，由于 1990～1994 年间的畜产品分类价格数据缺失，模型中的价格数据时间跨度为 1995～2008 年，各省区羊肉价格与其他畜禽产品的价格采用各省区历年月度价格加总平均所得，基础数据来源于全国畜牧总站、中国畜牧业信息网，其中畜禽产品综合加权价格以各省区与肉羊有竞争关系的不同替代畜禽的产量占该省所有替代畜禽产量的比重为权重，把几种替代畜禽的价格综合为一种替代畜禽的价格，其计算公式为①：

$$P_{st} = \sum_{i} P_{it} \times \frac{Q_{it}}{\sum Q_{it}} \tag{3}$$

其中，P_{st} 为替代畜禽产品的综合价格，t 表示时期，i 表示替代畜禽，本课题主要选取生猪、肉牛、肉鸡作为与肉羊有竞争关系的畜禽，p_{it} 表示 t 时期第 i 种畜禽产品的价格，Q_{it} 表示 t 时期 i 种畜禽的产量。

4.1.3 模型估计结果与讨论

本文采用 Eviews6.0 软件对实证模型进行估计，从回归结果的各项指标来看，固定效应模型与随机效应模型的估计结果差别不大，但 Wald F 检验却显示，在 1% 显著水平下两组方程都不能拒绝无固定效应的零假设，而豪斯曼检验却拒绝了固定效应与随机效应方程之间的无差别假设，这表明采用固定效应模型要优于随机效应模型。因此，本课题针对固定效应模型的回归结果进行分析和讨论（表 4－4）。

表 4－4 实证模型的估计结果

变量	回归系数			
	中原优势区	中东部农牧交错区	西北优势区	西南优势区
常数项	1.323** (1.996)	1.232* (1.818)	1.451** (2.212)	1.0238* (1.786)
粮食产量	0.522*** (3.872)	0.483** (2.007)	0.121* (1.806)	0.384** (1.988)
草地面积	0.342 (1.602)	0.556* (1.907)	0.784*** (3.130)	0.351 (1.601)
旱灾成灾面积	－0.163 (－1.546)	－0.182* (－1.856)	－0.203** (－2.313)	－0.071 (－1.567)
人均 GDP	－0.431* (－1.803)	－0.323** (－2.173)	0.124* (1.685)	0.120** (1.933)
羊肉与替代品价格比值	0.452*** (4.081)	0.401* (1.869)	0.321 (1.607)	0.387** (1.993)
非农收入比重	－2.147*** (－3.063)	－2.020*** (－4.176)	－1.414*** (－4.013)	－2.001*** (－3.761)

① 此处借鉴了钟甫宁、胡雪梅（2008）在《中国棉农棉花播种面积决策的经济学分析》一文中的处理思路。

（续表）

变量	回归系数			
	中原优势区	中东部农牧交错区	西北优势区	西南优势区
农业劳动力数量	-0.032* (-1.765)	0.048*（1.912）	0.059*（1.907）	-0.027** (-2.013)
劳动力受教育程度	0.045*（1.862）	0.063**（1.993）	0.071*（1.858）	0.056*（1.703）
肉羊年出栏率	0.963**（2.072）	0.950**（2.017）	0.876*（1.703）	0.853*（1.821）
政策虚拟变量	1.241（1.467）	1.352*（1.854）	1.683**（2.133）	1.340（1.503）
R^2	0.982	0.967	0.976	0.958
修正后的 R^2	0.980	0.966	0.973	0.956
DW 值	1.886	2.013	2.006	1.896
F 值	25.86***	29.37***	31.26***	26.72***
Wald F Test	213.2	212.1	208.3	221.1
Hausman Test	25.13	24.16	27.15	30.19

注：括号内为 *t* 统计值；*** 、** 和 * 分别表示在 1%、5% 和 10% 的水平下显著。

（1）自然条件差异与肉羊生产区域变动

从自然条件看，其中粮食产量对各地区肉羊生产具有显著的正向影响，影响程度的大小依次为中原地区、中东部农牧交错区、西南地区、西北地区。这说明种植业的发展为肉羊生产提供了丰富的农副产品和作物秸秆等饲料资源，而各地区之间粮食产量的变化表明种植业发展的差异对各地区肉羊生产变化的作用强度是不尽相同的。另一个反映自然条件的指标—草地面积变化同样对各地区肉羊生产的影响各不相同，对西北地区和中东部农牧交错区具有显著的正向影响，而对中原地区和西南地区虽有正向影响，但并不显著。这主要是因为，西北地区和中东部农牧交错区具有丰富的草地资源，草原畜牧业比较发达，而中部地区是我国传统的农区，肉羊生产的发展主要依靠种植业为其提供饲料资源，因此，草地面积变化对其作用不显著，而西南地区虽有丰富的草地资源，但主要为草山、草坡，改良难度大，致使其利用率不高，因而对该地区肉羊生产的发展作用有限。从各地旱灾成灾面积的回归系数来看，这一指标对西北地区和中东部农牧交错区肉羊生产负面影响显著，但对西南地区和中原地区影响不显著。这可能是跟各地区不同的气候条件有关，西北地区和中东部农牧交错区大多属于干旱半干旱区，气候干燥降水量少，容易受到旱灾的袭击，而西南地区和中原地区大多降水量较为丰富，受干旱影响的概率和程度要小得多。

（2）区域经济发展水平与肉羊生产区域变动

从指代区域经济发展水平的人均 GDP 这一指标的回归系数来看，不同地区经济发展水平对其自身肉羊生产的作用方向和程度是有显著差异的。其中对中原地区、中东部农牧交错区的肉羊生产变动的作用显著小于 0，而对西北和西南地区的作用显著大于 0。这表明经济的发展对中原地区和中东部农牧交错区的肉羊生产起着明显的制约作用，而对西北和西南地区却带来明显的促进作用。

(3) 比较收益与肉羊生产区域变动

首先，从畜牧业产业内各畜禽养殖之间的比较收益来看，羊肉价格与其他畜禽综合价格比值这一指标变动对各地区的肉羊生产均产生正面影响。不过这一影响在中原地区、中东交错区和西南地区表现得比西北地区要更为显著。这表明在其他畜禽产品价格一定的情况下，随着羊肉价格的不断上涨将使肉羊生产的产业内比较收益不断提高，从而刺激生产者不断扩大肉羊的生产规模。这一指标在西北地区作用不显著，可能是因为相比其他地区，该地区受自然条件、宗教信仰和养殖传统的影响使农牧民畜禽养殖选择的空间要小得多，在西北牧区，肉羊生产在畜牧业中占据主导地位，是农牧民收入的主要来源，因此，该地区肉羊生产对羊肉价格与其他畜禽产品价格的变动反应不像其他地区那么敏感。

其次，从产业间的比较收益来看，非农收入在家庭收入中比重的变化对区域肉羊生产变动的负面影响显著，特别是在中原地区这一影响要表现得更为明显。这说明随着家庭非农收入所占比重的提高，作为传统农业生产的肉羊养殖受到非农产业发展的挤压，劳动力不断向非农产业转移，从而严重抑制了肉羊生产规模的扩大。

(4) 劳动力资源与肉羊生产区域变动

首先，从农业劳动力数量变化来看，该指标对各地区肉羊生产变动的影响不尽相同。对中东部农牧交错区、西北地区具有显著的正向效应，而对中原地区、西南地区有着显著的负向效应。产生上述结果，可能跟各地区的劳动力丰裕程度密切相关，中原地区、西南地区是农业大区，其所属省份农业劳动力数量大，而这些地区肉羊生产主要以小规模散养为主，难以容纳更多的劳动力，如果劳动力投入过多，必将带来生产效率的下降而对肉羊生产带来负向影响。其次，从农业劳动力受教育程度的回归系数来看，该指标对各地区肉羊生产正向影响显著，这说明随着农牧户受教育程度的提高，在生产中更容易接受新观念、采用新技术等来提高生产效率，从而对肉羊生产起着积极的推动作用。

(5) 技术效率进步与肉羊生产区域变动

根据模型的估计结果，指代肉羊生产技术效率指标的肉羊年出栏率的回归系数显著大于0。这说明肉羊生产技术效率的提高对各地区肉羊生产带来显著的正向推动作用。从回归系数的大小来看，中原地区和中东部地区要明显大于西北和西南地区。这可能是因为在中原地区和中东部农牧交错区肉羊生产以短期育肥为主，肉羊出栏周期短，饲料报酬率高；而在西北、西南地区以放牧繁育为主，受生产形式、牧草生长周期以及农牧民市场意识薄弱等诸因素的综合影响，导致肉羊饲养周期要远长于前两个地区。

(6) 政策因素与肉羊生产区域变动

从模型的估计结果来看，政策因素对肉羊生产变动的影响具有明显的区域差异，其中对中东部农牧交错区和西北地区肉羊生产具有显著的正向效应，对中原和西南地区虽有正向效应但并不显著。一种可能的解释就是中原地区和西南地区作为农业大区不仅是肉羊生产的优势区域，同样也是其他畜禽生产的优势区域，而国家畜牧业政策的“生猪偏向”致使专门针对肉羊生产的政策无论在数量上还是支持力度上都无法与其他畜禽特别是生猪、奶牛等相提并论。从而使现有的肉羊产业政策在这些地区失去了实施的比较优势基础，难以发挥应有的激励作用。

基于以上分析，可以认为在当前市场化、城市化与工业化深入发展的新形势下，随着中国地区经济特别是农村经济发展差距不断扩大，经济欠发达地区农村劳动力向当地非农产业转移或向发达地区流动规模扩大的时代背景下，中国今后肉羊生产的区域格局将可能发生进一步的变化。自然条件适宜、比较效益明显、劳动力资源丰富、产业政策完善的经济欠发达优势区域的肉羊生产规模将会进一步扩大，而在非农产业发达、劳动力成本高、农民非农就业机会较多以及产业政策优势不明显的经济发达地区的肉羊生产将会进一步萎缩。从生产规模上看，随着农村劳动力不断向非农产业转移，散养和兼业化经营将会日渐减少，养殖专业户和规模化经营将会相应增加。特别是在目前经济发展相对落后的肉羊主产区，随着区域经济的进一步发展和农民非农就业机会的增加，这些地区的肉羊生产的机会成本将会显著增加，如果不采取切实有效的支持政策，这些地区肉羊生产也将因比较收益的下降可能难以保持持续增长的态势。这预示着区域经济发展水平、非农就业与比较收益、产业政策的地区变化将是影响今后中国肉羊生产区域变动乃至整个肉羊产业可持续发展的关键因素。

4.2 中国肉羊生产区域变动的比较优势分析

根据上一节的分析可知，中国肉羊生产已逐步向自然条件适宜、农村经济发展水平较低、非农产业发展相对落后的地区转移和集中。目前，肉羊生产的这种变动趋势是否具有经济学上的合理性是一个非常值得研究的课题，这就需要在区域变动的基础上，分析区域之间比较优势的变动，然后比较两者之间的变动是否具有内在一致性。新古典主义的比较优势理论认为，各国在交易中之所以形成价格差异的根本原因在于资源要素的禀赋差异。要素禀赋的差异又决定了要素价格差异，而要素价格差异最终决定了产品成本差异。因此，一国如果选择出口密集使用其丰裕要素的商品，进口密集使用其稀缺要素的商品来参与国际分工与竞争，那么就总能获利。比较优势理论不仅广泛应用于国际之间的生产分工，同样也适用于国内不同区域之间的生产布局。因此，依照比较优势理论的分析逻辑，深入分析我国肉羊生产区域变动的比较优势，然后对比分析肉羊生产的区域变动与比较优势的变动是否存在一致性，并且进一步深入探讨两者的变动是否存在共同的影响因素。回答这些问题有助于对我国当前的肉羊生产的区域变动的合理性与否作出判断，这对今后进一步优化肉羊生产格局，制定科学合理的产业政策，促进我国肉羊产业的良性发展，具有非常强的现实意义。

4.2.1 比较优势测定的理论模型

(1) 模型的介绍与设定

本课题运用概率优势（Stochastic Dominance）分析方法对不同地区肉羊的生产成本、技术水平和要素的使用效率进行对比分析，借此判断哪些地区具有肉羊生产的优势。

概率优势（Stochastic Dominance）理论由 Quirk 和 Saposnaike 在 1962 年提出。该理论是以期望效用模型为基础，根据累积概率分布，分析决策主体在自然条件变动、出售价格变动等不确定的状态下，以某些已知的分布或假设性质明显、容易计测的有效函数为前提，测量特定作物的品种之间、地域农业的地区之间，甚至个别经营间风险特性和位置的一种指标方法。

一级概率优势（First - degree Stochastic Dominance，FSD）是概率优势分析的一种。假定 x 是收入水平，f（x）和 g（x）表示在两种选择方案 f 和 g 下收入的概率。f（x）、g（x）

∈ [a, b]。决策者的偏好以效用函数 u（x）表示，且边际效用递减。由于不同的决策者对风险的偏好不同，其假定也不相同。最简单的是假定决策者的偏好是收入最大化。当决策主体对于所有的又有正的收入边际效用（$u'(x)>0$），并且对于所有的 x、f 的累积概率分布小于或等于 g 的累积概率分布时（对一些 x 要求严格的不等），即 F（x）≤G（x），x ∈ [a, b] 时，我们说分布 f 的一级概率优势优于分布 g。这里，F（x）$=\int_a^x f(x)dx$，G（x）$=\int_a^x g(x)dx$，F（x）和 G（x）分别是概率密度函数 f（x）和 g（x）的累积分布函数。

参照该理论基本框架，概率优势分析的步骤如下：

①计算一个地区 n 年来 50 千克肉羊主产品生产成本（或生产成本各主要组成要素）的发展速度 V，其中 $V=h_t/h_{t-1}$，h 表示指标值，t 表示年份；

②对 V 按从小到大的顺序排列（n 个）；

③假设每年为一个样本，则每个发展速度 V 出现的概率就为 $1/n$；

④计算累计概率 S（S 最高取值 0.999999）；

⑤经过变换，S 和 V 之间存在以下线性关系：$V= -a/b + 1/b * Ln(1/S-1)$。

把 V 和 Ln（$1/S-1$）作为两个变量，对上式用 OLS 分别估计不同地区肉羊养殖指标的一级概率优势（FSD）值。其中生产成本、仔畜进价、精饲料和青粗饲料费用的 FSD 越小，则该地区肉羊生产的比较优势越大。每只羊日均增重的 FSD 越大，则该地区肉羊生产的比较优势越大。

概率优势分析方法的基本原理如图 4－2 所示：V 是单位成本发展速度，S 是 V 的累积概率，若 $G(V)$ 和 $F(V)$ 为 G 和 V 两个地区的肉羊生产成本累积概率密度函数。在累积概率 S 达到 0.5 时，离散随机变量 V 越小，该地区生产成本越有优势。图 4－2 中 $V_1<V_2$，即 G 地区肉羊生产较 F 地区有概率优势。

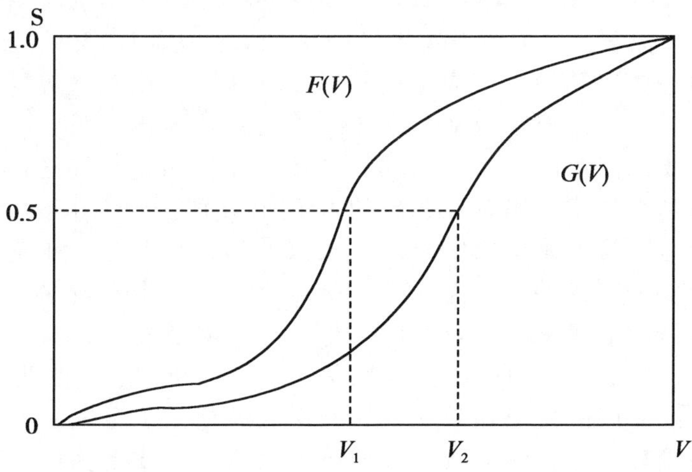

图 4－2 生产成本概率优势原理

（2）数据的来源与处理

本课题分析采用全国12个省区1996～2007年农户散养的相关数据。肉羊的生产成本（按地区工价统计的每50千克主产品的生产成本）、每只肉羊的主产品重量、要素成本（包括人工成本、仔畜进价、精饲料以及青粗饲料费用）等数据均来自于1997～2008年《全国农产品成本收益资料汇编》，并通过农产品价格指数作了可比价格调整，价格指数来自1991年《中国农业年鉴》。由于我国农产品统计资料的统计标准作了几次重大调整，为了使各年的数据具有可比性，笔者对部分指标的数据进行了相应的整合。肉羊的年末存栏量、肉羊年产量数据来自于相应年份的《中国统计年鉴》。

本课题之所以选择全国12个省区的农户散养模式进行分析是因为：①我国当前肉羊养殖的主要模式是农户散养（饲养规模在100只以下），年出栏量占全国60%以上，并且我国肉羊生产的重心呈现由牧区向农区，农区向牧区交替变换的趋势，其中农区一半以上的农户饲养规模在10只以下。这使得在现行土地政策条件下，农村劳动力过剩以及农产品生产的相对低效益使农牧户散养肉羊成为增收的重要方式，也就是说这种散养形态有其经济合理性；而自给型的饲料资源及经营上的灵活性使这种模式的长期存在成为可能，存在着技术合理性。②这12个省区是我国肉羊主产区，2007年羊肉产量占到全国总产量的72.08%，肉羊的年末存栏量占全国肉羊存栏量的64.96%，年出栏量占全国肉羊出栏量的76.20%。③其他省区缺乏完整的统计资料，或者统计的时间较短，不利于概率优势分析。④要素成本分析中之所以选择人工成本、仔畜进价、精饲料费用和青粗饲料费用，是因为这几项费用占生产成本的绝大部分，从2007年全国平均水平来看，这几项费用占生产成本的94.57%。

4.2.2 中国肉羊生产的区域优势与成因

（1）中国肉羊生产的优势区域

从表4－5中可以看出我国肉羊主产区每50千克主产品生产成本变动情况。首先从全国平均水平来看，肉羊生产的概率优势（FSD）值已达到1.1509，处于很高的水平，说明这些年来我国总体肉羊的生产成本增长速度很快，从比较优势的角度看，肉羊养殖不具有概率优势。其次，分区域来看，各区域之间差异比较明显，有些区域内部分化也很突出。过去我国传统的肉羊养殖优势区域东北，如今与其他各区相比，基本不具有概率优势，特别是辽宁、黑龙江两省的FSD值分别达到1.1580和1.1450，明显处于劣势。这可能是因为随着国家实施东北振兴计划，东北老工业基地的复苏，对农业尤其是畜牧业带来一定的冲击，肉羊生产所需要的生产资料价格、劳动力成本上升很快。同时东北本身就是我国的农业大区，与其他种养业相比，肉羊养殖的比较效益较低，这样就对其产生了很大的挤压，使其发展空间不断缩小。西北区（除陕西外）、长江中下游区和黄淮海区的优势比较明显，FSD值远远低于全国平均水平。这几个区是我国肉羊生产的优势产区，各级政府应继续加大政策的支持力度，积极推进这几个区域肉羊产业的发展。最后，从各省区的概率优势比较来看，可以将这12个省区分成3个层次，位于第一层次的是内蒙古，其优势最为明显FSD值仅为1.0085，内蒙古不仅有着悠久的畜牧业历史，而且其牧草资源丰富，肉羊品种齐全，肉羊养殖的机会成本相对其他省区来说比较低。位于第二层次的省份比较多，依次是江苏、河南、安徽、

河北、新疆和山东。除了新疆外，这个层次的其他省份都位于农区，尤其是河南、山东和河北是我国的农业大省，劳动力资源丰富，种植业发达，为肉羊产业的快速发展提供了大量廉价的劳动力和丰富的饲料资源，从而使其肉羊生产成本的概率优势比较明显。新疆与内蒙古的优势比较相似，有着丰富的牧草和品种资源。只不过近年来草场沙化和过度放牧对肉羊养殖影响较大，使其生产成本上升较快，比较优势有所下降。处于第三层次的有东北三省、西南区的贵州和西北区的陕西。陕西这几年比较优势下滑比较明显，FSD 值为 1.1559，是唯一一个 FSD 值高于全国平均水平的主产区。这可能是因为随着西部大开发的不断推进，陕西因为其得天独厚的自然资源和智力资源，使二三产业发展速度很快，农民非农就业机会增多，来自非农产业收入所占比重也越来越大，使得养殖业的机会成本越来越高，肉羊养殖的概率优势不断下降。贵州情况跟陕西类似，随着贵州周边省份以及广东、浙江经济的不断发展，农民外出务工的越来越多，而且务工收入远远高于务农收入。机会成本的上升、比较效益的下降，进一步压缩了当地肉羊产业的发展空间。

表 4-5 中国肉羊生区生产成本变动的概率优势

地区	全国平均	东北区			西北区		
		辽宁	黑龙江	吉林	新疆	陕西	内蒙古
N	9	10	10	11	11	9	11
FSD 值	1.1509	1.1508	1.1450	1.0908	1.0351	1.1559	1.0085
地区	全国平均	黄淮海区			长江中下游区		西南区
		河北	河南	山东	江苏	安徽	贵州
N	9	11	11	10	11	11	11
FSD 值	1.1509	1.0277	1.0207	1.0780	1.0179	1.0228	1.0912

为了验证 FSD 所分析的我国肉羊生产区域变动与实际情况是否一致，本课题选取了以上 12 个省区（1997 年、2002 年、2007 年）羊肉年产量和年末存栏量占全国的比重以及产品成本收益率这 3 个指标来作进一步分析说明（表 4-6）。羊肉年产量和年末存栏量占全国比重这两个指标分别能够直观地反映某一地区现实的生产能力和未来生产的发展潜力。成本利润率（净利润 ÷ 总成本 ×100%）这一指标能够测算出肉羊养殖的实际收益。因此，对这 3 个指标值变化的对比分析能够很好地印证概率优势分析中所反映的我国肉羊生产的区域变动趋势。

从总体上看，肉羊生产的区域转移与各地区生产成本相对优势变动是一致的。首先从区域角度看，肉羊生产进一步向西北区和黄淮海区集中并且向后者集中的趋势更为明显，1997 年这两大区主产省份年末存栏量和年产量占全国比重分别为 53.33% 和 56.30%，到 2007 年这两个指标分别提高到 54.03% 和 60.35%。另外从每只肉羊产品成本收益率来看，这两大区域（除陕西外）该指标值也是稳步上升，特别是内蒙古增速明显由 1997 年的 42.66% 提高到 2002 年的 54.11%，到 2007 年该指标已增至 65.56%。而其他地区这一指标值均呈下降的趋势，特别是东北区的黑龙江和西南区的贵州下降尤为明显，黑龙江的成本收益率在

1997 年和 2002 年分别高达 103.58% 和 106.17%，这主要是因为这一时期该省肉羊养殖的人工成本较低，用工数量只占全国平均水平的 1/4，这极大地降低了总成本，提高了收益率，不过近年来，该地区养羊的机会成本快速提高，导致工价上升很快，到 2007 年，人工成本已占到全国平均水平的 70% 左右，而这一比例在 1997 年仅为 27%，从而成本收益率也降为 58.23%。贵州的情况与黑龙江类似，1997 年该指标高达 139.39%，不过此后就开始下降，到 2007 年已降为 25.50%。通过指标变动的对比，充分说明西北区和黄淮海区的肉羊养殖存在着明显的比较效益。不过我们看到，在概率优势分析中存在较大优势的长江中下游区在这 3 个指标的表现上与前面的结论存在较大出入。该区域中的江苏、安徽两省这三大指标在这十年间总体上呈下滑的态势。究其原因，可能是因为位于这个区域的长江三角洲地区是我国经济发达地区，城市化和工业化速度很快，这样就使农业特别是畜牧业发展的机会成本很高，比较效益很低。但正是因为其经济发展水平和城市化程度很高，对畜产品的市场需求也很大。因此，虽然成本很高但是由于其巨大的市场需求，在规模经济的作用下利润还是很可观的，于是就产生了这种看似“悖论”却又能够作出合理解释的现象。其次，从各个省份来看，内蒙古的优势最为明显，三大指标值稳步增长，特别是羊肉产量到 2007 年已占到全国的 1/5 多，成本收益率在这几个省份中也是最高，2007 年已提高到 65.56%。根据三大指标的变化情况，同样也可以将这 12 个省份分为 3 个层次，内蒙古当仁不让的处在第一层次，第二层次有新疆、河北、河南、山东，第三层次有东北三省、陕西、江苏、安徽和贵州，这也与概率优势分析中的结论是基本吻合的。

表 4-6 产品成本收益率、年末存栏量和年产量占全国比重的变动情况 （单位:%）

地区		年末存栏量占全国的比重			年产量占全国的比重			每只肉羊产品成本收益率		
		1997	2002	2007	1997	2002	2007	1997	2002	2007
东北区	辽宁	1.14	1.41	2.37	1.13	1.40	1.83	34.64	25.42	16.20
	黑龙江	1.82	2.37	1.60	1.36	1.49	2.72	103.58	106.17	58.23
	吉林	1.21	1.18	2.88	0.80	1.10	1.15	42.16	61.81	51.09
西北区	新疆	12.75	12.35	13.43	13.02	13.46	15.81	9.12	20.45	21.00
	陕西	2.61	2.40	2.34	2.40	2.16	1.83	—	69.67	25.34
	内蒙古	14.3	12.48	17.73	12.97	10.68	21.12	42.66	54.11	65.56
黄淮海区	河北	6.99	6.64	5.54	9.49	8.43	6.35	28.48	33.51	39.49
	河南	9.09	9.60	6.79	11.84	11.95	6.61	8.71	42.29	43.24
	山东	7.59	10.67	8.20	6.58	9.55	8.63	21.66	42.44	49.08
长江中下游区	江苏	3.33	3.62	1.42	6.11	5.42	1.86	11.7	9.81	6.97
	安徽	2.43	3.00	1.88	4.79	3.77	3.45	12.29	7.33	2.38
西南区	贵州	1.11	1.14	0.78	1.22	1.42	0.73	139.39	31.50	25.50

数据来源：年末存栏量、年产量来自《中国统计年鉴》，产品成本收益率来自《全国农产品成本收益资料汇编》

注：年末存栏量、年产量为所有饲养模式下的全国数据，——表示该年数据不可信。

（2）区域优势形成的主要影响因素分析

从生产成本变动的角度来看，为什么内蒙古、新疆、河北、山东、河南等省（区）具有肉羊生产的优势，而其他省份如东北三省、陕西、贵州等却处于相对的劣势，这就需要从其形成因素上作进一步的分析。地区间成本的差异可以从技术水平、经营规模（由于是分析散养模式，该指标本课题不予考虑）、要素费用和自然资源禀赋的差异等4个方面来说明（表4－7）。我们假定，在日均增重指标中，高于全国平均水平的具有比较优势，值越大优势越明显；低于全国水平的不具有比较优势，值越小劣势越大。在要素费用诸指标中，FSD值低于全国平均值的具有比较优势，值越小优势越大，反之则相反。为了更好地比较各因素之间的差异，本课题首先通过这些指标2007年的绝对值大小来对各地区的发展现状作一般性描述，紧接着采用概率优势的分析值（FSD值）作进一步的比较分析。需要说明的是，绝对值是一种静态值，而FSD值是一种动态值，体现的是绝对值在动态上的发展趋势，因此FSD值只与绝对值的变动速度保持对应的线性关系，与绝对值并不存在严格的线性关系。这也表明FSD值比绝对值更能从动态上反映地区生产的比较优势。

表4－7　肉羊日均增重和要素费用的FSD值

地区		日均增重	要素费用			
			用工作价	仔畜进价	精饲料费	青粗饲料费
全国平均		1.0489	1.0630	1.1043	1.1086	1.0460
东北区	辽宁	1.0151	1.0757	1.0504	1.0704	1.0536
	黑龙江	0.9960	1.0666	1.0448	1.0728	1.0313
	吉林	1.0221	1.0824	1.0562	1.0627	1.0844
西北区	新疆	1.1153	1.0295	1.0226	1.0391	1.0053
	陕西	1.1482	1.0344	1.1465	1.2175	1.0865
	内蒙古	1.1203	1.0311	1.0230	1.0220	0.9658
黄淮海区	河北	1.0529	1.0728	1.0504	1.0233	1.0173
	河南	0.9985	1.0160	1.0740	1.0547	1.0265
	山东	1.0132	1.0806	1.0551	1.0706	0.9697
长江中下游区	江苏	1.0955	1.0530	1.1873	1.2226	1.0802
	安徽	1.0754	1.0511	1.1831	1.0870	1.0011
西南区	贵州	0.9951	1.0305	1.1376	1.1313	1.1283

①技术水平差异

我们采用每只肉羊日均增重来反映技术水平，该指标为每只肉羊主产品重量与平均饲养天数的比值。从绝对值上看，每只肉羊日均增重的全国平均水平为0.1938千克，高于这一水平的省份依次为新疆（0.5640千克）、内蒙古（0.4638千克）、江苏（0.3227千克）、陕西（0.3119千克）、安徽（0.2690千克）、辽宁（0.2067千克）和河北（0.2021千克），低于该水平的有黑龙江（0.1584千克）、山东（0.1364千克）、贵州（0.1293千克）、吉林（0.1291千克）和河南（0.1102千克）。从这一指标的FSD值来看，全国平均水平为

1.0489，高于该值的省份有陕西（1.1482）、内蒙古（1.1203）、新疆（1.1153）、江苏（1.0955）、安徽（1.0754）和河北（1.0529），低于这一水平的有吉林（1.0221）、辽宁（1.0151）、山东（1.0132）、河南（0.9985）、黑龙江（0.9960）和贵州（0.9951）。其中陕西的FSD值最高，说明其在养殖技术水平这项上的比较优势最为明显，内蒙古紧跟其次，贵州最低。

②要素费用差异

要素费用为各要素价格与其使用量之积。第一，人工成本即用工作价，该指标反映了劳动用工投入肉羊生产的机会成本，包括家庭用工折价和雇工费用两部分。从绝对值来看，每只肉羊人工成本的全国平均水平2007年为128.51元，低于这一标准的有黑龙江、吉林、新疆、内蒙古、辽宁、河北、安徽和陕西，分别为88.45元、97.27元、100.47元、115.36元、116.13元、118.56元、127.44元和127.91元；高于此标准的省份有江苏、河南、贵州和山东，分别为137.02元、156.33元、165.46元和179.33元。从FSD值来看，全国平均水平为1.0630，低于此值的地区按优势大小排序有河南（1.0160）、新疆（1.0295）、贵州（1.0305）、内蒙古（1.0311）、陕西（1.0344）、安徽（1.0511）和江苏（1.0530），高于此值的有黑龙江（1.0666）、河北（1.0728）、辽宁（1.0757）、山东（1.0806）和吉林（1.0824）。虽然河南的人工成本绝对值较大，但变动幅度最小，最具有优势，其次为新疆、贵州、内蒙古。吉林的变动幅度最大，最不具有优势。

第二，仔畜进价，该指标为仔畜重量与购进价格的乘积。由于各地仔畜重量的不同，导致各省份仔畜进价的绝对值不具有可比性，所以我们采用每千克购进价格来进行比较。从这一指标绝对值来看，全国平均水平为14.75元/千克，低于该值的省份依次有新疆（12.13元/千克）、河南（12.55元/千克）、贵州（12.56元/千克）、内蒙古（12.63元/千克）、吉林（13.25元/千克）、河北（13.58元/千克）、辽宁（14.25元/千克），其余主产省都高于这一平均值，其中黑龙江（15.46元/千克）、安徽（15.65元/千克）、江苏（16.65元/千克）、山东（20.25元/千克）、陕西（20.65元/千克）。另从仔畜进价FSD值来看，全国平均水平为1.1043，除江苏、安徽、陕西和贵州4个地区外，其他省区的FSD值都低于这一水平。其中新疆的优势最为明显达到了1.0226，其次为内蒙古（1.0230），江苏与全国的差异最大为1.1873，安徽紧随其后为1.1813。

第三，饲料费用，包括精饲料费和青粗饲料费。在精饲料费用上，从绝对值上看全国平均值为74.06元/只，低于这一标准的有山东（31.65元/只）、河南（35.87元/只）、贵州（59.67元/只）、内蒙古（58.02元/只）、吉林（59.81元/只）、江苏（62.20元/只）、河北（62.40元/只）、安徽（65.33元/只），高于这一标准的有黑龙江（74.43元/只）、辽宁（77.88元/只）和陕西（167.67元/只）。另从FSD值看，与全国平均水平1.1086相比，河北优势最为明显为1.0233，其次依次为内蒙古（1.0220）、新疆（1.0391）、河南（1.0547）等省区，这与上述地区有着丰富的粮食、豆粕和麸皮等精饲料资源是分不开的。江苏和陕西的劣势较为突出，分别为1.2226和1.2175。在青粗饲料费用上，从绝对值看全国的平均水平为30.61元/只，低于这一平均值的有山东（14.12元/只）、内蒙古（18.10元/只）、吉林（18.24元/只）、江苏（19.83元/只）、河南（22.45元/只）、贵州（23.81元/只）、辽宁（25.71元/只）、河北（28.15元/只），其他主产省份均高于全国水平，其中黑龙江为35.60元/只、新疆为38.45元/只、安徽为40.84元/只、陕西为44.89元/只。从

FSD 值来看，内蒙古和山东的优势最为突出，FSD 值分别为 0. 9658 和 0. 9697，远远低于全国 1. 0460 的平均水平，其他具有比较优势的省区有安徽（1. 0011）、新疆（1. 0053）、河北（1. 0173）、河南（1. 0265）和黑龙江（1. 0313），这与上述地区具有丰富的饲草、秸秆等青粗饲料资源是紧密相关的。不具有优势的省份有辽宁（1. 0536）、江苏（1. 0802）、吉林（1. 0844）、陕西（1. 0865）和贵州（1. 1283）。

③自然资源禀赋差异

肉羊虽是草食牲畜，但也要耗费一定的玉米、豆粕、豆饼等精饲料。肉羊耐高温能力较差，炎热对其产肉性能有很大的抑制作用。我国北方地区气候阴凉干燥，到 2007 年底有可利用草原总面积 3. 3 亿公顷，人工种草面积 2 500万公顷，退耕还草面积 550 万公顷，农作物秸秆 6 亿多吨，目前用作饲料的仅为 2 亿吨。这使得位于该地区的内蒙古、新疆、河北、山东和河南等农牧大省具有发展肉羊产业得天独厚的资源优势。而相比之下，南方地区气候湿热，现有草山草坡面积 6 700万公顷，但草山草坡改良难度大，目前改良面积不足 5%，从气候和地理环境上不具备肉羊发展的比较优势。所以总体看来，在自然资源禀赋上，内蒙古、新疆、河北、河南和山东等省的优势较为显著。

4. 3　生产区域变动与区域比较优势变化的一致性分析

上述两节已分别对中国肉羊生产的区域变动趋势与区域比较优势的变化趋势进行了分析，为了探寻两者的变动是否具有内在一致性，是否符合当前我国肉羊生产的区域比较优势，本节将对两者的变化趋势进一步展开对照分析。不过，由于有关肉羊生产的成本、收益数据缺乏足够的连续性和完整性，致使前后对比并不能在严格的时间长度和空间范围的一致性要求下展开。虽然在不同分类标准下，区域层面上的空间范围不一致致使区域上的比较无法开展，但从省（区）级层面上看，在生产区域变动和区域比较优势分析中，都含有内蒙古、新疆、山东、河南、河北、江苏、安徽等 12 个省区，几乎囊括了中国肉羊生产的主要区域。因此，可以退而求其次，从省域视角对肉羊生产的区域变动和比较优势变化的一致性进行对照分析。

在生产区域变动的分析中，我们可以看到中国肉羊生产的区域集中化趋势明显，肉羊生产的重心经历了由牧区转向农区又重新回到牧区的趋势，其中在牧区，肉羊生产不断向内蒙古、新疆等传统畜牧大区集中，而在农区，肉羊生产不断向河南、山东以及河北等畜牧大省集中。在区域比较优势变化的分析中。我们可以发现从全国层面上看，内蒙古的比较优势最为突出，其次为新疆、河北、河南、山东，而位于第三层次的东北三省、陕西、江苏、安徽和贵州的优势并不明显。通过两者对照后不难发现，当前我国肉羊生产的区域变动同各自的区域比较优势总体上是基本吻合的，具有内在一致性。这也表明，我国肉羊生产在区域层面上是符合比较优势原则的，这也在一定意义上证实了近年来国家实施的“立足发挥比较优势，实施非均衡发展战略，优化农业区域布局，加快建设优势农产品产业带”的产业发展战略是行之有效的，特别是国家先后出台的针对肉羊产业发展的《肉牛肉羊优势区域发展规划（2003 ~2007 年）》《肉羊优势区域布局规划（2008 ~2015 年）》对推动我国肉羊生产向优势区域集中起到了推波助澜的作用。今后，应继续在现有的政策框架内，进一步强化和完善相关产业发展的配套政策，使中国肉羊产业向具有比较优势地区集中的趋势更为明显，从而有效地提高我国肉羊产业的集中度，为产业链上的其他环节发展创造前提条件。

4.4 本章小结

本章在对中国肉羊产业的生产区域变动和区域比较优势变化及其各自的影响因素分别展开分析后，进一步对生产区域变动与区域比较优势变化的一致性进行了对照说明。

首先，通过对20世纪90年代以来我国肉羊区域生产变动的描述性分析，可以发现：

（1）从肉羊生产的优势区域布局来看，肉羊生产不断向中原地区、中东部农牧交错区、西北地区和西南地区这四大优势区域集中。其中，中东部农牧交错区和西南地区的集聚化趋势明显。

（2）从省际间变动来看，肉羊生产在牧区不断向内蒙古、新疆和甘肃集中，农区不断向河南、山东、河北和四川集中。进一步对上述变动影响因素的实证分析，可以得到如下结论：第一，从区域变动影响因素的分析来看，虽然各影响因素对不同区域肉羊生产的作用方向和影响程度不尽相同，但综合看来，除了自然条件这一传统重要影响因素外，区域经济发展水平、非农产业发展和政府的政策支持力度都是影响中国肉羊生产区域变动的关键因素。第二，各影响因素对肉羊生产变动的影响具有明显的区域差异，在不同程度上影响到中国肉羊生产区域空间格局的变动。总体看来，中国肉羊生产已逐步向自然条件适宜、农村经济发展水平较低、非农产业发展相对落后的地区转移和集中。

其次，通过对我国1996~2007年间肉羊主产区的生产成本变动及其相关因素的区域概率优势分析，可以得出如下结论：

（1）我国各地区肉羊生产的区域优势不平衡。内蒙古的比较优势最为明显，紧随其后的有新疆、河北、河南、山东、安徽和江苏等省（区），东北三省的辽宁、吉林、黑龙江、西北的陕西以及西南的贵州基本不具有成本优势。整体来看，我国的肉羊生产有进一步向西北地区、黄淮海地区和长江中下游地区集中的态势，特别是向前两个地区集中的趋势明显。从主产区肉羊的年末存栏量、年产量占全国的比重以及产品的成本收益率这三大指标的变动趋势中也可以进一步验证这一结论。从而说明近年来，国家优化农业区域布局，加快建设优势农产品产业带的政策效果渐现，使具有比较优势的地区逐渐凸显出来。

（2）从技术水平、要素费用和自然资源禀赋的差异这3个方面对肉羊主产区成本优势的形成因素分析来看，肉羊养殖的技术水平优势从大到小依次为陕西、内蒙古、新疆、江苏、安徽、河北、吉林、辽宁、山东、河南、黑龙江和贵州。要素费用方面，与全国平均水平相比，具有人工成本优势省区为河南、新疆、贵州、内蒙古、陕西、安徽和江苏，其中黑龙江、河北、辽宁、山东和吉林这5个省份不具有优势。在仔畜进价上，除江苏、安徽、陕西和贵州4个地区外，其他8个主产区都具有一定优势，尤其新疆的优势最为明显。在精饲料费用上，与全国平均水平1.1086相比，河北优势最为明显，其次依次为内蒙古、新疆、河南等省区，江苏和陕西的劣势较为突出。青粗饲料费用方面，内蒙古和山东的优势最为突出，其他依次为安徽、新疆、河北、河南和黑龙江，不具有优势的省份有辽宁、江苏、吉林、陕西和贵州。从自然资源禀赋方面来看，内蒙古、新疆、河北、河南和山东总体上具有优势。

（3）总体上具有比较优势的地区并不是在所有形成因素上都具有绝对的优势，甚至在有些因素上处于相对劣势。这说明区域比较优势是一种综合优势，是各种分类优势所形成的合力。因此，处于肉羊生产优势区域的省份应在扬长避短的基础上统筹兼顾，充分挖掘自身的优势资源，来使其比较效益最大化。

最后，通过肉羊生产区域变动与区域比较优势变化的一致性分析，我们发现，当前我国肉羊生产的区域变动同各自的区域比较优势总体上是基本吻合的，具有内在一致性。

5　基于利益分割与产业链接的肉羊产业流通模式分析

产业的快速发展离不开流通环节的健康运行。发达国家如美国和日本，农产品的产值70%以上是通过产后的储藏、加工和保鲜运输等流通环节来实现的。20世纪90年代初，农产品的产后产值与收获时的自然产值比例，美国为3.7∶1，日本为2.2∶1，中国仅为0.38∶1。当前，美国农产品加工的比例达到80%，日本在60%以上，而中国只有25%左右（陈丽芬，2009）。针对肉羊产业而言，羊肉产品的市场流通是联系生产和消费的核心纽带。建立一个完善的流通体系对于提升产业运行效率、保障产品质量安全、提高农牧民的养殖收益、增强产业的国际竞争力具有十分重要的现实意义。因此，在建设现代畜牧业的背景下，对我国肉羊产业流通体系的运行特征进行深入分析，以此来探寻肉羊产业流通环节的主体分布及其行为特征、不同利益主体间的利益联结机制就显得非常必要。对这些环节的分析说明有助于为本项研究基于产业链优化视角来构建我国肉羊产业发展的动力机制奠定基础。因此，本章的内容安排如下：首先，在对中国肉类流通体制的历史沿革简单说明的基础上，重点突出对羊肉流通体制的变动特点进行描述性分析；其次，在对当前肉羊产业流通主体分类的基础上，对各主体的行为特征展开比较说明；再次，以屠宰加工环节为核心分析不同利益主体间的协作方式及其利益分配行为；最后，对本章内容进行总结归纳。

5.1　肉羊产业流通体制的历史回顾

长期以来，在我国畜牧业生产结构中，无论是从产量还是产值上看，生猪产业始终占据着主导地位，其他畜禽产业基本上是处于附属地位。所以自新中国成立以来的大部分时期，我国肉类流通体制的发展带有明显的“生猪政策倾向”。针对肉羊产业而言，其生产量和产值在畜牧业中所占比重较低，产业地位难以与生猪相提并论。所以，羊肉产品的流通基本上是依附在猪肉产品的流通体系之中，并没有很鲜明的形成自己独立的流通体制。

自新中国成立60多年来，国家对肉类食品流通体制和购销政策进行了一系列重大改革。主要分两个阶段，前30年属于计划经济时期，国家对肉类食品实行由国营食品公司“统一收购、统一调拨、统一经营”的政策。改革开放以来的30多年，采取逐步推进的方式，经历了从调整购销政策、放宽经营渠道，实行计划经济为主市场调节为辅，到最终建立社会主义市场经济体制的改革过程。

5.1.1　计划经济时期的羊肉食品流通

从新中国诞生到改革开放以前，中国实行的是高度集中的计划经济体制。这段时期中国

羊肉产品生产综合能力较低，其生产供给始终满足不了人民消费需求的需要。在计划经济体制下，国家不仅对粮食、棉花等关系国计民生的重要农产品实行严格的统购统销政策，而且对肉、蛋、奶、菜以及水产品等鲜活农产品也实行计划管理。当时，羊肉产品是国家管制的“奢侈品”，国家有计划地下达养殖生产计划、制定收购价格，再由国营或集体性质的供销社供应城市消费。肉羊产品品种、销售价格、供应数量都由政府商业部门决定和管理。

从1953年末开始，党中央、国务院决定对粮、棉、油等农副产品实行统购统销政策。1955年2月国务院召开的全国财经工作会议决定对猪、牛、羊、禽蛋商品在20个省、自治区实行派养派购政策，到年底推行到26个省、自治区，随后很快在全国全面推行。对猪、牛、羊、禽蛋商品实行派购，是在短缺经济情况下，国家对社会资源进行合理分配、稳定市场、保证供应的一项重要政策。从20世纪60年代初开始，国家对收购猪、牛、羊、鲜蛋实行奖售政策，对向国家交售畜禽产品的农民，优先供应平价化肥、饲料粮和部分工业品。后来，随着市场供应情况的好转，收购畜禽产品的奖售品种和范围逐步缩小，直至取消。国家对猪、牛、羊、禽蛋商品实行派购的同时，对城市、工矿区和县城居民实行计划分配和定量供应办法。在这一时期，我国畜禽食品长期存在小生产与大市场之间的矛盾，畜禽产品分散在农村千家万户饲养，生产水平很低，商品率不高，季节性、地区性不平衡的矛盾十分突出。为了稳定全国肉类市场，保证城市供应和完成出口任务，国家还运用计划调拨和商品储备的办法调控市场。计划调拨，主要用于调节产区与销区货源地区性不平衡的矛盾。国家通过指令性计划，每年从12个生猪主产省和牛羊牧区调出70万~100万吨猪牛羊肉，除完成20万~25万吨出口任务外，主要供应京、津、沪三大市及其他重点销区城市、工矿区。1985年取消生猪派购后，多数大中城市还继续实行平价定量供应办法，直至1992年实行市场经济后，随着畜禽生产的进一步发展，各地陆续放开了肉类市场，才最终取消了平价定量供应。因此，不难发现从1955年实行派购政策到1985年取消派购政策，在长达30年的时间内，我国肉类食品的流通一直在计划经济体制下，由国营商业实行集中统一经营。

所以，这一阶段中国羊肉产品流通体制带有鲜明的计划性特征，羊肉流通受到严格的约束控制。流通半径一般在城郊农村到附近大小城市。由于羊肉产品数量有限，流通组织、经营方式和流通渠道单一化，供应链短，供应区域性强，也几乎没有羊肉加工业，因此，消费者对价格和消费品种的选择余地很小。其结果是高度集中的流通体制基本上否定了生产者和消费者的自主权，同时国营商业排斥了其他经营主体，成为羊肉产品流通中的一个垄断性的经营实体。客观地评价，计划经济时期包括羊肉产品在内的肉类食品的生产流通为发展国民经济，保障人民生活，作出了历史性的贡献。但是计划经济体制本身束缚着生产力的快速发展，这一时期产销增长的速度并不尽如人意，国内市场是计划分配体制下紧平衡的卖方市场，从而导致居民肉类食品消费长期处于低水平的状态。

5.1.2 改革开放以来的羊肉食品流通

自党的十一届三中全会决定实行改革开放，这30多年来，中国肉类食品流通体制改革取得了很大进展。这一时期中国羊肉产品流通体制主要是在计划管理体制下逐步搞活流通，改革不合理的价格制度，实行调放结合，以调为主。从总体上看，这一时期又可以分为如下两个阶段。

（1）有计划的市场经济阶段（1979～1991年）

这一阶段国家对肉类流通的主要做法是调整收购价格，部分品种放开经营。为配合我国在农村进行的经济体制改革，国务院决定在全国连续三次提高猪、牛、羊、禽、蛋的收购价格，但销售价格基本不变，发生的政策性亏损全部由国家财政补贴，这一政策举措一定程度上缩小了工农业产品“剪刀差”，极大地调动了广大农民的生产积极性，使畜禽生产有了较快的发展。1983年7月，国务院在批转商业部《关于调整农副产品收购政策，组织多渠道经营的报告》的通知中，决定将农区的牛羊改为议购议销。农民个人或采取合作方式可以长途贩运那些完成交售任务后允许上市的包括羊肉在内的鲜活农副产品。1984年7月，国务院又决定对农区生产的鲜蛋和牧区的菜牛、菜羊实行自由购销政策，同时允许农（牧）民上市出售，开展多渠道流通，并规定大中城市在继续办好农贸市场的同时，要有计划地建立农副产品批发市场，有条件的地方要建立沟通市场信息、组织期货交易中心。这些政策措施的出台，对进一步搞活羊肉产品在内的农畜产品流通起到了很好的推动作用。1985年1月中共中央发布《关于进一步活跃农村经济的十项政策》以后，中国鲜活农产品流通体制发生了根本性的变化，国家取消了统购派购制度，使多种鲜活农产品逐步走向宏观调控下的自由流通体制，价格制度也由计划和市场双轨调节转变为调放结合以放为主，并逐步走向宏观调控下的市场价格制度。农产品购销政策的调整给羊肉产品流通领域带来了一系列新的变化。国家在农村乡镇、县城和一些小城市普遍放开了肉类市场和购销价格，彻底改变了统一定价和统一经营的旧模式。与此同时，在大中城市开始建立起一大批肉类批发市场；各地供销社和供销公司纷纷将先期建立起来的贸易货栈改建成为批发市场；工商管理部门、乡镇企业和个体经济等积极参与建立肉类产品批发市场；许多国营公司和各类集体商业也都兼营起羊肉批零业务，一些农牧户也纷纷上市场营销自己的羊肉产品。此时，羊肉产品流通领域迅速出现了国家、集体、个体多种经济成分共存的局面，流通渠道呈现多元化的发展趋势，生产经营向市场化方向发展，经营形式由统购包销到自由购销，经济成分由国营集体企业销售禽肉和禽蛋为主体到多种经济成分并存，价格形成由政府定价到双轨制，国家计划指导下的市场价格，流通方式由调拨流通到批发市场、集贸市场及多种零售业态的流通。

总而言之，这一阶段羊肉产品的流通模式特征是国家打破具有鲜明计划性特征的旧流通体制后，逐步建立起了以国营商业组织为主渠道，其他集体、个体、合伙等经营形式为辅助的新型流通体制。新的流通体制极大地促进了包括羊肉在内的鲜活农产品生产的发展，同时也对鲜活农产品的稳定供给提出了更高的要求。

（2）全面市场化阶段（1992年至今）

1992年我国开始实行社会主义市场经济体制，至此之后，国家陆续、全方位放开了各大中城市肉类市场，放开了购销价格，取消了城市定量供应，取消了财政补贴，加快了市场体系建设，加快了企业经营机制和政府职能的转变，从而使我国肉类食品流通实现了从计划经济体制向市场经济体制转变的历史性跨越。在这一阶段，羊肉产品供给持续稳定增长，市场多元化格局基本形成，公司加农户、农民协会等多种经营形式在肉羊产业的发展中开始崭露头角。为了扩大销售范围、稳定货源，各产销地区的羊肉产品经营部门积极建立横向联合，开展产销地区联营，加强综合服务，促进产供销一体化发展。同时，新型零售业态超市的出现也给肉羊产业发展带来了新的契机，使得羊肉产品销售打破了地域的限制，流通连接国内外市场，通讯设施完善，信息传递快捷，销售渠道拉长。运输工具多元化，汽车运输由

于交通条件的改善和灵活快捷的优势而大量增加。

总体来说，这一阶段的羊肉产品流通模式特征是肉羊生产供给稳定发展，抗御自然灾害能力增强，组织农牧民参与流通，开始试行直供直销，拓宽流通渠道，市场主体多元化格局基本形成；公司加农户等多种经营模式的产加销一体化经营活动出现并活跃在市场之中。

5.2　肉羊产业流通主体

通过对我国肉羊产业流通体制变革的历史回顾，可以发现在计划经济体制下，中国的活羊和羊肉产品一直由国营商业部门垄断经营。自改革开放特别是1985年以后，国家逐步放开了畜产品市场，我国流通领域发生了深刻的变化。国内商品市场初具规模，市场机制已经初步形成并发挥作用，流通主体实现了多元化，流通设施和技术不断改善，现代流通方式从无到有、快速发展，对外开放水平不断提高。随着羊肉产品市场供应能力的提高，市场管制的不断放开，羊肉产品流通基本上进入了自由贸易阶段，羊肉产品市场空前繁荣，形成了以批发市场、集贸市场为载体，以农民经纪人、运销商贩、中介组织、屠宰加工企业为主体，以产品集散、现货交易为基本流通模式，以原产品和初级加工产品为营销客体的基本流通格局。

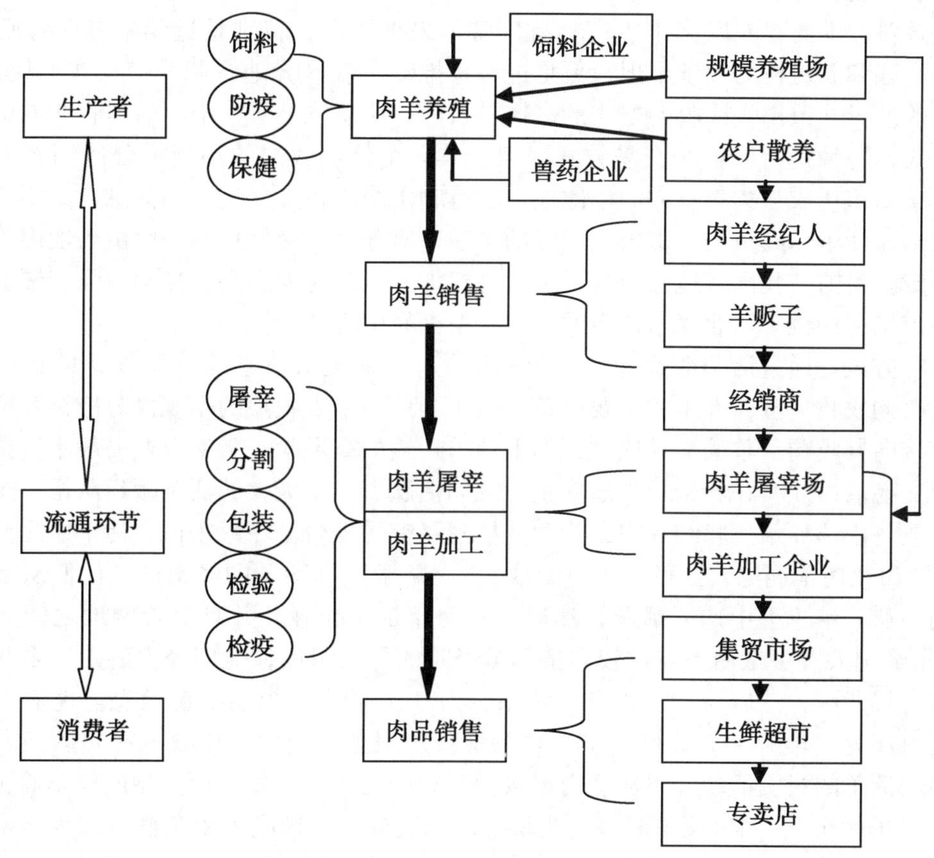

图5－1　中国肉羊产业流通体系示意图

另外，根据课题组对全国主要肉羊主产省区的调查，我们进一步总结出当前我国肉羊产业流通体系主要包括活羊收购（销售）、肉羊屠宰加工、羊肉产品销售 3 个环节，而各环节及环节之间活跃着不同的流通（利益）主体（图 5－1）。通过对这些主体的梳理及其行为特征的描述性分析，可以比较直观地看出我国肉羊产业流通体系发展的基本架构和发展概况。

5.2.1 活羊的收购

我国幅员辽阔、区域之间差异明显，不同的地理区位和资源禀赋特征产生了不同地区之间各具特色的肉羊生产模式，不过总的说来，主要分为以放牧生产为主体的牧区养殖和以舍饲育肥为主体的农区养殖两大类型。我国牧区养殖的主要特征就是这些区域牧草资源丰富，广大牧民群众有着丰富的传统养殖经验和技术，他们以家庭为生产单位，因此，肉羊的饲养成本较低。但由于牧民饲养方式粗放，羊肉质量往往得不到保证，并且市场意识差导致肉羊的商品率较低。不过近年来在国家相关扶持政策的引导下，牧区肉羊生产的市场化程度不断提高，特别是在屠宰加工企业的带动下，牧区肉羊养殖逐渐摆脱了自给自足的小农生产模式，生产效益得到明显改善，这也在一定程度上提高了牧民面向市场需求养殖的积极性。在广大农区由于农副秸秆等饲料资源丰富，饲养方式集中，易管理，饲养技术也较为先进，同时紧靠消费市场，与屠宰加工企业联系也较为紧密，因而一般饲养规模较大，能够较好地发挥规模化效益。因此，农区肉羊生产具有广阔的发展空间，特别是近年来专业育肥养殖大户、养殖小区和养殖村的大量出现，更是进一步推动了农区异地育肥养殖模式的快速发展。生产方式的差异导致销售或收购方式的多样。目前，从总体上看，中国活羊收购或销售主要有两种方式，一种是活羊市场交易方式，架子羊以个体农牧户的小规模分散饲养为主。因此，活羊交易市场成为买卖双方的集散地，既有利于交易各方交流市场信息，又不会过分提高交易成本。活羊交易市场大多由主产区的乡镇政府开办，交易规模一般由当地肉羊养殖整体规模决定。目前，我国各地已建成了一批规模大、规范化程度高、带动力强、辐射面宽的活羊交易市场，如位于河北张家口市的华北牲畜交易中心。

另一种方式是通过活羊贩运专业户收购活羊，特别是在一些交通不发达的地区，如山区，更是收购农牧户散养肉羊的重要渠道。由于当前肉羊农牧户的小规模分散饲养增加了屠宰企业直接向其收购活羊的交易成本，加上活羊运输的高风险，屠宰企业一般不直接跟养殖主体进行交易。由此，在养殖户与屠宰企业之间活跃着一支庞大的活羊贩运队伍。这支队伍将屠宰企业与肉羊养殖户联结起来，为两者搭建了交易平台。一般来说，活羊贩运专业户由“羊贩子”和“肉羊经纪人”两大主体组成。“羊贩子”即活羊的经销商，他们从事活羊的买卖活动，从养殖户手中购入活羊，然后卖给屠宰加工企业，并且负责两地之间的活羊运输；“肉羊经纪人”一般由有着比较丰富养羊经验的能人组成，他们经常游走于乡村，通过各种渠道寻找货源，然后与“羊贩子”联系，为“羊贩子”提供货源信息。他们除了寻找货源，有时还为“羊贩子”提供装羊、联系检疫等服务。他们从中收取一定服务费，但并不直接参与活羊的买卖活动，仅从事肉羊买卖过程中的服务工作。而大型的肉羊养殖场，一般不通过“羊贩子”，而直接与屠宰企业联系，通过自有车辆或租用车辆方式为屠宰企业运送活羊。不过目前，仍有许多育肥场、屠宰加工厂和个体屠宰户仍通过羊贩子大量收购架子羊或育肥羊。这种交易方式的好处是，可以在农户家门口进行，这样既方便了养羊户，对收购方来说也很灵活和便利。但这种方式买卖双方交易的透明度小，活羊收购一般不分类别和

等级，一律凭活羊贩运专业户的经验估计羊的体重或出肉量，并以此来确定活羊的价格，优质优价得不到体现，因此，吃亏的往往是养羊户。

5.2.2　肉羊的屠宰加工

肉类的屠宰加工是我国畜产品加工业的基础产业。目前，全国肉类行业有3万多家畜禽定点屠宰企业，其中规模以上企业2 531家。肉类屠宰加工企业3 728个，冷库4 000余座，库容量450万吨，冷库容量在万吨以上的有60多座，拥有固定资产近500亿元，从业人员近500万人（2003年规模以上肉类食品企业达1 914家，从业人员50多万人），其中固定资产在1 000万元以上的企业有290家，出口注册企业200多家，获得出口经营权的企业39家。2009年，全国屠宰及肉制品加工业规模以上企业销售收入达到5 167.4亿元，与2008年相比，同比增长21.8%，行业规模以上企业实现利润总额75.6亿元，同比增长39.3%，毛利率和利润率分别为10.08%和3.90%，均高于2005年同期水平，行业呈现良好的发展态势。针对肉羊产业的屠宰加工而言，2008年国内年屠宰肉羊10万只以上的企业有100家左右，屠宰能力3 000万只左右，总产量约25万吨，只占全国羊肉总产量的5%，产能大量闲置，其余均为小规模屠宰企业或个体屠宰①。值得一提的是大型生猪屠宰企业雨润集团在宁夏回族自治区平罗县开始投资建设亚洲最大的清真羊肉加工项目——江苏雨润集团150万只肉羊屠宰基地，进一步加大了自身在肉羊屠宰领域的生产能力。

屠宰加工厂和个体屠宰户是连接肉羊生产者和牛肉消费者的重要环节，他们既是羊肉的生产者，也是羊肉的销售者，是中国羊肉市场的重要组成部分，在羊肉产品的市场流通体系中扮演着十分重要的作用。由于当前国内只有生猪屠宰实行了定点屠宰政策，2008年国内仍未出台全国性的肉羊屠宰规定，仅有河北省、山西省和宁夏回族自治区出台了本地地方性的肉羊定点屠宰规定。所以，国内肉羊仍以个体屠宰为主，并且除少数大型屠宰企业外，个体屠宰还缺乏国家的检验检疫，只有以食品卫生为由对个体肉羊屠宰进行整治。

（1）个体屠宰户

目前，个体屠宰户已成为中国肉羊屠宰与羊肉运销的主力军。据估计，目前个体屠宰户大约承担了全国近90%的肉羊屠宰量。在河北、山东、河南的一些农区养羊大县，个体屠宰户的数量则多达数百上千户。在有些回族村，个体屠宰户非常集中，形成了屠宰专业村。屠宰专业村中个体屠宰户的屠宰活动是彼此独立的，但是像运输和冷藏这类流通活动还是有组织的集体进行。个体屠宰户的主要劳动力为家庭成员，也有的雇佣2~3个工人。他们大多设施简陋，主要以手工方式进行屠宰，卫生条件较差，所以生产成本很低，在与大型屠宰加工厂的竞争中往往占有较大优势。个体屠宰户在成本上的优势也是他们能够长期主导普通羊肉产品市场的主要原因。但由于他们设备简陋，生产工艺落后，排酸时间很短，生产出来的羊肉质量较低，因而，其销售对象主要是广大农村市场、中小城市以及大城市中低收入阶层。

（2）屠宰加工企业

伴随着肉羊产业的快速发展，各地出现了许多规模大小不等、设备不一以及卫生、检验

---

① 数据来源：东方艾格.2010~2009年度中国畜产品市场回顾与展望［R］.北京：东方艾格农业咨询有限公司.

和管理水平各异的屠宰加工厂。在建设这些屠宰加工厂的过程中，各地之间缺乏协调，没有信息交流，加之个体屠宰户大批出现，最终导致这些屠宰企业屠宰加工能力的大量过剩。这类小规模的屠宰加工厂的设备条件，决定了他们只能为当地市场和出口市场提供低质、低价的羊肉。收益低、生产效率低、设备利用率低导致这些屠宰加工厂经常出现经营亏损。

近几年来，随着大型肉羊开发项目的实施，一些大型现代屠宰加工企业应运而生。这些规模比较大的、现代的、资金集约型的、欧式设计的屠宰加工厂的建立是基于这样一个前提条件，即这样的屠宰加工厂不仅可以向出口市场而且还可以向国内高档羊肉市场提供货源，因为这些屠宰加工厂的卫生和检验水平的设计已经达到了国际标准。然而，这些屠宰加工企业中有许多在建成投产后，无法保障能在国内高档市场和出口市场上获利。由于受目标消费群体的特殊性和市场容量所限，其供给数量非常有限。因此，这类企业获利水平取决于它们的“高档”产品的价格水平以及大规模投资建设设备的利用水平。在具体运作中，这些具有一定规模的屠宰企业一般都设有活羊采购部门，采购部门的工作人员每天跟活跃于不同货源地的“羊贩子”们进行电话联系，沟通各货源地活羊的供给情况，包括活羊的质量、数量、价格等。屠宰企业则根据上期羊肉市场销售情况，制定当期的活羊采购计划，采购人员根据与“羊贩子”沟通的情况，与“羊贩子”达成购销协议。活羊购入以后，屠宰企业按照国家规定的操作规程和技术要求屠宰，大部分活羊被加工成胴体羊，少部分被分割加工成分割肉。其中，一部分分割肉销往零售终端和外埠市场。如果有熟食加工车间，屠宰企业还会将一部分羊肉深加工成熟食制品。除此之外，肉羊屠宰后还会产出一定的副产品。

5.2.3 羊肉产品的销售

目前，中国羊肉产品的销售主要是在批发市场和零售市场上进行。羊肉批发市场主要存在于中国的大中城市。据调查，在北京和上海等大都市一般建有 3 ~4 个大型肉类批发市场，而在郑州、沈阳等省会城市则一般设有 2 ~3 个肉类批发市场。这些批发市场主要以猪肉批发为主，牛羊肉批发所占的份额往往都不大。肉类批发市场大多在清晨进行交易，其中羊肉批发商的羊肉主要来自产地的屠宰加工厂、个体屠宰户。批发市场所售的羊肉一般为中低档羊肉。羊肉零售市场中包括各种各样的经济成分，从分布的广泛性和市场份额的角度看，其中最重要的有超市、专营店（肉铺）。以北京为例，北京市生鲜羊肉的销售主体主要有批发市场一级、二级羊肉批发商，商场超市，农贸市场的小摊贩，羊肉专营店。其中，批发市场的批发商主要从事羊肉产品的批发业务，他们主要面对下游的农贸市场以及机关、团体、学校等集团消费者。超市、农贸市场小摊贩、专营店从事羊肉产品的零售业务，直接面对北京市的消费者。

通过以上对我国羊肉流通环节的分析不难发现，随着我国肉羊产业的不断发展，肉羊的交易数量和市场范围不断扩大，羊肉产品市场经历了从集市贸易恢复，到批发市场大发展，再到连锁超市、物流配送等现代经营方式的逐步兴起、不断发展和完善的过程。肉羊流通市场的繁荣，吸引了一大批农业劳动力进入流通领域，形成了由运销专业户、农民经纪人、中介流通组织、肉羊加工企业、城镇职业零售商贩等组成的市场流通大军。运销专业户、农民经纪人是运销大军中的主力队员；中介流通组织是近年来开始发展起来的新型市场运销组织，一般与农畜产品的生产相结合；肉羊屠宰加工企业是高效吞吐羊肉产品的中间环节，也是肉羊产业流通主体的一个重要组成力量，虽然目前中介组织和羊肉产品屠宰加工企业组织数量较少、规模不大，但他们代表着今后流通体系的发展方向。总之，除了加工屠宰企业和中介组织外，对其他羊肉产品流通主体的组织管理则处于起步阶段，这些流通主体总体上处于无序化状态。由于羊肉产品加工业水平比较低下，品牌数量少、覆盖率低，进入市场的产品附加值不高。此外，市场流通模式仍处于现货交易的原始阶段，现代物流模式也是处于起步阶段。因此，在当前肉羊产业流通主体多元且无序发展的背景下，有必要对流通环节各行为主体间的行为及其协作模式展开深入探讨，从而为疏通各环节之间的关系，构建符合现代肉羊产业发展的流通体系奠定基础。

5.3 以屠宰加工为核心的肉羊产业纵向协作模式分析

在肉羊产业发展的纵向环节中，屠宰加工阶段对技术的集成、资本集中化和规模扩大化的要求最迫切。因此，屠宰加工阶段的规模化程度、市场集中程度远远高于生产阶段、销售阶段，其强化上下游企业之间的纵向协作关系的要求也最迫切。伴随着大型加工企业及食品超市、专卖店的发展，逐渐产生了以现代屠宰加工企业为核心的集肉羊生产和羊肉销售的上下游企业之间的纵向协作关系，即羊肉现代产业链纵向协作关系。因此，有必要对以屠宰加工企业为核心的肉羊产业纵向协作模式中的各利益主体行为及其利益分配方式展开理论分析。

5.3.1 大中型屠宰加工企业与肉羊生产者的前向协作形式

(1)“公司＋农户”的链接模式及运营方式

“公司＋农户”是我国畜牧业发展过程中最早和最常见的协作方式。这种方式是以肉羊屠宰加工或流通企业为龙头，通过与一些养殖户签订营销合同或生产合同等多种利益联结机制，带动农户从事肉羊生产。这是大型肉羊屠宰加工企业与农户连接的最主要的协作形式。在该方式中，公司居主导地位，农户主要负责饲养环节。

“公司＋农户”的协作形式，既利用了广大农民养羊的优势，又利用了公司的技术、资金、市场、信息、管理等优势，带领养羊户从分散的自给性饲养转向有组织的商品性饲养。从公司角度看，公司采用这种模式主要为了稳定供应。因为屠宰加工企业对供应量的波动很敏感，一旦供应不足，就会造成设备闲置或利用不足并为此蒙受损失。与市场交易模式比较而言，这种方式能较好地保证产品的质量与供应量的稳定。对农户来说，如果没有公司组织，可能就失去了养羊致富的门路，或者使得其养羊的不确定性增大。育肥羊达到一定的屠宰体重时，若不能及时出栏，对农户会造成极大的损失。

但是由于公司面对的是众多养羊户，所以该模式主要存在以下两个弊端：一是公司对分散养羊户行为的监控成本高，因而监督的广度和力度不足，肉羊质量控制存在问题。而农户由于生产规模小，采用科学饲养方法的动力不足，有的农户甚至违规用药，造成药物残留超标。二是公司、养羊户间的合同关系不稳定，存在单方违约现象。在实践过程中，公司和农户往往都有单方违约的现象。如到了收购时节，由于公司生产经营出了问题或市场出了问题，公司有意不收购或压价收购等事件发生，给农户造成巨大的损失。又如当市场价格下降时，公司也可能压价或采用种种过苛的手段收购，以致农户无法接受，从而产生矛盾；同样，当市场价格上升时，农户可能为了获得更多的利润而提高价格，而公司又不愿意提价收购，此时，农户可能单方面违约将产品出售给其他收购者，从而造成公司的巨大损失。

(2)“公司+供应商（经纪人）+农户”的协作方式

由于当前肉羊养殖仍以千家万户式小规模散养为主，农牧户生产严重分散，公司无论采用什么方式与农牧户合作，都必须有一定规模的物流供应系统作为支撑，而建立这样一个系统需要很大的投资，投资的专用性较强，风险很大。因此，可以借助于活跃在农户与企业之间的经纪人（俗称羊贩子），按“公司+供应商（经纪人）+农户”的方式获得稳定肉羊来源，采用该方式的原因是这种方式生产的产品主要是低档羊肉，对活羊质量差异要求并不严格。公司较为容易从经纪人处获得肉羊来源，而对小规模的散养农牧户来说，使其能在市场方便地销售掉育肥羊。因此，无需采用密切的生产或者营销合同模式。这种方式由于简单易行，在当前农村、牧区颇为流行。但这种协作方式同样存在弊端，经纪人受到的制约相对较弱，为了贪图一己之利，难免会有对单个农牧户存在欺压行为，特别是一旦市场发生大幅波动，中间商贩迅速消失，导致养殖户销售困难，而且更为主要的是这种模式同样也会给公司带来供应量的不稳定和质量的不确定。

(3)“公司+基地+规模育肥户”的一体化协作方式

公司（屠宰加工企业）采用这种模式的根本原因有4个方面：一是保障供给羊肉的品质，二是保障稳定的羊肉供应量，三是降低交易成本，四是减少农户单方违约的几率。具体来讲，公司会投入大量的资金、必要的设备以及管理人员设立基地，甚至投入优良种畜，包括畜舍、水、电等投入，通过这种投资活动，公司能有效地控制生产过程中的卫生、安全等，以保障生产出来的肉羊品质，然后公司会将这些设施免费提供给进入基地的农户，由农户携带自己的肉羊进入基地进行养殖活动，但整个养殖活动会受到公司的管理。在此过程中，公司与规模养殖户签订保质保量的供销合同，并在合同中确定收购的价格，为了稳定这种供销关系，保护双方的利益，企业一般按照市场价格确定上下浮动的范围，当市场价格低于保护价格时，企业应当按照保护价格收购，当市场价格上升时，企业应按照事先约定的上浮价格收购，而养殖户也应当按照此价格将肉羊卖给企业。通过这种签订契约的方式，既有效地保护了双方的利益，又有效地使双方成为利益共同体；既化解了单个农民面对市场的风险，又解决了公司扩张过程中的资源约束的瓶颈。通过这种协作方式产生的协同效应可以为公司和农户带来以下收益：

一是减弱了规模育肥户交易中的道德风险。如果以市场交易的方式交易，交易双方是松散的利益关系，由于市场发育不健全，导致规模育肥户与公司之间存在着信息不对称。规模育肥户知道肉羊生产中兽药和饲料添加剂的使用状况而公司不知道，加工企业若想通过检测手段予以控制往往成本高昂。而以“公司+基地+规模育肥户”的协作方式将肉羊养殖放在基地进行，由于羊舍的环境更好，减少了疫病的发生几率，同时由于养羊的地点比较集中，公司实行管理、监督和技术指导的成本降低，管理、监督效用增强，促使规模育肥户能够按照公司的要求使用饲料、药物，从而保证饲养的肉羊符合质量标准。

二是减少了单方违约的几率。由于公司进行了大量的资产专用性投资，并有着对未来收益的长期预期，其失信成本高昂，与农户重复博弈的情况下，通常不会违约。而对养殖户来说，由于饲养地点集中在基地，减弱了农户与公司的信息不对称，生产出来的质量较高的肉羊，公司愿以较高的价格回收，保证饲养户得到较高的收益，这是农户向市场出售肉羊所无法得到的价格优势。对于生产出来的质量稍差的肉羊，即使存在市场价格高于合同价格的情

形，由于在基地饲养，农户私自将肉羊卖给市场的可操作性也大大降低。

三是节约了交易成本。由于养殖户集中在基地进行生产，增进了生产经营的规模效率，减少了公司在收购和技术服务上的困难。而农户既是公司生产中的一个节点，又是肉羊生产的投资者，生产努力程度高，企业内部激励程度并不小于市场，公司的信息搜寻成本、交易成本、管理成本因此而得到节约。

四是降低了企业投资风险。在肉羊产业链中，肉羊生产环节的投资高，一般情况下，还需要承担疫病和市场风险，风险较其他环节要大。在"公司+基地+规模育肥户"中，生产环节的肉羊主要由规模育肥户投资。由育肥户投资，一方面提高了养殖者的努力程度；另一方面不仅节约了企业管理成本，也节约了企业的投资，降低了其投资风险。

农户（育肥户）参与这种模式的直接动力来源于其对获得较高利润的追求和预期。由于在基地饲养，公司以保护价格或较高价格回收肉羊，生产者的预期利润高于基地外饲养，而且由于在基地内饲养，公司往往提供贷款担保、赊销饲料、免费保险、免费防疫等一系列优惠政策，减轻了养殖者收益的不确定性和风险性。另外由于是规模饲养，肉羊养殖污染居民区的环境，对居民区其他家庭造成负的外部效应，受到居民区其他家庭的抵制。而养在居民区的羊也容易受到各种病菌的侵害，这也促使一些农户（育肥户）到基地养殖。这种模式的不足之处在于：企业在畜舍、水、电等设施上的投资较大、承担的风险也较大；由于专用性投资相对较高，所以对农户的准入条件要求也较高，农户的养羊数量必须达到一定规模，否则会造成畜舍等资源利用不充分而发生亏损。

5.3.2 屠宰加工企业与批发零售业的后向协作形式

一般情况下，屠宰加工企业与下游的批发零售企业之间大多是一种松散的协作关系，即市场交易关系，批发零售企业会根据市场的消费量和消费集中情况自我调整向屠宰加工企业进货的时间和进货的频率。但近几年，随着消费者消费需求结构的升级，促使一些下游经营批发零售业务的熟食制品厂、大型酒店、超市、连锁餐饮企业及一些独资、合资的清真牛羊肉专营店，或者一些企事业单位的餐饮服务部门等对羊肉品质的要求越来越高，而且市场上具有一定规模的大中型屠宰加工企业数量也在不断增多。于是，大中型屠宰加工企业特别是大型屠宰加工企业与下游的批发零售企业之间开始出现以合同、契约的方式建立较为稳定的协作关系，并且这种交易方式越来越被大中型屠宰加工企业所采用，下游的批发零售企业越来越乐意接受这种产销关系以代替传统的市场交易关系。

大中型屠宰加工企业通过合同、契约的方式同下游批发零售企业进行协作主要是基于以下两点：一是有利于降低交易成本，增加企业利润。纵向一体化的交易行为，将不稳定及不确定的市场交易形式转化为企业稳定且确定的合同或契约关系，使交易双方在交易中既节约了交易时间、降低了交易次数，又减少了交易中的搜寻成本，从而既有利于批发和零售企业获得数量稳定质量有保障的货源，同时也有利于屠宰加工企业的生产稳定，降低其管理和经营的总成本，从而提高屠宰加工企业利润水平和利润率。二是一定程度上减弱了下游企业的机会主义行为。由于屠宰加工企业投入设备的资产专用性远远高于下游批发零售企业投入资产的专用性，因此，批发零售企业的机会主义行为远远大于屠宰加工企业的机会主义行为，批发零售企业可以随心所欲地更换合作伙伴。所以大中型屠宰加工企业通过非市场化的契约将下游批发零售企业的机会主义倾向降至最低。

在肉羊产业现代化的发展过程中，重要环节之一是屠宰加工，而大型屠宰加工企业由于具有较强的龙头带动作用而使其又居于产业发展的核心地位。因此，作为大型屠宰加工企业，一方面是连接肉羊产业链中肉羊生产及羊肉销售流通乃至产品消费的重要环节；另一方面是将初级的羊肉通过技术运用转换成消费者满意产品的重要环节；再一方面，它也是整个产业链中资本、技术、劳动等生产要素结合并扩张运用的最重要的环节，是塑造品牌、提升羊肉产品市场竞争力的重要环节。为了追求利润，该环节最有动力实施现代产业链所要求的纵向一体化措施，也有资本及技术能力实施纵向一体化措施，向前连接农牧户，实施原料控制战略；向后链接销售与流通，实施后向市场整合战略，从而有助于促进现代羊肉产业链的形成。

5.4 本章小结

本章在对我国肉羊产业流通体制历史回顾的基础上，进一步对肉羊产业流通环节的主体行为及其协作模式进行深入的理论分析，得到如下结论：

5.4.1 我国的羊肉流通体制经历了由计划经济向市场经济的巨大变革

根据国家对肉类食品流通体制和购销政策的改革历程，我国肉羊产业流通体制沿革总体上可以划分为两个阶段：一是计划经济时期的羊肉食品流通，这一阶段中国羊肉产品流通体制带有鲜明的计划性特征，羊肉流通受到严格的约束控制。流通半径一般在城郊农村到附近大小城市。由于羊肉产品数量有限，流通组织、经营方式和流通渠道单一化，供应链短，供应区域性强，也几乎没有羊肉加工业，因此，消费者对价格和消费品种的选择余地很小。其结果是高度集中的流通体制基本上否定了生产者和消费者的自主权，同时国营商业排斥了其他经营主体，成为羊肉产品流通中的一个垄断性的经营实体。二是改革开放以来的羊肉食品流通，这一阶段又可以进一步细分为有计划的市场经济和全面市场化两个时期。总体看来，这一阶段羊肉产品的流通模式特征是国家打破具有鲜明计划性特征的旧流通体制后，逐步建立起了以国营商业组织为主渠道，其他集体、个体、合伙等经营形式为辅助的新型流通体制。市场机制已经初步形成并发挥作用，流通主体实现了多元化，流通设施和技术不断改善，现代流通方式从无到有、快速发展，对外开放水平不断提高。并且时至今日，羊肉产品流通基本上进入了自由贸易阶段，羊肉产品市场空前繁荣，形成了以批发市场、集贸市场为载体，以农民经纪人、运销商贩、中介组织、屠宰加工企业为主体，以产品集散、现货交易为基本流通模式，以原产品和初级加工产品为营销客体的基本流通格局。

5.4.2 我国的肉羊产业流通是一个多元化的体系

当前我国肉羊产业流通体系主要包括活羊收购（销售）、肉羊屠宰加工、羊肉产品销售3个环节，而各环节及环节之间活跃着不同的流通（利益）主体。基本形成了由运销专业户、农民经纪人、中介流通组织、肉羊屠宰加工企业、城镇职业零售商贩等组成的市场流通大军。其中屠宰加工是肉羊产业发展的核心环节，不过，除了加工屠宰企业和中介组织外，对其他羊肉产品流通主体的组织管理则处于起步阶段，这些流通主体总体上处于无序化状态。

5.4.3 现代化屠宰加工企业在我国肉羊产业发展中具有举足轻重的地位

处于肉羊产业发展核心地位的大型屠宰加工企业，为了降低成本、化解风险和追求利润，最有动力实施现代产业链所要求的纵向一体化措施，同时也有资本及技术能力实施纵向一体化措施，向前连接农牧户，实施原料控制战略；向后连接销售与流通，实施后向市场整合战略。不过，从产业链的优化的视角来看，当前肉羊养殖环节仍以千家万户式小规模散养为主，农牧户生产严重分散，屠宰加工环节的主体规模不一且区域分布不均衡，而销售环节主体繁多且需求不一，这些使得整个肉羊产业的产业链不健全，产业化组织程度低。而且肉羊产业链涉及环节多，利益主体复杂，且分配极不合理。因此，从整体上判断，我国肉羊产业仍处于产业发展的初级阶段，现代化程度很低。产业链各环节发展程度不一导致处于核心地位的行业内大型屠宰加工企业难以对整个产业链实施有效整合。虽然通过在产业链各环节间成立中间组织，可以将各环节的利益主体有机地统一起来，有效地化解和分散自然风险、生产风险和市场风险，合理的分摊利益。但是当前这些新兴中介组织大都是一些活跃在各环节中的个人，协调能力弱，即使那些具有企业法人特质的各类协会和合作组织也大多是运行机制不健全，有名无实，成立之初的动机有的纯粹是为了响应国家政策的号召，更有甚者就是为了套取各级政府部门的政策优惠。产业合作组织的发育滞后致使肉羊产业链上的肉羊繁殖、商品肉羊生产和出栏羊的屠宰、羊肉深加工、批发零售之间几乎是各自为政，互相独立，并没有形成“风险共担、利润共享”连接机制。

6 基于消费者行为的中国羊肉消费特征与趋势分析

随着城乡居民收入水平的不断提高，消费结构不断升级，体现在食物消费上就是粮食类的直接消费比重不断下降，畜产食品、蔬菜水果类的消费大幅上升。与此同时，人们的健康意识也在同步提高，在消费过程中更加注重品质健康和质量安全类食品。羊肉作为“高蛋白、低脂肪”类的健康食品，是畜产食品内部消费结构升级的最终选择之一，必然会越来越受到消费者的重视和喜爱。因此，羊肉产品的消费在具有一般畜产食品变化特征的同时必然有其自身的变动规律。食品类产业的发展，消费是至关重要的一环，消费者微观消费行为的变化必定深刻地影响着产业生产、加工流通等环节的发展。因此，研究中国肉羊产业的发展，在宏观上关注畜产食品及羊肉产品消费总体特征的同时，不能不关注微观视角下的消费者的具体消费行为特征及其影响因素。基于此，本章内容结构安排如下：首先，对中国畜产品消费总体特征进行综述；其次，对当前羊肉产品的消费作简单描述性分析；最后，利用微观调查获得的数据资料，分别对城市居民的户内和户外羊肉产品消费行为及其影响因素进行实证分析。

6.1 中国畜产食品消费特征

6.1.1 城乡居民消费水平不断提高，畜产品消费结构变化明显

根据国家统计局公布的历年统计资料，城乡居民人均消费水平分别由 1978 年的 311.2 元、116.06 元增加到 2008 年的 11 242.9元、3 660.68元。虽然食物消费支出在家庭生活消费中的比例不断下降，但绝对额仍是不断增加的，分别由 1978 年的 258.84 元（1981 年数据）、78.59 元增加到 2008 年的 4 259.81元、1 598.75元，依然是我国城乡居民家庭消费的重要组成部分。食物消费支出中各类食物消费支出所占的比例也在不断地发生着变化，其中畜产品消费支出上升的比例十分明显，以城镇居民为例，粮食、肉禽及其制品、蛋、奶及奶制品人均消费支出分别由 1992 年的 104.42 元、206.73 元、40.31 元、17.55 元上升到 2008 年的 328.26 元、896.87 元、91.68 元、189.84 元。与此相应的是，食物消费中尤其是畜产品消费量变化显著（表 6－1），根据 1996～2008 年的连续数据，从绝对量上看，城乡之间各种畜产品消费都有不同程度的增长。直观上可以发现，城镇居民的猪肉、奶类消费位居前两位，而农村居民主要消费的是猪肉和蛋类，牛羊肉消费量在城乡之间都有所增长，但增幅不及其他畜产品明显。从相对指标上看，城乡之间、城乡内部的畜产品消费结构变化既存在同向变动，也存在明显的分化。其中，猪肉、蛋类消费比重在城乡之间下降明显，奶类上升

较快，而牛、羊、禽肉在城市居民消费中所占比重略有下降，在农村中则出现小幅上升的趋势。从整体上看，在我国居民畜产品消费中，肉类消费占据绝对主导地位，其中肉类消费中猪肉比重明显偏高，而牛羊肉消费比重偏低，目前这种消费结构既不利于居民身体健康，也加剧了粮食供应的压力。不过从变化方向上看，随着城乡居民收入和生活水平的提高，居民的食物消费已经开始由简单地追求“吃饱求生存”的数量阶段向追求“吃好求健康”的质量阶段转变，更加注重食物品种的丰富、食品的营养和健康价值，对高蛋白、高营养、低脂肪的动物性食品的需求将大大增加，这为进一步进行畜牧业生产结构调整，发展肉羊、肉牛等节粮型畜牧业和保护粮食安全提供了契机。

表 6－1　中国城乡居民主要畜产品年人均消费量对比　　（单位：千克/人）

年份	猪肉		牛肉		羊肉		禽肉		蛋类		奶类	
	城镇	农村	城镇	农村	城镇	农村	城镇	农村	城镇	农村	城镇	农村
1996	30.48	18.98	4.02	0.78	2.19	0.72	10.74	2.76	24.10	7.44	12.49	1.14
1997	36.67	21.45	4.37	0.83	1.95	1.00	13.02	3.37	27.82	9.07	12.89	1.36
1998	37.51	21.62	4.59	0.93	2.25	1.10	12.56	3.43	26.90	9.13	15.12	1.33
1999	37.58	23.00	5.11	1.08	2.73	0.98	13.38	3.54	27.30	9.51	16.90	1.17
2000	37.18	23.71	5.77	1.31	3.00	1.21	17.16	4.07	28.03	10.60	17.89	1.29
2001	38.89	23.84	4.95	1.31	2.78	1.13	17.00	4.10	26.02	10.49	20.95	1.50
2002	43.15	24.04	4.80	1.24	2.40	1.23	18.42	4.16	26.40	10.36	24.18	1.59
2003	43.47	24.18	4.95	1.19	2.96	1.43	18.42	4.63	27.97	10.69	30.03	3.05
2004	40.83	23.61	5.67	1.14	3.09	1.55	16.36	4.47	25.87	10.20	37.66	3.67
2005	42.87	27.40	5.75	1.52	3.13	1.60	17.94	5.24	26.00	10.47	42.67	5.50
2006	43.48	27.61	5.85	1.60	3.20	1.76	16.68	5.01	26.02	11.11	48.21	6.30
2007	40.47	24.31	6.47	1.62	3.35	1.66	17.56	5.29	25.82	10.49	50.71	7.82
2008	42.47	25.76	6.85	1.69	3.49	1.74	18.82	5.70	26.70	10.91	51.09	8.11

注：人均消费量包括家庭内消费和户外消费。

数据来源：李宁辉等．中国畜产品供需变动分析［R］．北京：中国农业科学院农发所项目报告，2009（3）：2～45.

6.1.2　畜产品消费方式变化明显，户外消费和加工品消费显著增加

随着收入增加、城市化水平的提高、生活节奏的加快以及餐饮业的快速发展，在外就餐已成为我国居民特别是城镇居民现代生活方式的一个重要组成部分。1992～2008 年我国城镇居民食品支出和在外就餐支出快速增长，食品支出绝对值由 1992 年的 883.65 元增长到 2008 年的 4 259.81元，在外就餐支出绝对值由 70.27 元增长到 877.85 元，社会餐饮支出占食品支出比重由 7.95% 上升到 20.61%。目前，城镇居民在外餐饮支出已经占到食品支出的 1/5。农村居民的户外消费主要是外出务工人员在工作所在地城市的消费，其消费量除奶类

和禽蛋外，其他畜产品的户外消费比重远低于城市居民（王济民、李志强，2000）。虽然现有统计数据无法反映居民户外消费具体的食品种类和数量，但据有关学者的估算，如卢锋（1998）认为1995年城镇居民人均肉、蛋户外消费量分别为1.46千克、0.71千克，占家庭内消费量的6.8%和16.5%。李志强、王济民（2000）通过对1998年全国六省大中城市的调查研究表明，城镇居民在外消费畜产品尤其是肉类产品比重不断提高，肉类产品达到38.9%，其中牛羊肉外出消费比例高达65%，禽肉为40.4%。袁学国（2001）的调查也表明，1998年城镇居民所消费的肉类和禽蛋中分别有33.6%和13.0%是在户外餐饮消费的，而农村居民有11.5%和13.4%是在外打工消费的。蒋乃华（2003）通过建立畜产品人均非家庭消费量的回归模型，发现1984~2000年肉类制品人均非家庭消费量由0.92千克上升到24.90千克，消费比例由6.26%上升到55.97%。而李瑾（2008）则进一步认为户外消费中猪肉支出明显大于其他畜产品，从1992年的12.59元上升到2006年的94.07元，增长了近8倍，年增长率为14.35%。增长速度最快的是禽肉，禽蛋的增长速度最慢，从1.37元增长到6.38元，年增长率为12%。上述研究充分说明，户外消费已经成为畜产品消费的重要方式。并且，随着城乡居民收入水平的不断提高和农村城镇化速度的加快，畜产品户外消费比重将会进一步上升。

与此同时，随着人均收入水平的日益提高以及城市化发展和核心家庭的增加，越来越多的妇女参加工作，使得妇女从事家务劳动的机会成本越来越高，从而使越来越多的人选择快速食品、冷冻食品、加工食品和方便食品，而冷冻食品、加工食品中又主要以畜产食品为主。从而使居民食品消费结构中食品工业品比例增加，未加工的初级农产品比重下降。不过，受收入水平、消费习惯及市场环境的影响，加工畜产品的消费群体仍主要集中在城市居民。根据王秀清（1999）研究，在我国居民食品消费结构中，1987年城镇和农村居民加工食品所占比例分别为47.10%和22.8%。1997年比例分别为48.5%和33.8%。时至今日，这一比例应该会更高。这充分说明，随着市场经济和社会的不断发展，畜产品生产和消费的商品化、市场化程度越来越高。我国的食物消费方式正在由传统的家庭加工自给为主转变为购买半成品、成品甚至直接户外消费为主。

6.1.3 城乡居民畜产品消费的安全意识不断增强

当前我国食物消费结构正由主食消费为主向主副食品替代转变，由以植物性食物为主向动植物性食物并重的食物消费与营养模式转变。在这一过程中粮食消费明显减少，畜产品消费稳步增加。此时既是居民膳食营养结构迅速变化的重要时期，也是人们食物消费的健康和安全意识不断萌发的关键时期。消耗食物不仅是为满足温饱和维持生存，越来越多的是为了享受、健康和自身的发展。这是因为随着居民收入水平的持续提高，人们购买畜产品不再像食物短缺年代的“饥不择食”。在选择畜产食品时已从优先考虑价格转向价格和质量并重，相关研究表明，大多数城镇居民购买畜产品的地点已从过去小摊小贩的集市为主而转向专柜专营的大型农贸市场和专业超市为主，购买时不但关注价格更关注质量，只有当畜产品质量得到有效保证后价格才会成为主要考虑因素。而且随着现代信息技术的发展，人们可以更加积极主动地通过网络或其他途径来搜寻、查阅相关畜产食品信息，尽量减少发生食品安全事故的几率。在实际购买的过程中更是注重比较畜产品的品质（颜色、气味、洁净程度等感官指标）、来源（生

产厂家和生产日期）、营养价值等与食品安全紧密相关的信息。种种迹象表明我国居民畜产品消费的安全意识不断增强。不过，也有研究表明，总体上，农村居民对畜产品质量的重视程度要低于城市居民。

6.2　中国羊肉食品消费特征

6.2.1　羊肉消费量呈上升趋势，消费方式日渐多样化

随着我国城乡居民收入水平的不断提高，消费观念逐步转变，羊肉以其鲜嫩、多汁、味美，营养丰富，胆固醇含量低等特点，愈来愈受到消费者的青睐。据国家统计局资料，2002 年全国人均家庭消费羊肉 0.79 千克，2006 年达到近年来的最高值 1.11 千克，此后有所下降 2008 年为 0.98 千克。不过多数学者认为官方的统计数据对我国居民畜产品消费量严重低估，主要原因之一是其消费数据未包括在外就餐。随着收入增加、城市化水平的提高、生活节奏的加快以及餐饮业的快速发展，在外就餐已成为我国居民特别是城镇居民现代生活方式的一个重要组成部分。李志强、王济民（2000）通过对 1999 年全国六省城乡调查研究表明，1998 年城乡居民在外消费畜产品尤其是肉类产品比重不断提高，肉类产品达到 21.3%，肉类消费中牛羊肉外出消费比例高达 28.4%、禽肉为 32.2%、猪肉为 16.7%。由于畜产品生产和消费的商品化、市场化程度越来越高，除了直接户外消费外，羊肉产品消费方式也随着我国食物户内消费由传统的家庭加工自给向购买半成品、成品为主的转变而发生相应改变。

6.2.2　羊肉产品消费在城乡之间、地域之间和不同收入之间存在差异

随着收入的增加，不仅城乡居民的肉类消费量和消费方式发生变化，而且消费结构、消费类型也相应发生改变。与农村居民相比，城镇居民更倾向于消费高蛋白、高营养、低脂肪的动物性食品。一个重要的表现就是，城市平均羊肉消费增长幅度高于农村；另一方面不同收入水平的居民，羊肉及其制品的消费量存在差异（表 6－2）。按照收入层次划分，城镇居民收入最低的羊肉消费量最少，随着收入的增加，羊肉消费数量同步增加，收入越高羊肉食用越多。如果进一步细分，占比在 10% 的城镇最低收入户，羊肉消费水平不到 1 千克，大抵与农村居民的平均羊肉消费水平相当，且随着收入增加，羊肉消费也将相应增加，不过收入水平提高到一定程度后，其消费量是趋于下降的，这从占比 10% 的最高收入户羊肉消费量变化中可以体现出来。但羊肉消费支出是随着收入水平的提高而不断增加的，这其中缘于人们肉类消费的档次和结构发生了变化，猪肉比重下降，牛羊肉及其制品的消费比重明显上升。

同其他肉类消费相似，羊肉消费结构的差异不仅同个人收入多少和肉类价格高低相关，而且跟消费者所处的地域息息相关。我国是一个民族众多、地域辽阔的人口大国，各地区的经济发展水平、民族生活习性和消费偏好存在明显差别。因此，自然环境、社会环境和经济环境之间的差异对居民包括羊肉在内的肉类消费存在明显的影响。南方城镇居民猪肉和禽肉消费量最高，禽肉消费支出是北方的 1.9 倍；而牛羊肉的消费支出，北方 53 元正好是南方 27 元的 2 倍，内蒙古、青海、宁夏和新疆 4 省区城镇居民家庭人均牛羊肉支出 134 元，是

南方平均水平的5倍，其中人均羊肉支出96元为南方6元的16倍。新疆农民人均羊肉消费8千克，城市居民人均羊肉消费高达9.19千克（潘耀国，2009）。

表6-2 城乡居民羊肉消费变化一览表 （单位：千克）

年份		2002	2003	2004	2005	2006	2007	2008
全国平均		0.79	0.99	1.06	1.09	1.11	1.06	0.98
城市居民	平均	1.08	1.33	1.39	1.43	1.37	1.34	1.22
	最低收入户（10%）	0.65	0.86	0.93	0.98	0.89	0.94	0.85
	其中困难户（5%）	0.58	0.77	0.87	0.96	0.81	0.88	0.89
	低收入户（10%）	0.82	1.05	1.17	1.08	1.08	1.09	0.91
	中等偏下收入户（20%）	1.08	1.27	1.41	1.39	1.4	1.3	1.12
	中等收入户（20%）	1.26	1.43	1.5	1.55	1.49	1.47	1.39
	中等偏上户（20%）	1.38	1.57	1.62	1.67	1.59	1.55	1.45
	高收入户（10%）	1.32	1.59	1.52	1.67	1.58	1.46	1.38
	最高收入户（10%）	1.21	1.34	1.3	1.53	1.36	1.42	1.29
农村居民		0.61	0.78	0.82	0.83	0.9	0.83	0.73

数据来源：2003~2009年《中国统计年鉴》

6.2.3 羊肉及其制品在整个畜产品消费中比例偏低

相关调查研究表明，虽然我国城乡居民在畜产品消费量和支出上差异显著，但整体消费结构趋同化倾向明显。总体上城乡居民畜产品消费结构呈现出过于向肉类集中，肉类又过于向猪肉集中的“双集中”趋势。通过对我国城乡居民畜产品消费结构变化的量化分析，可以很明显地发现这一趋势（表6-3）。在整个畜产品消费中，肉类消费所占比重要远远高于奶类和蛋类各自所占比重，其中现阶段猪肉消费在城镇居民畜产品消费中所占比重接近1/3，而在农村中占到近1/2。虽然猪肉比重呈逐年下降趋势，但在整个肉类产品乃至畜产品消费中仍占有举足轻重的地位。而反观羊肉消费，无论是在城镇还是农村，均是所有畜产品消费中所占比重最低的，并且在城镇居民的消费中，比重有小幅下降的趋势，牛肉消费同样呈现类似变动特征。因此，不难发现我国居民肉类消费中猪肉比重偏高，羊肉、牛肉消费比重明显偏低，这样既不利于居民身体健康，也加剧了粮食供应压力。牛羊肉消费份额偏小对节粮型畜牧业的发展产生了不利影响，反映到生产上就是与农业发达国家相比，我国畜牧业生产结构不尽合理且调整缓慢。在我国，耗粮型畜禽的生产比重过高，节粮型草食畜的比重偏低，而发达国家恰好相反。在2008年，我国猪肉占肉类总产量比重高达63.5%，远高于世界平均水平38.8%，禽肉占21.1%；而草食畜比重却很低，牛肉比重仅有8.4%，远低于世界平均水平26.3%，羊肉比重更低只有5.2%。在粮食安全问题日益突出，城乡居民收入水平不断提高，对畜产品的需求结构日益多元化的大背景下，这种被有的学者称之为“粮—猪”结构的生产模式明显与我国的资源结构和市场需求不相适应。虽然这种发展方式也能带来畜牧业总产值的快速增长，但这一略显畸形的生产模式显然是不利于我国畜牧业可

持续发展的。

表6-3　中国城乡居民畜产品食物消费结构　　(单位:%)

年份	羊肉		牛肉		奶类		禽肉		蛋类		猪肉	
	城镇	农村	城镇	农村	城镇	农村	城镇	农村	城镇	农村	城镇	农村
1996	2.61	2.26	4.78	2.45	14.87	3.58	12.78	8.67	28.68	23.38	36.28	59.65
1997	2.02	2.70	4.52	2.24	13.33	3.67	13.46	9.09	28.76	24.46	37.91	57.85
1998	2.27	2.93	4.64	2.48	15.28	3.54	12.70	9.14	27.19	24.32	37.92	57.59
1999	2.65	2.49	4.96	2.75	16.41	2.98	12.99	9.01	26.50	24.21	36.49	58.55
2000	2.75	2.87	5.29	3.11	16.41	3.06	15.74	9.65	25.71	25.12	34.10	56.20
2001	2.51	2.67	4.48	3.09	18.94	3.54	15.37	9.68	23.53	24.76	35.17	56.27
2002	2.01	2.89	4.02	2.91	20.27	3.73	15.43	9.76	22.12	24.31	36.15	56.41
2003	2.32	3.17	3.87	2.63	23.50	6.75	14.41	10.25	21.89	23.67	34.01	53.53
2004	2.39	3.47	4.38	2.55	29.08	8.22	12.64	10.01	19.98	22.85	31.53	52.89
2005	2.26	3.09	4.16	2.94	30.84	10.63	12.97	10.13	18.79	20.24	30.98	52.97
2006	2.23	3.30	4.08	3.00	33.61	11.80	11.63	9.38	18.14	20.81	30.31	51.71
2007	2.32	3.24	4.48	3.16	35.13	15.28	12.16	10.33	17.88	20.49	28.03	47.49
2008	2.34	3.23	4.58	3.13	34.19	15.04	12.60	10.57	17.87	20.24	28.42	47.78

注：表中消费均包括家庭内消费和户外消费。

数据来源：李宁辉等．中国畜产品供需变动分析［R］．北京：中国农业科学院农发所项目报告，2009(3)：2~45.

通过对我国城乡居民畜产品消费以及羊肉产品消费的专门描述性分析，我们可以初步得出这样的结论：第一，随着收入水平的提高及居民健康意识的增强，城镇居民对高脂肪类畜产品的需求明显减少，对高蛋白、低脂肪类畜产品需求将会明显增加，但内部结构性分化也很突出。而农村居民由于收入上的差距、消费观念和消费习惯上的差异，其高脂肪类畜产品消费的绝对量和所占比重仍处于上升阶段，这也表明农村居民的畜产品消费仍处在改善生活水平的初始阶段，所谓城市居民所推崇的“高蛋白、低脂肪”的健康消费理念对农村居民来说仍不是当前的主流。不过，从另一个方面，这也说明城市居民的消费理念、消费行为要超前于农村居民，对其具有一定的导向和前瞻性。第二，相比城镇居民的畜产品消费量而言，农村消费仍与之存在较大差距，这也说明农村畜产品消费市场的饱和程度要远低于城市。随着农村居民收入水平的不断提高和城镇化进程的加快，可以预见，我国今后畜产品消费总量的增长将主要来自于农村市场，农村市场快速增长的总量效应将为我国畜牧业的发展提供契机。不过，尽管城市居民的总体畜产品消费水平趋于稳定，但其饮食结构调整给市场带来的结构效应将给畜牧业尤其是像肉羊、乳业等草食畜牧业带来巨大的发展机遇。

但是，在看到肉羊这类节粮型畜牧业发展机遇的同时，我们也应明白其发展同样面临诸多严峻的挑战：第一，我国城乡居民畜产品消费结构不合理，羊肉消费比重明显偏低且增长缓慢，甚至有持续下滑的危险。第二，居民尤其是城市居民的食品质量安全意识不断增强，这对千家万户式的以小规模生产为主的肉羊产业来说，将面临着极大的考验。

因此，针对肉羊产业而言，我们可以从上述挑战中提出以下亟待解决的命题：①质量安全意识的提高如何影响居民的羊肉消费行为？②随着居民饮食结构的调整，制约羊肉户内消费比重扩大的因素有哪些？③随着户外消费的日渐增多，制约居民在户外消费中增加羊肉消费比重的关键因素有哪些？④这些影响因素对肉羊产业相关环节的发展有什么样的启示？对于以上问题的回答需要我们从消费者日常消费的微观视角来进行实证分析。鉴于城市居民的消费理念、消费行为要超前于农村居民，并且随着城乡之间交流的日益密切对农村居民消费行为具有一定的导向和前瞻性，因此，本章余下内容将以城市居民的羊肉产品消费行为为例，依据从呼和浩特和包头两地[①]调查所获得的数据，来试图回答上述问题。具体的构思是从户内、户外消费两个方面着手：首先，以消费者的品牌信任为切入点，从消费者品牌羊肉消费行为的实证分析中探寻消费者质量安全意识、个人特征、家庭特征等变量对消费者家庭内部羊肉消费影响的作用方向和显著程度。其次，通过构建计量模型来寻找影响消费者户外羊肉消费的关键因素。最后，根据上述分析中所得到的影响消费者户内、户外羊肉消费的关键因素，来分析其对我国肉羊产业发展所具有的政策含义。

6.3 城市居民户内羊肉消费行为的实证分析

我们通过消费者羊肉产品的购买行为来反映城市居民家庭内部的羊肉消费行为，并选取消费者品牌羊肉产品的购买行为作为切入点，基于品牌信任[②]的视角来考察食品质量安全、消费者对羊肉消费的评价、消费者的个人及家庭特征等因素对城市居民户内羊肉消费行为的影响。选取品牌信任这一视角来研究消费者羊肉产品购买行为的差异是基于以下几点：一是因为在信息不对称条件下，品牌是识别产品质量的重要标志，通过品牌这一信号甄别机制，有利于消除供需双方的信息不对称，降低发生食品质量

① 呼和浩特市、包头市所在的内蒙古自治区是我国最为重要的肉羊生产地区之一，而作为该地区最大的两座城市的消费市场则是内蒙古地区乃至全国都极为重要的羊肉消费市场。因此研究这两个地区消费者的食品消费行为，相对于其他地区来说具有一定的前瞻性和代表性，能够对全国同类食品消费产生示范和辐射效应，这也可以从不少知名的餐饮企业（如小肥羊、小尾羊）发源于此而走向全国中得到印证。

② 品牌信任是指在风险情境下，消费者基于对品牌品质、行为意向及其履行承诺能力的正面预期而产生的认可该品牌的意愿。是消费者从品牌中得到的一种安全感，并可以满足消费者的期待（Elena and Jose，2001）。本文研究的品牌并不指向某一具体品牌，而是与非品牌相对的所有同类产品品牌的总称。有研究表明品牌不仅可以帮助消费者识别特定的产品，以降低搜索产品信息的成本（包括时间、精力、体力等成本），并保证所购产品的质量水平以减少购买产品时的功能性风险；还可使消费者通过购买象征地位和声望的品牌获得心理上的成就感，从而减小因购买或使用了“错误”产品所导致的社会及心理风险（于春玲等，2004）。

安全事故的风险概率。国外最新的研究表明消费者对消费品牌的信任、政府机构监管能力的信赖程度的提高可以显著降低消费者由于其自身知识的不足而对食品安全所产生的担忧（Chaudhuri & Holbrook，2001；Li，*et al.*，2008；Brexendorf TO，*et al.*，2010）。二是消费者对品牌信任的程度会通过影响消费者对食品安全的风险感知和评价来影响其对该食品的接受意愿和购买行为（Delgado-Ballester E，*et al.*，2003；Curtis *et al.*，2004；Hossain & Onyango，2004）。三是当前国内研究中主要是围绕具有认证标识类食品（无公害、绿色、有机食品以及转基因、可追溯类食品）的消费行为而展开，而鲜有研究将消费者对品牌的信任纳入到消费者行为差异的分析之中，但由于这些认证标识并不专属于某一产品，只能内嵌于品牌来发挥作用，脱离品牌，这些认证标识并不能对消费者的行为产生显著影响。所以，如果考察消费者对标识认证类食品的接受态度不是建立在对该食品品牌信任的基础之上，就有可能导致这些研究夸大消费者对标识认证类食品的接受意愿和支付溢价水平。因此，在不能找到一个更好的判断标准将这些安全认证标识的作用从产品的品牌效用中分离开来的情形下，直接将消费者对品牌信任的整体效用纳入到实证分析之中，所得出的结论则可能会更为可信和有效。

6.3.1 数据来源及描述性分析

（1）数据来源

本项研究（包括消费者户内消费行为与户外消费行为）所使用的数据来源于课题组2010年9月在呼和浩特市和包头市两地开展的实地调查。调查的内容主要包括消费者个人和家庭的基本信息、消费者羊肉产品消费习惯和认知水平、消费行为和支付意愿等。调查采用分层随机抽样的方式，调查地点主要选择在居民小区、公园、农贸市场和超市门口等人流量比较大的区域。为了保证问卷内容设计的有效性，在正式大规模调查前进行了小范围的试调查，然后，根据试调查中出现的新问题对原问卷进行了相应修正。本次调查共发放问卷518份，其中呼和浩特市发放问卷350份、包头市168份，两地共回收问卷480份，剔除漏答和错答关键信息的问卷，实际回收有效问卷451份，有效回收率达87.07%①。

（2）样本特征描述

通过对问卷的整理统计，从样本个人特征上看，总体样本中男性比例为40.1%，略低于女性59.9%的比例。考虑到我国女性通常在家庭食品购买决策中起到更为重要的作用，样本中女性比例偏大可能会更为真实地反映消费者在食品消费决策时的行为差异及其影响因素。从民族属性上看，样本中蒙古族、回族这两类少数民族消费者占到22.6%的比重，不过仍以汉族消费者居多。样本的年龄主要分布在30~39岁、20~29岁、40~49岁这3个年龄段，分别占总样本的36.4%、31.3%和15.1%。从受教育程度来看，以大学（专科和本科）、高中或中专学历居多，分别占总样本的44.3%和25.7%，其中初中以下及研究生也占到样本的18.2%和11.5%。从职业构成来看，

① 在本项目的分析中并没有考虑呼和浩特和包头两城市的地域差别，因为两地不仅在地理位置上接壤，而且城市规模和经济发展水平相当，特别是两地居民的人均收入水平接近，据公开的统计资料显示，2009年呼和浩特市城镇居民人均可支配收入为22 397元，包头为23 089元。

问卷中所列的八类职业类型[①]均有分布，表明了调查对象来源的广泛性，其中以企业职工、个体经营者、政府及事业单位员工居多，分别占到总体样本的32.2%、19.1%和18.8%。另外，样本中有65.0%的被调查者为家庭食品的主要购买者。进一步从消费者的家庭特征来看，样本中以三口之家居多，占到47.2%。家庭人均月收入主要集中在2 001～3 000元，占总样本的32.4%，分列二位、三位的是3 001～4 000元、1 001～2 000元，分别占到21.3%和19.1%。另外，有55.7%的家庭有16岁以下的孩子或60岁以上的老人，并且还有26.4%的家庭有人不喜欢食用羊肉类食品。

6.3.2 品牌信任对消费者消费行为影响的描述性分析

(1) 不同特征消费者对品牌羊肉产品的接受程度

通过对不同特征的消费者羊肉产品购买行为的分析（表6－4），直观上看，我国城市消费者在日常消费中购买品牌羊肉产品（以下简称品牌产品）的比例要高于非品牌产品。这说明消费者对品牌产品还是广为接受的，不过不同特征的消费者之间的行为差异显著。具体来看，男性购买品牌产品的比例要略高于女性，这可能是因为相对于女性对价格比较敏感而言，男性消费者更注重于品牌产品所带来的高品质消费体验。在民族属性上，蒙古族、回族消费者以54.5%的购买比例要高于以汉族为主体的其他消费者。从年龄分布上看，品牌产品的购买比例呈现倒U形结构，30～39岁的年龄段消费者的购买比例最高达到64.0%，而29岁以下与50岁以上购买比例较低，分别只有42.7%和31.1%。从受教育程度上看，随着受教育程度的提高，消费者品牌产品的购买比例也不断上升，由小学层级的14.3%提高到研究生层级的61.5%。此外，我们还发现如果消费者是家里的主要食品购买者，其购买品牌产品的比例也要高于非主要食品购买者，两者相差近8个百分点。这可能是由于在家庭食品购买中扮演的角色不同，所承担的责任也有所差别，作为家里主要食品购买者对家里成员的身体健康所考虑的要更为全面和周到。

从调查样本的家庭特征上看，消费者购买品牌产品的比例并不随着家庭收入水平的提高而不断上升，则表现出与年龄特征相似，呈现类似倒U形分布，并且在家庭人均月收入位于3 001～4 000元区间时达到最高点，为67.4%。从调查中，我们还发现如果消费者家里有16岁以下的孩子或60岁以上的老人，其品牌产品的购买比例要明显高于其他类型消费者。另外，如果消费者家里有人不喜欢吃羊肉类食品，其品牌产品的购买比例要显著低于都吃羊肉的家庭。

(2) 品牌信任程度与消费者品牌羊肉产品接受程度的关系

为了研究品牌信任与消费者品牌羊肉产品购买行为之间的对应关系，本项研究对消费者的态度进行了分层比较（表6－5）。分析表明，随着消费者对品牌信任程度的提高，消费者对品牌产品的接受程度也越来越高。具体构成上，由对品牌根本不信任时9.0%的购买比例大幅提高到非常信任时的84.7%。

---

① 这八类职业人员的类型依次为政府机关或事业单位人员、企业职工、文教卫生行业人员、个体经营者、农民、学生、离退休人员、下岗职工。

表 6-4 不同特征消费者对品牌羊肉产品的接受程度

变量特征	特征分类	明细分类	购买品牌羊肉		购买非品牌羊肉	
			频数	比例（%）	频数	比例（%）
个人特征	性别	男性	93	51.4	88	48.6
		女性	136	50.4	133	49.6
	民族	蒙古族、回族	55	54.5	46	45.5
		其他民族	174	49.9	175	50.1
	年龄	29 岁及以下	67	42.7	90	57.3
		30～39 岁	105	64.0	59	36.0
		40～49 岁	38	55.9	30	44.1
		50 岁及以上	19	31.1	42	68.9
	主要购买食品者	是	157	53.6	136	46.4
		不是	72	45.9	85	54.1
	受教育程度	小学	4	14.3	24	85.7
		初中	21	38.9	33	61.1
		高中/中专	53	45.7	63	54.3
		大学	119	59.8	80	40.2
		研究生	32	61.5	20	38.5
家庭特征	人均月收入	1 000 元以下	7	25.0	21	75.0
		1 001～2 000 元	38	44.2	48	55.8
		2 001～3 000 元	64	43.8	82	56.2
		3 001～4 000 元	64	67.4	31	32.6
		4 001～5 000 元	30	61.2	19	38.8
		5 001～6 000 元	11	52.4	10	47.6
		6 001 元以上	13	56.5	10	43.5
	家里是否有人不喜欢吃羊肉	有	59	50.0	59	50.0
		没有	170	51.4	161	48.6
	有 16 岁以下孩子或 60 岁以上老人	有	139	55.1	112	44.6
		没有	90	45.2	109	54.8

表 6－5 消费者对品牌的信任程度与其购买行为之间的交叉关系

品牌信任①	购买品牌羊肉		购买非品牌羊肉	
	人数	比例（%）	人数	比例（%）
根本不信任	6	9.0	61	91.0
不太信任	13	15.5	71	84.5
一般信任	34	44.2	43	55.8
比较信任	115	76.7	35	23.3
非常信任	61	84.7	11	15.3

6.3.3 模型构建与估计结果

（1）实证模型构建

描述性分析部分已对我国城市消费者品牌羊肉产品的接受程度、品牌信任程度与消费者品牌羊肉产品接受程度之间的关系进行了统计分析。从整体上看，城市消费者对品牌羊肉的接受程度较高，特别是随着消费者对品牌信任程度的提高，消费者对品牌产品的接受程度也越来越高。但这些相关分析是在没有控制其他因素的影响下展开的，所以并不能严格地说明消费者对品牌的信任一定会影响消费者对品牌食品的态度。因此，本项研究将通过构建计量经济模型对其进行定量检验。

假设消费者对品牌与非品牌羊肉产品的接受程度是由一个潜在的效用水平变量 y 决定，在某个效用水平 u 之上，消费者会选择购买品牌羊肉产品，在该效用水平之下，消费者会选择非品牌的普通羊肉产品，所以消费者的选择行为可以用下面的概率模型表示：

$$\mathrm{Probit}(y = 1 \mid X) = \mathrm{Probit}(y > u)$$

其中，潜在效用水平 y 由消费者对品牌的信任程度、消费者对食品安全的风险感知、对政府监管的信赖程度以及消费者的个人和家庭特征等变量共同决定，即 $y = B_0 + XB + v$，模型概率函数采用逻辑概率分布函数形式，即：

$$P_i = F(Z_i) = F(B_0 + \beta X_i) = \frac{1}{1 + e^{-Z_i}} = \frac{1}{1 + e^{-(B_0+\beta X_i)}}$$

将上述模型进一步转化后可以得到二元 Logistic 模型：

$$Ln[\frac{P_i}{1 - P_i}] = B_0 + XB + v$$

其中，上式左边是被解释变量即消费者对羊肉产品的二元选择行为，1 表示消费者

① 为了让消费者对品牌有一个比较直观和清晰的认识，在调查问卷中专门列举了呼和浩特和包头两地市场上主要销售的羊肉品牌。并在消费者正式作答之前，对品牌羊肉在质量和品质上通常情况下要高于非品牌产品作一说明，然后让消费根据自己的购买经验或主观判断来填写自己对品牌的信任程度，这样一定程度上可以避免消费者因为对品牌产品的模糊认识而影响品牌信任这一变量结果的准确性。

选择购买品牌羊肉产品，0 表示选择购买非品牌的普通羊肉产品①，B 是解释变量系数组合，X 是解释变量组合，除了本项研究所要重点考察的消费者的品牌信任程度②这一变量外，该组合还包括了现有研究中已被验证了对消费者消费行为具有重要影响的变量，主要包括消费者的个人特征、家庭特征、消费者对食品质量安全的认知、对产品自身的评价以及其所处的消费环境这五组变量。其中在本项研究里，个人特征包括性别、民族、年龄、受教育程度、是否为家庭主要食品购买者；家庭特征包括家庭人口数、家庭结构、家庭人均月收入以及家里是否有人不喜食羊肉；对食品质量安全的认知包括对羊肉产品外观新鲜度的关注程度、对羊肉产品质量安全的关注程度、对政府食品质量安全监管的信赖程度；对羊肉产品的评价主要包括对羊肉的偏爱程度、价格的敏感程度；消费者所处的消费环境包括主要购买场所、亲戚朋友的推荐以及销售人员的推销程度。各变量的具体定义如表 6－6 所示。

表 6－6　模型变量定义及描述

变量	变量代号	变量描述及定义	预期方向
因变量	羊肉产品购买行为	购买品牌＝1；购买非品牌＝0	
	品牌信任	非常不信任＝1；比较不信任＝2；一般信任＝3；比较信任＝4；非常信任＝5	+
个人特征	性别	男＝1；女＝0	?
	民族	回族、蒙古族＝1；其他民族＝0	+
	年龄	20 岁以下＝1；20～29 岁＝2；30～39 岁＝3；40～49 岁＝4；50～59 岁＝5；60 岁以上＝6	−
	受教育程度	小学及以下＝1；初中＝2；高中或中专＝3；大学＝4；研究生＝5	+
	家庭主要食品购买者	是＝1；否＝0	+

① 被解释变量 1 与 0 的二元设置可能会存在消费者并不单一地购买品牌羊肉或非品牌羊肉的情形，但普遍会以一种产品类型为主。原因在于价格是目前区分消费者购买行为的关键因素，而品牌产品的价格一般要远高于非品牌的羊肉。因此，消费者不大可能经常性的同时在品牌和非品牌之间进行多样化选择，即使在两者之间进行多样化选择，也是一种非经常性的行为，通常会以其中一种为主。

② 本文并没有考虑品牌信任的内生性，因为内生性既可能来源于模型存在遗漏变量，也可能来源于联立内生性即消费者对品牌产品的选择行为也可能会影响消费者对品牌的信任程度。由于变量之间的关系错综复杂，变量之间不可避免的不同程度上存在内生性。根据已有的研究表明（仇焕广、黄季焜、杨军，2007），解释变量的内生性并不改变其对被解释变量作用方向的显著性，只是影响其作用程度。而本项研究的侧重点在于分析品牌信任对消费者的品牌消费行为是否具有显著影响及其作用方向，并不具体测量品牌信任在消费者品牌产品选择过程中产生多大程度上的作用，所以本项研究不考虑品牌信任与因变量之间的内生性，并不影响其分析结论。

（续表）

变量	变量代号	变量描述及定义	预期方向
因变量	羊肉产品购买行为	购买品牌 =1；购买非品牌 =0	
	品牌信任	非常不信任 =1；比较不信任 =2；一般信任 =3；比较信任 =4；非常信任 =5	+
家庭特征	家庭人口数	实际数字	−
	是否有16岁以下的孩子或60岁以上的老人	是 =1；否 =0	+
	家庭人均月收入	1 000元以下 =1；1 001～2 000元 =2；2 001～3 000元 =3；3 001～4 000元 =4；4 001～5 000元 =5；5 001～6 000元 =6；6 001元以上 =7	+
	是否有人不喜吃羊肉	是 =1；否 =0	−
食品质量安全认知	对产品外观新鲜程度的关注	根本不关注 =1；不太关注 =2；一般关注 =3；比较关注 =4；非常关注 =5	+
	对羊肉产品质量的关心程度	非常不关心 =1；比较不关心 =2；一般关心 =3；比较关心 =4；非常关心 =5	+
	对政府食品安全监管的信赖程度	完全不信任 =1；不完全信任 =2；比较信任 =3；非常信任 =4	+
羊肉产品评价	是否偏爱羊肉	是 =1；否 =0	?
	对羊肉产品价格的关注程度	非常不关心 =1；比较不关心 =2；一般关心 =3；比较关心 =4；非常关心 =5	−
消费环境	主要购买场所	社区肉摊 =1；农贸市场 =2；专营肉店 =3；超市 =4	+
	对购买便利程度的考虑	根本不重要 =1；不太重要 =2；一般重要 =3；比较重要 =4；非常重要 =5	−
	销售人员推销的影响程度	根本不重要 =1；不太重要 =2；一般重要 =3；比较重要 =4；非常重要 =5	+

（2）模型结果与分析

本文运行 Spass17.0 计量软件对数据进行二元 Logistic 回归处理，变量采用全部进入法得到以下回归系数及检验结果（表6－7）。另外，模型估计结果还显示，模型的似然比卡方统计量为213.882，对应的p值为0.000，在统计上显著；而 Hosmer-Lemeshow 卡方统计量为5.506，对应的p值为0.702，在统计上不显著，所以认定模型整体显著[①]。另模型的似

① 模型的似然比卡方统计量是关于自变量是否与所研究事件的对数发生比（Log odds）线性相关的检验，即检验对模型“除常数项外，其他各项系数都等于0”的零假设，如果模型的卡方统计量显著，我们便拒绝零假设。另外，当 Hosmer－Lemeshow 卡方统计量在统计上不显著，则表明不能拒绝“调查数据和预测数据之间没有显著差异”的零假设。所以，模型整体显著的情形就是模型的似然比卡方统计量显著而 Hosmer－Lemeshow 卡方统计量不显著。

然比检验值 -21ogL 为 400.189，Cox & Snell R^2 和 Nagelkerke R^2 统计量分别为 0.383 和 0.511，模型总的预测正确率为 80.4%，这些指标表明模型的拟合优度和预测效果都较为理想。

表 6-7 模型的估计值

解释变量	B	S. E,	Wald	Sig.	Exp (B)
品牌信任	1.114***	0.136	67.012	0.000	3.046
性别	0.489*	0.273	3.222	0.073	1.631
民族	0.222	0.306	0.523	0.470	1.248
年龄	-0.063	0.126	0.253	0.615	0.939
受教育程度	0.395**	0.160	6.088	0.014	1.484
是否为家里主要食品购买者	0.294	0.279	1.105	0.293	1.342
家庭总人口	-0.058	0.091	0.409	0.522	0.944
是否有 16 岁以下的孩子或 60 岁以上的老人	0.536*	0.283	3.601	0.058	1.709
家里是否有人不喜欢吃羊肉	0.234	0.299	0.612	0.434	1.263
家庭人均月收入	0.019	0.096	0.039	0.843	1.019
对产品外观新鲜度关注程度	0.118	0.141	0.697	0.404	1.125
对羊肉产品质量安全关心程度	-0.215	0.145	2.201	0.138	0.807
对政府肉类产品质量安全监管的信赖程度	0.356*	0.206	2.993	0.084	1.428
对羊肉的偏爱程度	0.075	0.131	0.326	0.568	1.078
价格关注度	-0.149	0.132	1.270	0.260	0.861
购买场所	0.419***	0.150	7.745	0.005	1.520
受销售人员推荐的影响程度	0.241	0.143	2.848	0.092	1.272
购买便利程度	-0.364***	0.142	6.604	0.010	0.695
常数项	-6.331	1.289	24.126	0.000	0.002

注：***、**、*分别表示在 1%、5% 和 10% 统计水平下显著，其中 B 为回归系数；S. E，为标准差，Sig. 为显著性水平；Wald 值用于检验解释变量在模型中的重要程度，Exp（B）为发生比，可以测量解释变量一个单位的变动给原发生比带来的变化。

从模型的回归结果可以看到，“品牌信任”变量在 1% 水平下显著，消费者对品牌的信任与其品牌产品选择之间呈现非常显著的正相关关系。这表明回归结果与前面的统计分析结论相一致，随着消费者品牌信任程度的提高，在日常购买中，选择品牌产品的频率显著增加。这可能是因为消费者在获取更安全、更高品质的食品的同时，购买品牌产品也是体现其自身生活水平的一种方式，某种意义上还是一种炫耀性的展示①，是一种身份和地位的象征，从而给消费者带来极大的心理满足。

在消费者的个人特征方面，性别差异在消费者食品购买过程中表现显著，男性消费者比女性消费者要更倾向于购买品牌产品，这与Kim，Seok Eun（2009）的研究结论不谋而合。在这里，可能的解释就是，相对于女性对价格比较敏感而言，男性消费者更注重于品牌产品更容易带来高品质的消费体验。消费者受教育程度上的差异也显著地影响消费者对品牌产品的选择，受教育程度越高的消费者，其对品牌产品的接受程度就越高。这是符合常规逻辑的，受教育水平是影响消费者信息获取、价值认同和质量安全意识的重要因素，消费者受教育程度越高，对食物安全水平越看重以及更容易认同品牌产品能够带来更高品质消费体验的价值判断。

在消费者的家庭特征方面，“家里有16岁以下的小孩或60岁以上的老人”这一变量对消费者的食品选择行为影响显著。如果消费者家里有小孩或老人，其选择品牌产品的频率要明显高于其他消费者。这表明消费者在购买羊肉产品时，肯定会首先考虑品牌产品与非品牌产品之间的品质差别给家里的小孩或老人的身体健康所带来的影响，因为小孩和老人同属弱势群体，容易遭受食品安全风险，所以消费者在选购羊肉产品时，会优先考虑高质量和高品质的品牌产品。不过，变量“家庭人均月收入”在统计上并不显著，这表明消费者并不因为收入水平的提高而显著提高其购买品牌产品的比例。这与描述性分析结论是相吻合的，在此前的描述性分析中，我们发现消费者品牌产品的购买频率随着收入水平的上升而呈现出倒U形分布，并不是随着收入水平的提高而单调递增。

在消费者的食品质量安全认知方面，消费者“对政府肉类食品质量安全监管的信赖程度”这一变量在统计上显著为正。这说明消费者对政府肉类食品质量安全监管的信赖程度越高，选择购买品牌产品的频率就越高。这可能是因为消费者对政府食品监管的信赖程度越高，就越会相信食品市场上，品牌这一符号所传递出来的价值信息，从而就会信任品牌产品具有一般普通产品所不具有的高质量、高品质的特质。这也从另一个方面表明了政府部门对食品市场安全监管的重要性，一个完善、尽责的政府监管能够带给消费者更多的消费信心。

在消费者对品牌产品价格的敏感程度方面，“消费者对价格的关注程度”这一变量并不显著。这与预期的估计并不一致，在变量的描述性分析部分，我们预期消费者会随着对价格关注程度的提高，其购买品牌产品的意愿会显著下降，但回归结果却表明，消费者对价格关注程度的不同并不显著影响其品牌产品的购买行为。尽管如此，我们并不认为可以有充分的理由拒绝原假设。不过从变量估计系数的符号为负来看，仍能表明消费者的品牌产品购买意愿随着其对产品价格关注程度的提高而下降，虽然并不十分显著。

在消费环境方面，购买场所的不同显著地影响着消费者品牌产品的购买行为，相对于在社区肉摊或农贸市场的消费者而言，在专营店或超市的消费者更倾向于选择购买品牌产品。这可能是因为在食品市场充满信息不对称的情形下，销售渠道是判别安全、高品质食品的重要信息载体，专营店或超市的购物环境一般要普遍优于社区肉摊和农贸市场，管理上也更规

① 根据笔者的经验和体会，这种炫耀性消费、互相攀比的心理在内蒙古地区表现的比较普遍。

范，且大都以明确的法人作为其信誉担保的主体，所以在上述场所销售品牌产品更容易获得消费者的认可。另外，变量“受销售人员推荐的影响程度”同样对消费者的品牌产品消费行为影响显著，结果表明消费者越容易受到销售人员推荐的影响，越倾向于选择品牌产品。这说明销售人员推销力度的加大能显著增强品牌产品对消费者的吸引力，从而产生强大的广告效应。不过，从回归的结果中，我们发现对购买的便利度越看重的消费者，越不倾向于购买品牌产品，这可能跟大多数品牌产品都在专营店或大型超市销售，而往往这些销售场所离大多数消费者的家庭住所较远，不像非品牌产品往往在大街小巷都能很方便的买到，所以注重购买便利度的消费者倾向于购买非品牌产品。

此外，回归结果还表明：消费者的民族①、年龄、是否为家里主要食品购买者、家庭总人口数、家里是否有人不喜食羊肉产品、对产品外观新鲜度的关注程度、对羊肉质量安全的关心程度、对羊肉的偏爱程度这 8 个变量在本研究中对消费者的品牌产品选择行为并无显著影响。

6.4 城市居民户外羊肉消费行为及其影响因素分析

6.4.1 不同特征居民户外羊肉消费行为差异分析

从问卷分析可以看出（表 6－8），调查样本中城市居民经常在户外消费羊肉的比例为 44.79%，如果将偶尔消费的人数统计在内，城市居民在户外消费羊肉的比例高达 96.9%。这说明现阶段，城市居民在家庭以外的地方消费羊肉已很常见，不过，具有不同特征的消费者之间的户外消费行为差异显著。具体来看，男性经常在户外消费羊肉的比例要略高于女性，达到了 50.3%。这可能是因为男性在家庭中，外出社会活动的频率要高于女性，有更多的在外饮食机会而使其羊肉户外消费的频率要高于女性。从民族属性来看，蒙古族和回族这两个少数民族的消费者户外羊肉消费比重要高于其他民族的消费者，这可能跟民族之间饮食习惯存在差异有关。在年龄结构上，消费者户外羊肉消费比例呈倒 U 形分布，其中 40～49 岁年龄段的户外消费比重最高，为 48.5%，而 50 岁以上在所有年龄层次中比重最低为 34.4%。从受教育程度上看，随着消费者受教育程度的提高，其户外消费羊肉的比重也相应提高，其中研究生层次的消费者与只有小学文化程度的消费者之间的比例相差 42 个百分点，这表明不同受教育程度的消费者户外消费羊肉的比重差异相当明显。进一步从消费者所从事的职业类型上看，政府及事业单位的消费者户外羊肉消费的比例最高为 63.5%，其次为企业职工达到 46.9%，而那些被社会上普遍认为是低收入群体的农民、学生、离退休人员和下岗人员，其户外消费羊肉的比重明显要低于前两个群体，其中最低的下岗人员外出消费羊肉的比例仅为 10%。此外，我们还发现，消费者在家里购买食品过程中扮演的角色不同，其户外羊肉的消费存在明显差异，作为家里主要食品购买者的消费者，其户外羊肉消费的比

① 本文预计蒙古族、回族消费者由于羊肉消费在其肉类消费中占有重要地位，其民族属性将对其羊肉产品的选择行为产生显著影响，但结果却事与愿违。不过稍作分析就可发现本次调查是要求消费者在购买品牌产品还是非品牌产品之间做出选择，而非在吃与不吃羊肉之间做出选择，所以民族属性在这里不显著也属情理之中。

例要明显高于非食品购买者，两者相差11%。

在消费者的家庭特征方面，从消费者的家庭人口规模上看，随着消费家庭规模的增大，其户外羊肉消费的比例趋于下降，其中单身家庭的户外消费比例最高，达到50%。从消费者的家庭收入水平上看，消费者所在家庭的人均月收入水平与其户外羊肉消费频率之间呈现明显的正相关，收入水平越高的消费者户外羊肉消费的比例也越高，其中家庭人均月收入在6 001元以上的消费者，户外羊肉消费的比重高达78.3%。另外，如果消费者家里有不喜吃羊肉的成员，其户外羊肉的消费比重明显低于都吃羊肉的家庭，两者比例差为22.2%。

表6-8　不同特征消费者户外羊肉消费行为差异

变量特征	特征分类	明细分类	在户外消费羊肉		不在户外消费羊肉	
			频数	比例（%）	频数	比例（%）
个人特征	性别	男性	91	50.3	90	49.7
		女性	111	41.1	159	58.9
	民族	蒙古族、回族	51	50.5	50	49.5
		其他民族	151	43.1	199	56.9
	年龄	29岁及以下	73	46.2	85	53.8
		30～39岁	75	45.7	89	54.3
		40～49岁	33	48.5	35	51.5
		50岁及以上	21	34.4	40	65.6
	主要购买食品者	是	143	48.8	150	51.2
		不是	59	37.3	99	62.7
	受教育程度	小学	6	21.4	22	78.6
		初中	14	25.9	40	74.1
		高中/中专	49	42.2	67	57.8
		大学	100	50	100	50
		研究生	33	63.5	19	36.5
	从事的职业类型	政府机关及事业单位	54	63.5	31	36.5
		企业职工	68	46.9	77	53.1
		文教卫生	11	32.4	23	67.6
		个体经营者	41	42.7	45	52.3
		农民	2	25.0	6	75.0
		学生	12	40.0	18	60.0
		离退休人员	11	33.3	22	66.7
		下岗职工	3	10.0	27	90.0

（续表）

变量特征	特征分类	明细分类	在户外消费羊肉		不在户外消费羊肉	
			频数	比例（%）	频数	比例（%）
家庭特征	家庭人口数	1	3	50.0	3	50.0
		2	37	44.6	46	55.4
		3	96	45.1	117	54.9
		4	32	43.2	42	56.8
		5 及以上	34	45.3	41	54.7
	人均月收入	1 000 元以下	6	21.4	22	78.6
		1 001 ~2 000 元	24	27.9	62	72.1
		2 001 ~3 000 元	74	50.7	72	49.3
		3 001 ~4 000 元	41	42.7	55	57.3
		4 001 ~5 000 元	24	49.0	25	52.0
		5 001 ~6 000 元	15	71.4	6	28.6
		6 001 元以上	18	78.3	5	21.7
	家里是否有人不喜吃羊肉	有	34	28.6	85	71.4
		没有	168	50.8	163	49.2

6.4.2 模型构建与估计结果

（1）实证模型构建

描述性分析部分已对不同特征的城市消费者户外羊肉消费之间的差异进行了比较分析。从整体上看，随着饮食方式的不断改变，城市消费者在户外消费羊肉的比例也越来越高，不同特征的消费者之间的消费行为也是存在着明显的差异。但这些比较分析是在没有控制其他因素的影响下展开的，所以并不能严格地说明消费者所具有的不同个人及家庭特征一定会对其户外羊肉的消费行为产生显著影响。因此，本项研究将进一步通过构建计量经济模型对消费者的户外羊肉消费行为及其影响因素进行定量检验。

与上一节实证检验消费者品牌羊肉消费行为的处理方式相同，此处，仍假设消费者是否决定在户外消费羊肉产品是由一个潜在的效用水平变量 y 决定，在某个效用水平 u 之上，消费者会选择消费羊肉产品，在该效用水平之下，消费者会选择不消费羊肉产品，所以消费者的选择行为可以用下面的概率模型表示：

$$\text{Pro}bit(y = 1 \mid X) = \text{Pro}bit(y > u)$$

其中，潜在效用水平 y 由消费者的个人特征、家庭特征、消费者对食品安全的认知以及消费者对户外消费羊肉的评价等变量共同决定，即 $y = B_0 + XB + v$，模型概率函数采用逻辑概率分布函数形式，即：

$$P_i = F(Z_i) = F(B_0 + \beta X_i) = \frac{1}{1 + e^{-Z_i}} = \frac{1}{1 + e^{-(B_0 + \beta X_i)}}$$

将上述模型进一步转化后可以得到二元 Logistic 模型：

$$Ln[\frac{P_i}{1 - P_i}] = B_0 + XB + v$$

其中，上式左边是被解释变量即消费者在户外是否消费羊肉产品的二元选择行为，本文中取1表示消费者经常在户外消费羊肉产品，取0表示不消费或偶尔在户外消费羊肉产品。*B*是解释变量系数组合，解释变量除了本文所要考察的一般研究中所常用的消费者的个人特征及家庭特征变量外，另外还根据羊肉消费的特殊性，我们特别加入了消费者的民族属性、消费者对羊肉的偏爱程度以及消费者家里是否有不喜食羊肉的成员这3个特殊变量。除此之外，变量组合中还包括了过去研究中已被验证了对消费者户外消费行为具有重要影响的变量，主要包括消费者对羊肉产品质量安全的关心程度、对政府食品质量监管的信任程度、就餐价格、就餐便利程度以及就餐环境的关注程度这五组程度变量。各变量的具体定义及预期符号如表6－9所示。

表6－9　模型变量定义及描述

变量	变量名称	变量描述及定义	预期方向
因变量	户外羊肉消费频率	比较多的或经常消费＝1；从不或偶尔消费＝0	
个人特征	性别	男＝1；女＝0	?
	民族	回族、蒙古族＝1；其他民族＝0	+
	年龄	20岁以下＝1；20～29岁＝2；30～39岁＝3；40～49岁＝4；50～59岁＝5；60岁以上＝6	−
	受教育程度	小学及以下＝1；初中＝2；高中或中专＝3；大学＝4；研究生＝5	+
	家庭主要食品购买者	是＝1；否＝0	+
家庭特征	家庭人口数	实际数字	−
	家庭人均月收入	1 000元以下＝1；1 001～2 000元＝2；2 001～3 000元＝3；3 001～4 000元＝4；4 001～5 000元＝5；5 001～6 000元＝6；6 001元以上＝7	+
	户内羊肉购买频率	很少购买＝1；两周一次＝2；一周一次＝3；一周两次＝4；一周三次以上＝5	
	是否有人不喜吃羊肉	是＝1；否＝0	−
食品质量安全认知	对羊肉产品质量的关心程度	非常不关心＝1；比较不关心＝2；一般关心＝3；比较关心＝4；非常关心＝5	?
	对政府食品安全监管的信赖程度	完全不信任＝1；不完全信任＝2；比较信任＝3；非常信任＝4	+
户外羊肉消费评价	是否偏爱羊肉	是＝1；否＝0	+
	对羊肉食品价格的敏感程度	非常不关心＝1；比较不关心＝2；一般关心＝3；比较关心＝4；非常关心＝5	−
	对就餐便利程度的考虑	根本不重要＝1；不太重要＝2；一般重要＝3；比较重要＝4；非常重要＝5	−
	就餐环境的关注程度	根本不重要＝1；不太重要＝2；一般重要＝3；比较重要＝4；非常重要＝5	−

（2）模型结果与分析

本文运行Spass17.0计量软件对数据进行二元Logistic回归处理，变量采用全部进入法得到以下回归系数及检验结果（表6－10）。另外，模型估计结果还显示，模型的似然比卡方统计量为130.706，对应的p值为0.000，在统计上显著；而Hosmer-Lemeshow卡方统计量为5.188，对应的p值为0.737，在统计上不显著，所以认定模型整体显著①。另模型的似然比检验值－21ogL为468.075，Cox & Snell R^2 和 Nagelkerke R^2 统计量分别为0.260和0.347，模型总的预测正确率为70.8%，这些指标表明模型的拟合优度和预测效果都较为理想。

表6－10　模型估计结果

变量	B	S. E,	Wals	Sig.	Exp（B）
性别	0.465*	0.250	3.452	0.063	1.592
民族	－0.161	0.286	0.318	0.573	0.851
是否为家里主要食品购买者	0.801***	0.259	9.563	0.002	2.229
年龄	－0.046	0.110	0.177	0.674	0.955
受教育程度	0.306**	0.142	4.650	0.031	1.357
家庭总人口数	－0.131*	0.073	3.255	0.071	0.877
家里是否有人不喜欢吃羊肉	－0.667**	0.277	5.795	0.016	0.513
家庭人均月收入	0.233***	0.088	7.048	0.008	1.262
户内消费购买频率	0.459***	0.098	21.995	0.000	1.582
消费环境	0.091	0.142	0.412	0.521	1.096
就餐价格敏感度	－0.303**	0.125	5.832	0.016	0.739
羊肉的偏爱程度	－0.217*	0.131	2.743	0.098	0.805
就餐便利程度	－0.055	0.137	0.158	0.691	0.947
对羊肉产品质量安全关心程度	0.552***	0.129	18.218	0.000	1.737
对政府食品质量安全监管的信任程度	－0.002	0.182	0.000	0.989	0.998
常量	－3.450	1.155	8.928	0.003	0.032

注：***、**和*分别表示在1%、5%和10%水平下显著；其中B为回归系数；S. E，为标准差，Sig.为显著性水平；Wald值用于检验解释变量在模型中的重要程度，Exp（B）为发生比，可以测量解释变量一个单位的变动给原发生比带来的变化。

从模型的回归结果可以发现，在消费者的个人特征方面，性别差异在消费者户外羊肉的消费过程中依然表现显著，相比于女性消费者而言，男性消费者更倾向于在户外消费更多的羊肉。这可能是由于男性参加家庭以外的社会活动频率一般要高于女性，相应的其户外就餐

① 模型的似然比卡方统计量是关于自变量是否与所研究事件的对数发生比（Log odds）线性相关的检验，即检验对模型“除常数项外，其他各项系数都等于0”的零假设，如果模型的卡方统计量显著，我们便拒绝零假设。另外，当Hosmer－Lemeshow卡方统计量在统计上不显著，则表明不能拒绝“调查数据和预测数据之间没有显著差异”的零假设。所以，模型整体显著的情形就是模型的似然比卡方统计量显著而Hosmer－Lemeshow卡方统计量不显著。

的频率要高于女性，这也意味着男性有更多的机会在家庭以外的地方消费羊肉。从消费者受教育程度上看，该变量在5%的水平下显著为正，这说明消费者受教育程度与其户外羊肉消费频率之间呈现明显的正相关关系，消费者的受教育程度越高，其户外羊肉产品的消费频率就越大，这也验证了描述性分析中的结果。受教育程度高的消费者往往其收入水平、对羊肉营养价值的认同要高于低一层次的消费者。因此，在户外消费中，受教育程度高的消费者更有实力和意愿来消费相比其他食品来说，价格要更高一些的羊肉食品。此外，我们还发现消费者在家庭食品购买中所扮演的角色不同，对其户外羊肉消费的频率有着显著影响。作为家里主要食品购买者的户外羊肉消费频率要高于非家庭食品主要购买者。这一结果也同前文中描述性分析部分的统计结果保持高度一致。

在消费者的家庭特征方面，家庭人口规模对消费者户外羊肉的消费频率影响显著，不过在10%的水平下显著为负。即随着家庭人口数的增加，消费者在户外消费羊肉的频率明显下降。产生这种结果存在以下两种解释：一是家庭规模越大，其人口结构中拥有老人和未成年的孩子的比例就会大大增加，而这两个群体是食品安全中的弱势群体，容易发生食品安全风险，因此，这样的家庭必然会尽量减少外出餐饮的次数来避免发生食品安全风险；另一种可能性就是受收入水平的约束，人口多的家庭其支出压力要远远高于小规模家庭，对大家庭来说在家料理食品的机会成本要明显小于小家庭，因此其外出消费羊肉的频率必然会少于人口规模小的家庭。这一解释也得到了“家庭人均月收入”这一变量回归结果显著性的印证，该变量与消费者的户外羊肉消费频率之间保持正相关，而且在1%水平下显著。这充分说明，随着家庭收入水平的提高，消费者户外羊肉消费的频率明显增加。另外，变量“消费户内羊肉购买频率”与消费者的户外消费频率保持高度一致，且回归系数在1%水平显著为正。这说明户内羊肉消费比例越高的家庭，其户外消费同样显著。该变量显著表明羊肉消费无论是在消费者家庭内部食品消费结构中，还是户外消费结构中都占有重要地位。这也可以通过变量“家里是否有人不喜食羊肉”的显著性来得到印证，该变量在5%的水平下显著为负，表明如果消费者家里有不喜食羊肉的成员，其在户外消费羊肉的频率明显低于没有不喜食羊肉成员家庭的消费者，这也是符合生活逻辑的。因为户外饮食往往是家庭成员的集体活动，这样必然会在户外消费的过程照顾不同成员的饮食偏好。

在消费者对食品安全风险的感知方面，变量“消费者对羊肉产品质量安全关心程度”在1%的水平下显著为正，这表明消费者对羊肉产品质量安全的关注程度越高，其户外羊肉消费就会更为频繁。可能的解释是，消费者对羊肉质量安全关注的同时，同样会关注其他肉类食品的质量安全水平，因为在我国当前的畜禽饲养模式中，特别是在牧区，肉羊作为草食动物遭受饲料添加剂、药物残留的风险最小，从而羊肉也被认为是质量安全水平最高的肉类食品之一。因此，关注肉类食品质量安全的消费者，在其户外消费中必定会更倾向于多消费羊肉类食品。

在消费者对户外消费羊肉的评价方面，变量“就餐价格的敏感程度”在5%的水平下显著为负，这说明，对就餐价格越敏感的消费者，其户外羊肉消费的频率越小。这是因为在餐饮业中，通常情况下，羊肉类食品的价格要高于猪肉、家禽类肉类食品的价格。不过，令我们难以作出有效解释的是“对羊肉的偏爱程度”这一变量在10%的水平下显著为负，这一结果与预期不一致，其中的缘由有待今后的进一步研究。

此外，回归结果还表明：消费者的年龄、民族属性、户外消费环境的重要性、就餐便利

程度的重要性、对政府食品质量安全监管的信任程度这5个变量在本研究中对消费者的户外羊肉消费频率并不产生显著影响。

6.5　本章小结

本章分别通过对中国城乡居民的畜产品、羊肉产品消费特征的统计分析；城市居民户内和户外羊肉消费行为及其影响因素的实证分析，初步得到以下结论。

（1）城乡居民在畜产品消费结构、消费量、消费观念和消费习惯上存在较大差异，城市居民的消费理念、消费行为要超前于农村居民，对其具有一定的导向和前瞻性。其中城镇居民对高脂肪类畜产品的需求明显减少，对高蛋白、低脂肪类畜产品需求将会明显增加，而农村居民高脂肪类畜产品消费的绝对量和所占比重仍处于上升阶段。这也表明，随着农村居民收入水平的不断提高和城镇化进程的加快，我国今后畜产品消费总量的增长将主要来自于农村市场，农村市场快速增长的总量效应将为我国畜牧业的发展提供契机。不过，尽管城市居民的总体畜产品消费水平趋于稳定，但其饮食结构调整给市场带来的结构效应将给畜牧业尤其是像肉羊、乳业等草食畜牧业带来巨大的发展机遇。总体上，我国城乡居民畜产品消费结构不合理，羊肉消费比重明显偏低且增长缓慢，甚至有持续下滑的危险。另外，随着居民尤其是城市居民的食品质量安全意识不断增强，这对千家万户式的以小规模生产为主的肉羊产业来说，将面临着极大的考验。

（2）通过对我国城市消费者的品牌信任程度与其羊肉食品购买行为之间关系的分析，我们发现，大多数城市消费者对品牌产品比较信任，接受程度也很高。特别是随着消费者对品牌信任程度的提高，其购买羊肉产品时选择品牌产品的比例会显著增加。这不仅可以从数据的描述性分析中看出，严格的计量模型检验也验证了这一相关关系。另外，消费者的性别、受教育程度、家庭是否有16岁以下的孩子或60岁以上的老人、对政府质量安全监管的信赖程度、购买地点、购买的便利程度以及销售人员的推荐力度，这些变量都会显著影响消费者品牌产品的购买行为，不过不同变量的影响方向和程度是不尽相同的。具体而言，男性消费者、消费者的受教育程度越高、有小孩或老人的家庭、对政府安全监管的信赖程度越高、习惯于在专营店和超市购买以及容易受到推销人员促销影响的消费者，其选择品牌产品的频率就越高。而那些注重购买便利程度、习惯就近购买食品的消费者，其选择非品牌产品的频率要远高于品牌产品。从这里我们可以得出一些对品牌食品营销有借鉴性意义的结论，即品牌食品除了加大自身的营销力度外，应当准确定位目标客户群体，正确地选择销售渠道。就本项研究的羊肉产品而言，其品牌营销应重点关注那些受教育程度高、家里有老人或小孩、对食品安全意识较强的消费者。另外，厂家应尽可能地选择专营店和超市来销售自己的品牌产品，并且销售渠道的选择应尽可能地考虑顾客购买的便利度。

（3）通过对城市消费者的户外羊肉消费行为及其影响因素的分析，我们发现：城市居民在家庭以外的地方消费羊肉已很常见，不过，具有不同特征的消费者之间的户外消费行为差异显著。并且这些差异不仅通过对调查数据的统计分析可以表现出来，而且大都能够通过计量模型的实证检验。其中，消费者的性别、受教育程度、是否为家里主要食品购买者、家庭规模、家庭人均月收入、户内羊肉购买频率、家里是否有人不喜食羊肉、对就餐价格的敏感程度、羊肉的偏爱程度以及对羊肉产品质量安全的关心程度，这十个变量对消费者的户外羊肉消费频率影响显著。其中，消费者的性别、受教育程度、是否为家里主要食品购买者、家庭规模、家庭人均月收入、户内羊肉购买频率、家里是否有人不喜食羊肉、对就餐价格的敏感程度、羊肉的偏爱程度以及对羊肉产品质量安全的关心程度这十个变量对消费者的户外羊肉消费频率影响显著，不过不同变量的影响方向和程度是不尽相同的。具体来看，消费者的性别、受教育程度、作为家里主要食品购买者、家庭收入水平、户内羊肉购买频率和对羊肉产品质量安全的关心程度这 6 个变量对城市居民户外羊肉消费的频率有着显著的正面影响，而消费者的家庭规模、家里有人不喜食羊肉、对就餐价格的敏感程度、对羊肉的偏爱程度这 4 个变量与城市居民的户外羊肉消费频率之间保持着显著的负向关系。

7 基于贸易自由化的中国肉羊产业国际竞争力分析

众所周知，国际贸易对一个产业的纵深发展具有重要的促进作用，是否充分利用国际、国内两个市场是一个产业能否发展壮大的重要标志。中国是一个羊肉生产大国、消费大国、进口大国和出口小国，特别是近年来世界范围内食品消费结构的调整，羊肉类健康食品的消费需求不断增长，而与此同时，随着国际贸易自由化趋势的日趋明显，双边、多边贸易发展迅速，使得国际贸易市场开放程度不断提高，世界肉羊贸易因此而得到迅猛发展，特别是传统肉羊生产强国像澳大利亚和新西兰的羊肉产品出口竞争力的长久不衰，而新兴肉羊生产大国印度、巴基斯坦的快速发展，使得自中国加入 WTO 以来肉羊产业无论是在国际市场上还是在国内市场上竞争日趋激烈。在这样的宏观背景下，有必要对中国肉羊产业发展所面临的国际环境、中国肉羊产业在国际肉羊产业中所扮演的角色和地位、存在的问题展开深入分析。基于此，本章的内容安排如下：首先，对世界肉羊产业的生产、贸易状况进行描述性分析，厘清中国肉羊产业发展所面临的国际环境；其次，对中国肉羊产业的国际贸易现状进行分析，摸清中国肉羊产业国际贸易的发展特征；第三，以肉羊生产和贸易强国澳大利亚、新西兰和英国为参照，采用比较分析的方法对中国肉羊产业发展的国际竞争力进行深入分析，并对影响国际竞争力绩效背后的深层次因素进行重点探讨，从而在把握中国肉羊产业国际地位的基础上，对其国际化发展所存在的机遇和挑战有一个清醒的认识，从而为今后制定中国肉羊产业国际化发展战略以及肉羊产业国际竞争力的提升提供理论和现实依据。

7.1 世界肉羊产业的发展概况与生产特征

养羊业的发展与人类生产、生活紧密相连，其生产重心随着人们生活需求的不断变化而相应发生改变。16～17 世纪，西班牙美利奴羊的出现及其在世界各地的传播和 18 世纪初人们追求高档毛料，使养羊业注重羊毛生产，培育大量的毛用羊特别是细毛羊，形成以细毛羊为主的世界养羊业。至 19 世纪，在世界范围内基本上形成了具有区域经济特征、适应区域自然资源特点、体现民族特色的羊毛生产体系，并由此推动了毛用羊产业的形成。如澳大利亚细毛养羊业始于 18 世纪后期，19 世纪已发展为农业的主要产业。20 世纪，绵羊的数量和羊毛产量虽然生产的波动性较大，但多年居世界第一位，号称“绵羊王国”。不过从 20 世纪 60 年代起，国际养羊业的主导方向发生了变化，出现了由毛用转向肉毛兼用甚至肉用的发展趋势。这是因为随着世界原毛市场的需求减少，毛用绵羊的数量趋于下降，使羊毛的产量和价格均有较大的波动。而与此同时，世界范围内羊肉的消费需求显著增长，国际上羊的生产结构也因此而发生了相应的变化，出现了由毛用转向肉毛兼用甚至肉用的发展趋势，使得毛用绵羊的饲养规模逐渐萎缩的同时，向肉用方向转产，而羊肉的产量也是逐年大幅度的增加。于是，肉羊产业在大洋洲、美洲、欧洲和一些非洲国家得到迅猛发展。现如今，世界养羊业的发展方向已由毛用为主转向肉用为主，比如，英国现有的35个羊品种全部都是以产肉为主的品种，新西兰的肉毛兼用品种达到98%，美国的肉毛兼用品种也达到80%以上。

7.1.1 世界肉羊的年存栏量、出栏量和羊肉产量总体上保持同步增长的态势，不过近年来有所下滑

从绝对量变动的整体趋势上看（表7－1），世界肉羊的年存栏量、出栏量和羊肉产量呈逐年上升的势头，与1980年相比，均有较大幅度上升，不过近三年来，这3个指标均有不同程度的下滑。其中，世界肉羊存栏量由1980年的156 311万只增加到历史高点2008年的195 071万只后，略降到2009年的193 921万只，这主要是绵羊存栏量有所下降；出栏量由1980年的54 107万只稳步增长到2007年的91 624万只，此后两年有所下降，到2009年为91 529万只，同样也是由绵羊存栏量的下降造成的；羊肉产量由1980年的734.16万吨增长到2007年1 313.87万吨的历史高点后，下降到2009年的1 304.79万吨。另外，通过对这3个指标平均增长速度的比较来看，世界肉羊的出栏平均增长速度为0.18%，羊肉产量为2%，要远高于存栏0.07%的平均增长速度，这表明从总体上看，世界肉羊产业的生产效率是不断提高的。

表7－1 世界肉羊产业历年生产变动（1980～2009年） （单位：万只，万吨）

年份	存栏量			出栏量			羊肉产量		
	山羊	绵羊	合计	山羊	绵羊	合计	山羊	绵羊	合计
1980	46 444	109 867	156 311	15 667	38 440	54 107	169.42	564.74	734.16
1985	48 643	111 861	160 504	18 042	42 339	60 381	202.83	621.89	824.72
1990	59 010	120 794	179 804	22 851	46 529	69 380	265.64	703.08	968.72
1995	67 294	107 558	174 852	27 152	48 169	75 322	331.88	720.90	1 052.78
2000	74 685	105 883	180 568	31 466	48 692	80 158	377.03	766.36	1 143.39
2001	75 668	103 714	179 382	31 527	48 575	80 102	379.28	763.69	1 142.97
2002	76 839	102 589	179 429	31 879	48 586	80 465	383.36	762.29	1 145.65
2003	78 488	103 515	182 004	33 696	49 405	83 101	409.73	767.53	1 177.26
2004	80 563	106 312	186 875	36 227	49 350	85 577	439.22	770.76	1 209.98
2005	82 691	109 138	191 828	37 877	50 414	88 292	463.57	788.12	1 251.69
2006	82 779	110 419	193 198	37 702	52 282	89 983	461.38	815.46	1 276.83
2007	83 689	110 561	194 250	38 721	52 903	91 624	480.87	833.00	1 313.87
2008	86 440	108 631	195 071	39 248	52 312	91 561	487.13	824.82	1 311.95
2009	86 797	107 127	193 924	39 760	51 769	91 529	493.87	810.92	1 304.79

数据来源：FAO统计数据库（http://faostat.fao.org/default.aspx）

从相对指标上看（表7－2），无论是世界肉羊的存栏、出栏结构还是羊肉产量结构，均以绵羊、绵羊肉的生产为主，这表明从20世纪80年代以来，世界肉羊生产一直以绵羊为主。不过，从具体的指标变化来看，世界肉羊存栏、出栏和羊肉生产结构中，山羊在肉羊生产的地位呈日渐上升的态势，不过绵羊仍占据主导地位。其中，山羊存栏量、出栏量比重分别由1980年的29.71%和28.96%稳步提高到2009年的44.76%和43.44%，而同期绵羊存栏量、出栏量比重分别由70.29%和71.04%逐步下降到55.24%和56.56%，可以很明显地看出，世界山羊和绵羊生产比重间的差距在逐渐缩小。羊肉生产结构比重的变化也表现出类似的趋势，只不过其中山羊肉的上升幅度要小于其存栏量和出栏量提高幅度。

表7－2　世界肉羊产业主要生产指标比重变化　（单位：%）

年份	存栏量		出栏量		羊肉产量	
	山羊	绵羊	山羊	绵羊	山羊	绵羊
1980	29.71	70.29	28.96	71.04	23.08	76.92
1985	30.31	69.69	29.88	70.12	24.59	75.41
1990	32.82	67.18	32.94	67.06	27.42	72.58
1995	38.49	61.51	36.05	63.95	31.52	68.48
2000	41.36	58.64	39.25	60.75	32.97	67.03
2001	42.18	57.82	39.36	60.64	33.18	66.82
2002	42.82	57.18	39.62	60.38	33.46	66.54
2003	43.12	56.88	40.55	59.45	34.80	65.20
2004	43.11	56.89	42.33	57.67	36.30	63.70
2005	43.11	56.89	42.90	57.10	37.04	62.96
2006	42.85	57.15	41.90	58.10	36.13	63.87
2007	43.08	56.92	42.26	57.74	36.60	63.40
2008	44.31	55.69	42.87	57.13	37.13	62.87
2009	44.76	55.24	43.44	56.56	37.85	62.15

数据来源：FAO统计数据库（http://faostat.fao.org/default.aspx）

7.1.2　各地区羊肉生产发展变化不一，亚洲、非洲位居前两位

从地区分布上看（表7－3），各大洲均有肉羊生产，不过各地区之间发展不平衡。从绝对量上看，亚洲、非洲羊肉的年产量增势明显，而欧洲则下降明显，大洋洲、美洲基本保持稳定。具体来看，亚洲羊肉产量由1980年的236.45万吨大幅提高到2009年的767.18万吨，非洲羊肉产量由1980年的123.21万吨稳步增加到2009年的242.83万吨；而同期欧洲羊肉产量由211.45万吨锐减为124.08万吨；大洋洲和美洲羊肉产量则在波动中呈稳中有升的态势，分别由1980年的111.02万吨和52.02万吨小幅增加到2009年的115.55万吨和55.15万吨。另外，进一步从相对指标上看，世界羊肉生产向亚洲、非洲集中的趋势明显，

其中亚洲是世界羊肉生产的绝对老大，占世界的比重由1980年的45.05%上升到2009年的58.80%，占世界全年产量的一半以上；非洲由1980年的第三位跃居到2009年的第二位，占世界比重由16.87%上升到18.61%；欧洲由于产量大幅下降，占世界的比重也是明显下降，由1980年的28.80%减少为2009年的9.51%，位居第三位；大洋洲和美洲的羊肉产量虽然稳中有升，但受亚洲和非洲羊肉产量强势增长的影响，其占世界的比重是不断下滑的，分别由1980年的15.12%和7.09%下降到2009年的9.71%和4.21%。

表7-3　世界五大洲羊肉产量及其占世界总产量比重的年际变动　（单位：万吨,%）

年份	亚洲		欧洲		大洋洲		非洲		美洲	
	产量	比重	产量	比重	产量	比重	产量	比重	产量	比重
1980	236.45	32.21	211.45	28.80	111.02	15.12	123.21	16.78	52.02	7.09
1985	292.62	35.48	221.07	26.81	124.59	15.11	130.41	15.81	56.03	6.79
1990	376.89	38.91	256.55	26.48	116.86	12.06	156.66	16.17	61.76	6.38
1995	528.76	50.23	174.30	16.56	116.75	11.09	173.81	16.51	59.16	5.62
2000	613.76	53.68	153.77	13.45	122.61	10.72	199.55	17.45	53.69	4.70
2001	614.36	53.75	139.35	12.19	129.08	11.29	206.60	18.08	53.58	4.69
2002	624.83	54.54	141.61	12.36	118.19	10.32	209.05	18.25	51.98	4.54
2003	655.98	55.72	138.79	11.79	115.99	9.85	214.53	18.22	51.97	4.41
2004	685.40	56.65	142.42	11.77	109.88	9.08	219.49	18.14	52.79	4.36
2005	710.87	56.79	141.75	11.32	116.09	9.27	229.54	18.34	53.43	4.27
2006	727.33	56.96	137.71	10.79	119.24	9.34	237.24	18.58	55.32	4.33
2007	753.20	57.33	137.43	10.46	127.58	9.71	240.40	18.30	55.27	4.21
2008	753.04	57.40	130.48	9.95	131.06	9.99	241.57	18.41	55.79	4.25
2009	767.18	58.80	124.08	9.51	115.55	8.86	242.83	18.61	55.15	4.23

数据来源：FAO统计数据库（http://faostat.fao.org/default.aspx）

7.1.3　从国别上看，肉羊主产国羊肉产量均有不同程度增长，但发展中国家增势更为明显

以2009年世界羊肉产量前10大国为例（表7-4），从绝对量上看，这十大主产国除新西兰在2009年羊肉产量有所下降外，其他国家均有不同程度增长，而且在1980~2009年这一段时期内，这些国家总体上羊肉产量都保持增长的态势，其中像中国、印度、伊朗、巴基斯坦、尼日利亚、苏丹等发展中国家增势强劲，而发达国家像澳大利亚、新西兰、英国等增势较为平稳，特别是中国，羊肉产量由1980年的45.05万吨大幅增加到2009年的386.73万吨，发生了数倍的增长。从羊肉总量上看，发展中国家的羊肉总量要远远高于发达国家。

进一步从相对指标上看（表7-5），可以很明显地发现，简单相加后，前10大主产国

中发展中国家羊肉产量占世界总量的比重远远高于发达国家所占比重。不过具体到各个国家上，其占世界的比重变化趋势是不尽相同的，发展中国家中，中国、伊朗、巴基斯坦、尼日利亚和苏丹各自所占比重自1980年以来总体上保持上升趋势，而印度、土耳其同发达国家澳大利亚和新西兰等国家类似，虽然羊肉产量保持上升，但占世界的比重是不断下降的，这说明这些国家羊肉产量增势不如中国、伊朗、巴基斯坦等发展中国家强劲。我们不难发现，无论是从绝对量上还是相对量的变动趋势上看，发展中国家的肉羊发展速度要远远高于发达国家，这表明，世界肉羊生产的重心已由发达国家转向了发展中国家。

表7-4 世界肉羊主产国历年羊肉产量变动（1980～2009年） （单位：万吨）

年份	中国	印度	澳大利亚	伊朗	新西兰	巴基斯坦	尼日利亚	苏丹	英国	土耳其
1980	45.05	45.62	54.89	22.48	56.07	27.50	8.71	12.62	27.70	29.20
1985	59.35	53.33	51.60	28.44	72.89	36.50	12.39	10.37	30.40	38.00
1990	106.86	61.12	63.57	33.75	53.20	48.40	16.46	10.46	37.02	37.00
1995	174.87	65.78	63.16	37.70	53.48	68.30	22.22	23.69	39.40	37.20
2000	268.97	68.98	69.06	43.57	53.43	46.70	33.66	26.10	38.30	37.40
2001	272.13	69.32	72.58	44.37	56.38	48.00	36.64	27.20	26.70	35.10
2002	283.81	69.70	65.80	44.97	52.27	49.20	37.22	27.00	30.70	33.25
2003	309.00	70.17	61.10	45.06	54.78	50.60	37.66	28.20	30.30	31.20
2004	333.19	70.51	57.75	45.24	51.98	51.80	38.62	28.40	31.20	31.80
2005	350.43	70.80	61.54	46.23	54.43	53.20	39.40	33.40	33.10	31.50
2006	364.21	71.24	64.76	49.44	54.35	39.90	40.58	33.40	33.01	31.50
2007	382.97	71.42	69.98	49.46	57.48	40.70	41.55	33.40	32.50	32.30
2008	380.63	71.49	71.01	49.60	59.92	41.50	41.61	34.09	32.60	31.96
2009	386.73	71.86	67.46	49.60	47.96	42.50	41.61	34.32	30.26	29.90

数据来源：FAO统计数据库（http：//faostat. fao. org/default. aspx）

表7-5 世界肉羊主产国历年羊肉产量占世界总产量比重（1982～2009年） （单位：%）

年份	中国	印度	澳大利亚	伊朗	新西兰	巴基斯坦	尼日利亚	苏丹	英国	土耳其
1980	6.14	6.21	7.48	3.06	7.64	3.75	1.19	1.72	3.77	3.98
1985	7.20	6.47	6.26	3.45	8.84	4.43	1.50	1.26	3.69	4.61
1990	11.03	6.31	6.56	3.48	5.49	5.00	1.70	1.08	3.82	3.82
1995	16.61	6.25	6.00	3.58	5.08	6.49	2.11	2.25	3.74	3.53
2000	23.52	6.03	6.04	3.81	4.67	4.08	2.94	2.28	3.35	3.27
2001	23.81	6.06	6.35	3.88	4.93	4.20	3.21	2.38	2.34	3.07

（续表）

年份	中国	印度	澳大利亚	伊朗	新西兰	巴基斯坦	尼日利亚	苏丹	英国	土耳其
2002	24.77	6.08	5.74	3.93	4.56	4.29	3.25	2.36	2.68	2.90
2003	26.25	5.96	5.19	3.83	4.65	4.30	3.20	2.40	2.57	2.65
2004	27.54	5.83	4.77	3.74	4.30	4.28	3.19	2.35	2.58	2.63
2005	28.00	5.66	4.92	3.69	4.35	4.25	3.15	2.67	2.64	2.52
2006	28.52	5.58	5.07	3.87	4.26	3.12	3.18	2.62	2.59	2.47
2007	29.15	5.44	5.33	3.76	4.37	3.10	3.16	2.54	2.47	2.46
2008	29.01	5.45	5.41	3.78	4.57	3.16	3.17	2.60	2.48	2.44
2009	29.64	5.51	5.17	3.80	3.68	3.26	3.19	2.63	2.32	2.29

数据来源：FAO统计数据库（http：//faostat. fao. org/default. aspx）

7.2 世界羊肉产品的贸易发展特征

7.2.1 世界羊肉产品出口保持快速增长，羊肉出口仍占主导地位

从总体上看（表7－6），世界羊肉产品出口保持快速增长的势头，出口总额由1980年的22.50亿美元增加到2008年的57.88亿美元，平均增长速度为3.30%。从出口的产品结构上看，主要是活羊和羊肉出口贸易，不过，无论是从出口量上还是出口额上，羊肉出口始终占据主导地位，分别由1980年的77.73万吨和13.69亿美元提高到2008年的106.69万吨和47.75亿美元，平均增长速度分别为1.14%和4.56%。而同期活羊出口数和出口额分别由1 850万只和8.81亿美元发展到2008年的1776万只和10.13亿美元。羊肉出口额占肉羊出口额的比重也由1980年的60.84%提高到2008年的79.04%，而活羊出口比重则发生相应下滑。另外，通过羊肉出口额和出口量的平均增长速度来看，羊肉出口额4.56%的年均增长速度要远远高于1.14%的出口量增长速度，这表明20世纪80年代以来羊肉出口价格上升明显。进一步通过对历年羊肉出口结构的分析，可以发现世界羊肉出口贸易中，始终以绵羊肉出口为主。虽然出口量和出口额占世界出口的比重分别由1980年的99.92%和99.93%略微下降到2008年的96.13%和96.59%，但仍牢牢占据着世界羊肉产品出口中的主导地位。

表7－6 世界羊肉产品历年出口结构变动情况（1980～2008年）

年份	出口总额（亿美元）	活羊		羊肉		其中：山羊肉（%）		绵羊肉（%）	
		出口量（万只）	出口额（亿美元）	出口量（万吨）	出口额（亿美元）	出口量	出口额	出口量	出口额
1980	22.50	1 850	8.81	77.73	13.69	0.08	0.07	99.92	99.93
1985	19.82	1 890	8.18	81.88	11.64	0.13	0.13	99.87	99.87

（续表）

年份	出口总额（亿美元）	活羊		羊肉		其中：山羊肉（%）		绵羊肉（%）	
		出口量（万只）	出口额（亿美元）	出口量（万吨）	出口额（亿美元）	出口量	出口额	出口量	出口额
1990	30.01	2 105	12.56	82.87	17.45	2.21	2.74	97.79	97.26
1995	30.99	2 394	10.76	87.60	20.23	1.81	2.10	98.19	97.90
2000	28.72	2 087	7.58	95.92	21.14	2.36	2.50	97.64	97.50
2001	29.19	1 920	6.86	87.40	22.33	2.23	2.08	97.77	97.92
2002	36.05	2 197	11.53	86.51	24.52	2.74	2.25	97.26	97.75
2003	40.54	1 893	10.24	88.23	30.30	3.21	2.59	96.79	97.41
2004	46.95	1 945	11.30	92.11	35.65	3.76	2.94	96.24	97.06
2005	55.19	2 250	14.33	101.03	40.86	4.25	3.27	95.75	96.73
2006	53.85	2 122	12.65	106.39	41.20	4.28	3.56	95.72	96.44
2007	55.32	1 919	11.90	104.34	43.42	3.75	3.30	96.25	96.70
2008	57.88	1 776	10.13	106.69	47.75	3.87	3.41	96.13	96.59

数据来源：FAO 统计数据库（http：//faostat. fao. org/default. aspx）

7.2.2 世界羊肉出口主要集中在大洋洲和欧洲，而进口集中在欧洲和亚洲

从总体上看（表 7－7），肉羊出口在各地区均有分布，从变动趋势上可以发现各地区羊肉出口额均有不同程度的增长，但各自占世界出口份额的变化是不尽相同的。无论是从出口的绝对额还是出口所占比重上看，羊肉出口主要集中在大洋洲和欧洲，两大洲分别由 1980 年的 10.37 亿美元和 46.07%、7.25 亿美元和 32.20% 发展为 2008 年的 32.51 亿美元和 56.17%、17.52 亿美元和 30.27%，处于世界羊肉出口的第一集团，其中大洋洲一直以来就是世界羊肉出口的第一大地区，而且自 2000 年以来，这一地位有不断强化的趋势。位于第二集团的是亚洲和非洲，虽然出口额总体上保持增长，但出口份额在波动中却呈下降趋势，两大洲出口额分别由 1980 年的 2.31 亿美元和 2.01 亿美元增加到 2008 年的 3.87 亿美元和 2.36 亿美元，占世界出口的比重却由 10.26% 和 8.94% 下降为 2008 年的 6.69% 和 4.07%。美洲多年来羊肉出口比较少，占世界的份额基本保持在 2%～3%。进一步从各地区的内部出口结构上看，在第一集团中，大洋洲的出口主要集中澳大利亚和新西兰这两大传统的肉羊生产和出口大国，欧洲主要集中在东欧、北欧和西欧，近年来，东欧出口份额不断下降而北欧出口份额呈不断上升的态势；第二集团中亚洲的出口主要集中在西亚、东亚和南亚地区，其中西亚和南亚的出口份额呈不断上升的趋势，而东亚则不断下降，非洲的出口主要集中在东非和北非地区，两地区出口份额都在波动中呈下降趋势；而美洲的出口主要是南美地区，其他地区像北美和中美出口很少。

从世界羊肉进口地区的分布及其变动趋势上看（表 7－8），世界羊肉进口主要集中在欧洲和亚洲，两大洲肉羊产品进口份额始终保持在 80% 以上。其中，欧洲已发展成为世界肉羊进口的第一大地区，其肉羊产品进口额和进口占世界的比重由 1980 年的 11.94 亿美元和

40.76%增加到2008年的32.25亿美元和51.97%，已占到世界羊肉进口的一半以上。亚洲则紧随其后，成为世界第二大进口地区，不过从趋势上看，其进口占世界的比重是不断下降的，由1980年的47.56%下滑到2008年的29.74%。美洲现已发展成为世界第三大肉羊进

表7-7　世界羊肉贸易出口地区结构分布　（单位：1 000美元,%）

地区		1980年		1990年		2000年		2008年	
		出口额	比重	出口额	比重	出口额	比重	出口额	比重
亚洲	中亚	0	0.00	0	0.00	97 792	3.41	812	0.01
	东亚	76 814	3.41	67 167	2.24	9 150	0.32	55 118	0.95
	南亚	5 323	0.24	23 517	0.78	62 255	2.17	210 404	3.64
	东南亚	1 814	0.08	1 594	0.05	10 007	0.35	7 105	0.12
	西亚	146 848	6.53	482 045	16.07	56 345	1.96	113 952	1.97
	合计	230 799	10.26	574 323	19.14	235 549	8.20	387 391	6.69
欧洲	东欧	283 821	12.61	184 808	6.16	100 517	3.50	221 644	3.83
	北欧	234 382	10.42	577 115	19.23	461 949	16.09	753 616	13.02
	南欧	25 555	1.14	46 304	1.54	81 866	2.85	187 488	3.24
	西欧	180 774	8.03	309 821	10.33	186 514	6.49	588 897	10.18
	合计	724 532	32.20	1 118 048	37.26	830 846	28.93	1 751 645	30.27
大洋洲	澳大利亚、新西兰	1 036 711	46.07	996 364	33.21	1 483 108	51.65	3 251 043	56.17
	其他地区	15	0.00	84	0.00	41	0.00	25	0.00
	合计	1 036 726	46.07	996 448	33.21	1 483 149	51.65	3 251 068	56.17
非洲	东非	72 612	3.23	33 314	1.11	97 792	3.41	67 317	1.16
	中非	3 239	0.14	8 371	0.28	9 150	0.32	10 100	0.17
	北非	56 225	2.50	80 180	2.67	62 255	2.17	53 784	0.93
	南非	13 019	0.58	40 255	1.34	10 007	0.35	24 792	0.43
	西非	55 975	2.49	54 896	1.83	56 345	1.96	79 683	1.38
	合计	201 070	8.94	217 016	7.23	235 549	8.20	235 676	4.07
美洲	北美	9 215	0.41	33 486	1.12	33 925	1.18	37 897	0.65
	中美	324	0.01	228	0.01	210	0.01	440	0.01
	南美	47 462	2.11	60 891	2.03	52 411	1.83	123 470	2.13
	合计	57 001	2.53	94 605	3.15	86 546	3.01	161 807	2.80

数据来源：FAO统计数据库（http：//faostat. fao. org/default. aspx）

口地区，其肉羊进口额以及进口所占比重由1980年的0.99亿美元和3.39%提高到2008年的7.58亿美元和12.21%。而非洲由曾经的第三大进口地区降为第四位，其占

世界进口比重也由 1980 年的 7.73% 下降为 2008 年的 4.44%。由于大洋洲的两大出口大国澳大利亚和新西兰以出口为主，而该地区的其他国家进口额又很小，所以使该地区进口占世界的比重一直很小。进一步从各地区的内部进口结构上看，欧洲羊肉进口主要集中在西欧和北欧地区，特别是西欧进口份额 2008 年已占世界进口总额的近 1/3。亚洲进口主要集中在西亚地区，该地区进口占世界的份额始终在 20% 以上，这主要是该地区以阿拉伯国家为主，而羊肉在这些国家的居民饮食结构中占有重要地位，其次是东亚地区，基本保持在 5% 左右。美洲地区的进口则主要集中在北美地区，占世界羊肉进口的份额已由 1980 年的 2.49% 上升为 2008 年的 9.81%。而非洲的各大地区的进口比较均匀，处于交替变动状态，不过从总体上看，西非、北非和南非地区的肉羊进口相对来说要高于其他地区。

表 7-8　世界羊肉贸易进口地区结果分布　　（单位：1 000 美元,%）

地区		1980 年		1990 年		2000 年		2008 年	
		进口额	比重	进口额	比重	进口额	比重	进口额	比重
亚洲	中亚	187 030	6.39	0	0.00	587	0.02	825	0.01
	东亚	174 118	5.95	182 430	5.55	144 994	4.60	363 450	5.86
	南亚	249 194	8.51	32 337	0.98	2 936	0.09	17 234	0.28
	东南亚	18 457	0.63	30 879	0.94	45 969	1.46	134 288	2.16
	西亚	764 190	26.09	824 473	25.10	694 183	22.01	1 330 181	21.43
	合计	1 392 989	47.56	1 070 119	32.57	888 669	28.17	1 845 978	29.74
欧洲	东欧	204 836	6.99	128 890	3.92	11 527	0.37	105 535	1.70
	北欧	427 320	14.59	377 607	11.49	355 549	11.27	759 713	12.24
	南欧	114 810	3.92	459 205	13.98	308 581	9.78	553 463	8.92
	西欧	446 882	15.26	912 052	27.76	957 932	30.37	1 806 635	29.11
	合计	1 193 848	40.76	1 877 754	57.16	1 633 589	51.79	3 225 346	51.97
大洋洲	澳大利亚、新西兰	1 069	0.04	2 380	0.07	7377	0.23	15 812	0.25
	其他地区	15 102	0.52	37 021	1.13	46 595	1.48	86 176	1.39
	合计	16 171	0.55	39 401	1.20	53 972	1.71	101 988	1.64
非洲	东非	3 852	0.13	5 413	0.16	9 583	0.30	19 562	0.32
	中非	1 923	0.07	3 600	0.11	1 749	0.06	27 369	0.44
	北非	162 074	5.53	23 032	0.70	37 765	1.20	75 842	1.22
	南非	16 932	0.58	41 503	1.26	37 388	1.19	55 232	0.89
	西非	41 674	1.42	71 827	2.19	81 504	2.58	97 846	1.58
	合计	226 455	7.73	145 375	4.43	167 989	5.33	275 851	4.44

（续表）

地区		1980 年		1990 年		2000 年		2008 年	
		进口额	比重	进口额	比重	进口额	比重	进口额	比重
美洲	北美	72 916	2.49	97 750	2.98	291 831	9.25	608 645	9.81
	中美	21 601	0.74	42 233	1.29	97 924	3.10	123 658	1.99
	南美	4 745	0.16	12 593	0.38	20 208	0.64	25 291	0.41
	合计	99 262	3.39	152 576	4.64	409 963	13.00	757 594	12.21

数据来源：FAO 统计数据库（http：//faostat. fao. org/default. aspx）

7.2.3 世界羊肉进出口贸易集中化趋势明显，发达国家仍掌握贸易的主导权

从国别上看（表 7 -9），世界羊肉出口集中化趋势明显，前十大出口国拥有全球 90% 以上的出口份额，特别是常年位于前三位的新西兰、澳大利亚和英国始终占据着 70% 以上的份额。进一步从经济发展程度上看，出口主要是发达国家，从 20 世纪 90 年代以来，前十大出口国中除一两个是发展中国家外，其余清一色都是发达国家，而且位居前五位的都是发达国家，这充分说明世界羊肉出口始终集中在少数发达国家手中。

表 7 -9 世界羊肉出口大国（前 10）羊肉出口额变动情况（单位：1 000 美元，%）

国家	1980 年		国家	1990 年		国家	2000 年		国家	2008 年	
	出口额	比重		出口额	比重		出口额	比重		出口额	比重
新西兰	575 442	42.04	新西兰	644 384	36.93	新西兰	854 248	40.40	新西兰	1 786 428	37.41
澳大利亚	266 725	19.49	英国	317 777	18.21	澳大利亚	501 998	23.74	澳大利亚	1 181 933	24.75
英国	129 003	9.42	澳大利亚	245 854	14.09	英国	273 951	12.96	英国	482 840	10.11
荷兰	67 572	4.94	爱尔兰	188 922	10.83	爱尔兰	151 857	7.18	爱尔兰	237 357	4.97
爱尔兰	63 839	4.66	法国	44 768	2.57	比利时	52 263	2.47	比利时	221 107	4.63
保加利亚	44 000	3.21	保加利亚	35 877	2.06	法国	43 005	2.03	印度	112 678	2.36
内蒙古	32 000	2.34	乌拉圭	32 899	1.89	西班牙	42 532	2.01	西班牙	105 548	2.21
德国	26 888	1.96	荷兰	25 922	1.49	乌拉圭	33 154	1.57	荷兰	103 805	2.17
阿根廷	23 051	1.68	韩国	22 875	1.31	德国	18 400	0.87	法国	77 395	1.62
土耳其	17 367	1.27	比利时	21 026	1.21	苏丹	17 674	0.84	德国	75 262	1.58
合计	1 245 887	91.02	合计	1 580 304	90.57	合计	1 989 082	94.08	合计	4 384 353	91.81

数据来源：FAO 统计数据库（http：//faostat. fao. org/default. aspx）

同世界羊肉的出口形势类似，世界羊肉进口的集中化趋势同样非常显著，前十大羊肉进口国占世界进口总额的比重虽然有下降的趋势，但始终保持在 70% 以上（表 7 - 10）。另外，从经济发展水平上也可以很明显地看到，世界羊肉进口也是集中在少数发达国家之间，其中自 1990 年以来，法国、英国始终处于进口的前两位，进一步从 1980 年、1990 年、2000

年和2008年这4个时点上看，不难发现在世界羊肉进口的前十位中，平均有6～8的是发达国家，占据着绝对优势。

表7－10　世界羊肉进口大国（前10）羊肉进口额变动情况(单位：1 000美元,%)

国家	1980年		国家	1990年		国家	2000年		国家	2008年	
	出口额	比重		出口额	比重		出口额	比重		出口额	比重
英国	396 453	22.93	法国	448 229	21.63	法国	497 762	21.71	法国	791 516	15.75
伊朗	187 000	10.82	英国	340 021	16.40	英国	301 986	13.17	英国	583 050	11.60
前苏联	170 000	9.83	日本	134 846	6.51	美国	237 297	10.35	美国	478 050	9.51
法国	167 079	9.66	德国	131 351	6.34	德国	158 206	6.90	比利时	363 940	7.24
日本	146 363	8.47	前苏联	115 000	5.55	比利时	126 881	5.53	德国	339 550	6.76
德国	96 292	5.57	意大利	106 470	5.14	沙特	113 064	4.93	中国	229 262	4.56
比利时	57 982	3.35	比利时	80 122	3.87	意大利	85 035	3.71	阿联酋	224 401	4.47
沙特	56 978	3.30	西班牙	65 329	3.15	日本	68 407	2.98	沙特	213 768	4.25
阿联酋	53 984	3.12	阿联酋	62 500	3.02	中国	66 588	2.90	意大利	179 701	3.58
意大利	42 069	2.43	美国	53 724	2.59	瑞士	61 328	2.67	日本	117 694	2.34
合计	1 374 200	79.48	合计	1 537 592	74.18	合计	1 716 554	74.87	合计	3 520 932	70.07

数据来源：FAO统计数据库（http：//faostat. fao. org/default. aspx）

注：此表中中国数据包括大陆、香港和澳门数据之和。

通过对世界羊肉生产和国际贸易现状及发展趋势的分析，可以发现世界羊肉的进出口大国都主要由发达国家组成，而生产大国则主要有发展中国家组成，这在一定意义上表明，虽然世界肉羊生产的重心在发展中国家，但国际贸易的主导地位依然为发达国家所占据，贸易的主导权仍然掌握在少数发达国家手中。而与此同时，世界羊肉进口国的集中则表明羊肉进口市场较为固定，短期内恐难发生大的改变。进出口的高度集中充分说明作为世界肉羊生产重心的发展中国家要想扩大自己的出口份额，增强自身的话语权，依然任重而道远。

7.3　中国羊肉产品的贸易发展特征

7.3.1　国际贸易总额不断增长，贸易逆差不断拉大

20世纪80年代以来，我国羊肉产品国际贸易呈现不断增长的势头，贸易总额不断扩大，特别是自2001年加入WTO以来，增势明显（表7－11）。羊肉产品贸易总额由1980年的1491万美元增长到2001年的7 017.7万美元，到2008年已增加为23 894.7万美元，年均增长10.42%。从进出口变化来看，进口由1980年的596.4万美元大幅增加到2008年的18 790.7万美元，年均增长速度为13.11%；出口由1980年的894.6万美元上升为2008年的5 104万美元，年均增速为6.42%，进口增速快于出口增速。与此同时，贸易逆差不断拉大，由1980年的顺差298.2万美元一路飙升为2008年的逆差13 686.7万美元，逆差以年均

14.73%的速度快速上升。

表 7－11 中国羊肉产品历年进出口贸易额变动（1980～2008 年）（单位：1 000 美元）

年份	贸易额				活羊			羊肉		
	总额	出口	进口	差额	出口	进口	差额	出口	进口	差额
1980	14 910	8 946	5 964	2 982	650	141	509	8 296	5 823	2 473
1985	19 372	9 651	9 721	－70	6 000	1 141	4 859	3 651	8 580	－4 929
1990	26 330	6 483	19 847	－13 364	875	1 211	－336	5 608	18 636	－13 028
1995	49 677	17 027	32 650	－15 623	12 445	1 707	10 738	4 582	30 943	－26 361
2000	59 985	6 121	53 864	－47 743	442	4 373	－3 931	5 679	49 491	－43 812
2001	70 177	4 866	65 311	－60 445	394	2 124	－1 730	4 472	63 187	－58 715
2002	91 850	7 949	83 901	－75 952	176	4 060	－3 884	7 773	79 841	－72 068
2003	122 248	20 847	101 401	－80 554	221	12 079	－11 858	20 626	89 322	－68 696
2004	159 423	46 797	112 626	－65 829	5 054	3 116	1 938	41 743	109 510	－67 767
2005	192 116	59 780	132 336	－72 556	3 058	2 286	772	56 722	130 050	－73 328
2006	195 555	70 519	125 036	－54 517	3 764	383	3 381	66 755	124 653	－57 898
2007	206 324	54 640	151 684	－97 044	518	171	347	54 122	151 513	－97 391
2008	238 947	51 040	187 907	－136 867	672	7	665	50 368	187 900	－137 532

数据来源：FAO 统计数据库（http：//faostat. fao. org/default. aspx）

7.3.2 贸易产品结构以羊肉为主，活羊贸易在波动中保持顺差态势

从中国羊肉产品的贸易结构上看，多年来一直以羊肉贸易为主，其中羊肉进出口额占贸易总额的比重由 1980 年的 94.69%进一步上升为 2008 年的 99.72%。但是羊肉贸易多年来处于逆差状态，由 1985 年的逆差 492.9 万美元扩大到 2008 年的 13 753.2万美元，正是羊肉贸易逆差的持续扩大导致了我国总体肉羊贸易逆差的不断拉大。与此同时，中国的活羊贸易没有固定的发展态势，始终处于波动的状态，不过多数年份保持顺差，活羊贸易差额由 1980 年的顺差 50.9 万美元一度提高到 1995 年的 1 073.8万美元，不过此后不断下滑，由 2000 年的逆差 393.1 万美元扩大到 2003 年的 1 185.8万美元，直到 2004 年这一趋势发生逆转，当年产生顺差 193.8 万美元，此后有所波动，不过到 2008 年仍保有 66.5 万美元的顺差。进一步从贸易量上看（表 7－12），可以发现羊肉产品贸易量的变动与贸易额总体上保持着相同的变化趋势，其中活羊贸易量波动特征明显，而羊肉贸易量则表现出不断上升的趋势。活羊贸易量除个别年份外，始终保持着顺差状态，而羊肉贸易量自 1985 年以来一直处在逆差之中，且逆差不断扩大。

7.3.3 市场结构上，进口、出口相对集中，其中进口市场集中化趋势更为明显

中国羊肉产品贸易的国际市场结构一直比较集中，其中出口主要集中在中国香港、中国

澳门、尼泊尔、朝鲜等亚洲国家和地区以及中东的约旦、阿联酋及科威特等少数伊斯兰国家和地区。虽然与加入 WTO 之前相比，近年来出口市场有所分散，但出口仍集中在少数几个国家和地区，且始终比较稳定。与出口市场结构类似，中国肉羊进口贸易市场同样集中，而且集中的程度更高，主要集中在澳大利亚、新西兰、乌拉圭、内蒙古和美国等国，而且多数年份只从澳大利亚和新西兰两国进口，这两个国家占据着中国进口的绝对主体。这也表明中国羊肉产品贸易的进出口市场分散化的进程缓慢。向核心市场进、出口所占比重过大，一旦国际贸易的环境发生改变将使中国羊肉产品国际贸易特别是出口增长的稳定性面临较大的不确定性。

表 7－12　中国羊肉产品历年进出口贸易量变动（1980～2008 年）　（单位：只，吨）

年份	活羊				羊肉			
	总量	出口	进口	差额	总量	出口	进口	差额
1980	18 805	18 000	805	17 195	7 795	4 048	3 747	301
1985	205 187	200 000	5 187	194 813	9 966	2 179	7 787	－5 608
1990	29 561	27 900	1 661	26 239	16 083	3 518	12 565	－9 047
1995	226 611	220 018	6 593	213 425	20 405	2 067	18 338	－16 271
2000	18 723	15 790	2 933	12 857	43 507	4 156	39 351	－35 195
2001	14 403	13 037	1 366	11 671	50 010	2 868	47 142	－44 274
2002	10 052	5 879	4 173	1 706	67 126	4 996	62 130	－57 134
2003	18 646	7 268	11 378	－4 110	70 422	12 479	57 943	－45 464
2004	156 856	153 906	2 950	150 956	85 232	24 030	61 202	－37 172
2005	84 683	82 305	2 378	79 927	100 045	30 047	69 998	－39 951
2006	87 728	87 080	648	86 432	96 882	33 353	63 529	－30 176
2007	17 485	17 340	145	17 195	94 103	22 159	71 944	－49 785
2008	18 870	18 789	81	18 708	98 106	14 585	83 521	－68 936

数据来源：FAO 统计数据库（http：//faostat. fao. org/default. aspx）

7.4　中国肉羊产业的国际竞争力

中国是世界肉羊生产大国，特别是自 20 世纪 90 年代以来中国一直是全球最大的羊肉生产国，1980～2008 年间年均增长 7.92%，远高于同期世界羊肉产量年均 2.10% 的增长率。但是，中国羊肉产品参与国际贸易的比例却很低，每年仅有不足生产量的 2% 用于出口，有些年份甚至更低。总体来看（表 7－13），虽然中国羊肉产品出口占世界市场的份额近年来呈逐步上升趋势，但仍属低水平发展的态势，从 1980 年的 1.07% 提高到 2008 年的 4.72%，与其占世界产量近 1/3 的生产地位极不相称。并且与其他肉羊出口大国相比，差距明显，像澳大利亚和新西兰 2008 年以分别占世界 5.41% 和 4.57% 的羊肉产量，却占有世界 24.75%

和37.41%的出口比重。尤其是近年来，中国羊肉进口大幅增加而出口始终增长缓慢，贸易逆差逐年拉大，呈现出进口额超过出口额、进口增幅超过出口增幅的“双超”趋势。2008年，中国肉羊进口额和出口额分别是1.88亿美元和0.51亿美元，较上一年分别增长23.88%和下降6.59%，进出口贸易逆差高达1.37亿美元，与上一年相比，逆差同比增幅为41.04%。由此可见，中国是典型的肉羊生产大国和贸易小国，出口规模与生产大国的身份背道而驰。

表7-13　中国历年羊肉生产、出口指标占世界比重情况

（单位：万吨,%，亿美元）

年份	年产量	占世界年产量比重	羊肉出口量	占全国年生产量比重	占世界出口量比重	出口额	占世界出口额比重
1980	45.05	6.14	0.83	1.84	1.07	0.08	0.61
1985	59.35	7.20	0.37	0.62	0.45	0.04	0.31
1990	106.86	11.03	0.56	0.52	0.68	0.06	0.32
1995	174.87	16.61	0.46	0.26	0.52	0.05	0.23
2000	268.97	23.52	0.57	0.21	0.59	0.06	0.27
2001	272.13	23.81	0.45	0.16	0.51	0.04	0.20
2002	283.81	24.77	0.78	0.27	0.90	0.08	0.32
2003	309.00	26.25	2.06	0.67	2.34	0.21	0.68
2004	333.19	27.54	4.17	1.25	4.53	0.42	1.17
2005	350.43	28.00	5.67	1.62	5.61	0.57	1.39
2006	364.21	28.52	6.68	1.83	6.27	0.67	1.62
2007	382.97	29.15	5.41	1.41	5.19	0.54	1.25
2008	380.63	29.01	5.04	1.32	4.72	0.50	1.05

数据来源：FAO统计数据库（http：//faostat.fao.org/default.aspx）

随着中国加入WTO和农业国际化进程加快，中国肉羊产业在获得巨大的发展机遇的同时面临着前所未有的压力与挑战，市场竞争也逐渐呈现“国际竞争国内化、国内市场国际化”的趋势。不过，作为具有比较优势的劳动密集型农产品，在不断改善的外部环境和市场机制条件下，中国羊肉产品的出口理应朝着稳定和持续增长的方向发展。但是，中国羊肉产品出口却没有呈现预期中的发展态势，而是表现出很强的波动性，羊肉出口占世界的比重由1980年的1.07%下降到2001年的0.51%，此后由2002年的0.9%上升到2006年6.27%这一历史高位，此后又降到2008年的4.72%。不可否认，中国是羊肉生产大国的同时也是消费大国，羊肉生产相当一部分是为了满足国内市场需求，但是不是中国羊肉生产全部被国内市场所消化掉了呢？答案是否定的。通过表7-14，我们可以很明显地看到，1996年以来，中国历年生产的羊肉年剩余量始终保持在40万吨以上，有些年份甚至高达70万吨，而出口量在2001年前为0.1万~0.4万吨，加入WTO后，出口量有所扩大，但最高年份2006年也仅为3.3万吨，远远低于年剩余量，这说明中国羊肉出口还有很大的发展空间。众所周知，出口市场的开发和利用对一个产业的发展壮大起着重要的推动作用，如果一个产业不能很好地占领国际市场，该产业则很难做大做强。作为世界最大的肉羊生产大国，中国肉羊产业大而不强的原因是什么呢？要想知道确切答案，就必须对中国肉羊产业的国际竞争力进行对比说明，并对影响其绩效的因素展开深入的分析探讨。依据前文中对世界羊肉生产及贸易形势的对比分析，发现澳大利亚、新西兰、英国既是羊肉生产大国又是羊肉出口大国，因此本节选取上述3个国家作为比较对象，对中国肉羊产业国际竞争力进行分析。通过对中国肉羊产业国际竞争力及其影响因素的全方位分析，以期为今后一段时间内制定中国肉羊产业出口贸易发展战略以及肉羊产业国际竞争力的提升提供理论和现实依据。

表 7－14　中国羊肉历年剩余量变动（1996～2008 年）　（单位：1 000 吨）

年份	1996	1997	1998	1999	2000	2001	2002	2003	2004	2005	2006	2007	2008
年产量	1 810	2 128	2 346	2 513	2 641	2 718	2 835	3 087	3 329	3 501	3 638	3 826	3 803
净进口	19	23	27	30	14	22	30	22	9	11	3	24	40
进口	21	25	29	33	18	25	35	34	33	41	37	47	55
出口	2	1	3	3	4	3	5	12	24	30	33	22	15
居民消费	1 405	1 597	1 834	1 980	2 328	2 213	2 147	2 628	2 827	2 930	3 131	3 177	3 360
城镇	794	750	914	1 167	1 345	1 305	1 179	1 516	1 647	1 731	1 823	1 961	2 104
农村	612	847	920	813	983	908	968	1 112	1 180	1 199	1 308	1 216	1 256
年剩余量	424	554	539	563	327	527	718	481	511	582	510	673	483

数据来源：李宁辉等．中国畜产品供需变动分析［R］．北京：中国农科院农发所项目报告，2009（3）：2～45.

7.4.1　中国肉羊产业国际竞争力的比较分析

（1）指标的选取及数据来源

一个产业的国际竞争力是指一国产业以其相对于他国更高的生产率生产出更多的具有竞争优势的产品，在国际市场上占有市场份额，具有持续获得盈利的能力（陈卫平，2005）。因此，某一产业的国际竞争力最终会表现在产品的国际贸易绩效上。评价一个产业的国际竞争力可以从不同的角度入手，乔娟（2002）把反映竞争结果的指标称为国际竞争力实现指标，说明国际竞争力的实现程度；把反映竞争实力（即竞争力强弱的原因）的因素称为影响国际竞争力的直接和间接因素，解释为什么具有或不具有国际竞争力。金碚（2003）则从经济学竞争优势理论出发，认为不同国家同一产业的竞争力比较可以通过贸易竞争指数、相对出口优势指数、显示性比较优势指数以及国际市场占有率来衡量。根据研究的需要和数据的可获得性，本研究采用国际市场占有率、贸易竞争指数、显示性比较优势指数来分析我国羊肉产品国际竞争力的变动状况，并采用价格、质量和安全水平这两个间接和直接因素来分析我国羊肉国际竞争力强弱的原因。以期通过羊肉产品国际竞争力的绩效表现来反映我国肉羊产业国际竞争力的大小。

本研究采用的数据主要来源于联合国粮农组织统计数据库（FAOSTAT）。如无特别说明，我国的数据统计范围包括台湾但不包括香港和澳门特别行政区。本项研究中的羊肉产品主要是指羊肉的初级产品包括绵羊和山羊肉，不包括食用羊杂。

（2）指标的计算及分析

①国际市场占有率

从世界羊肉出口额的国际市场占有率来看，世界羊肉的出口主要集中在新西兰、澳大利亚、英国这3个国家，其中新西兰羊肉出口额的国际市场占有率一直高居首位，除个别年份外，20世纪80年代以来始终保持在40%左右，变动不大；澳大利亚则紧随其后，从1980年的19.49%增长到2008年的24.75%；从近20多年的发展趋势来看，虽然新西兰、澳大利亚的国际市场占有率有一定的起伏，但一直保持在较高的水平，国际竞争力依然很强，在世界出口市场中有着举足轻重的地位；另一肉羊大国英国肉羊出口趋势变动明显，国际市场占有率在1980~2000年间呈现逐年上升的势头，自2000年以后则表现出明显的下降趋势，尤其到2001年受疫病的影响，国际市场占有率只有5%，为历史最低水平，2002年以后又有所回升，2008年已占到10.11%；中国作为当前世界上最大的肉羊生产国，在世界羊肉贸易中占的比例非常小，只有不到0.2%的羊肉产量用于出口，占世界出口额的比重由1980年的0.61%增长到2008年的1.05%，个别年份虽然有所波动，但20多年来一直呈现着稳中有升的趋势，特别是自2001年加入WTO以来，出口份额表现出明显的上升趋势，但与新西兰、澳大利亚等出口大国相比，从羊肉出口额的国际市场占有率来看，中国羊肉不具有国际竞争力（表7-15）。

表7-15　中国与世界主要羊肉出口国国际市场占有率的变化

年份		1980	1985	1990	1995	2000	2001	2002	2003	2004	2005	2006	2007	2008
世界出口额（百万美元）		1 369	1 164	1 745	2 023	2 115	2 233	2 452	3 011	3 531	4 081	4 115	4 342	4 775
比重（%）	中国	0.61	0.31	0.32	0.23	0.3	0.2	0.3	0.7	1.2	1.4	1.6	1.25	1.05
	澳大利亚	19.49	9.98	14.09	19.05	23.7	25.9	25.1	22.1	23.5	24	25.2	25.36	24.75
	新西兰	42.04	47.51	36.93	37.59	40.4	40.7	43.4	42.8	42.8	41	37.9	40.18	37.41
	英国	9.42	10.46	18.21	20.97	13	5	7.9	10.2	9.8	9.6	10.3	8.38	10.11
	小计	71.56	68.26	69.55	77.84	77.4	71.8	76.7	75.8	77.3	76	75	75.17	73.32

数据来源：FAO统计数据库

②贸易竞争指数

从表7-16中可以看到，中国羊肉贸易竞争指数20多年来一直为负数，而且绝对值表现为先增加后递减的趋势，最高年份2001年达到0.87，此后有所下降，这说明我国羊肉贸易从20世纪80年代以来一直处于贸易逆差状态，而且进口额远远超过出口额。自2001年以来一度有缩小的趋势，但近三年来又有扩大的态势；澳大利亚和新西兰的羊肉贸易竞争指数一直为正，而且大多数年份为1，最低时也达到了0.98，说明这两个国家的羊肉出口能力极强，表现出相当强的国际竞争力；英国羊肉贸易竞争指数在多数年份为负数，只有在个别年份为正，但其绝对值在逐年减小，说明其净进口额在减少。通过与其他羊肉主要出口国之间的贸易竞争指数的对比，说明中国羊肉总体上不具备国际竞争力。

③显示性比较优势指数

从表7－17中可以看出，总体上，中国羊肉的显示性比较优势指数除个别年份外，自1980年以来一直处在0.8以下低水平波动，不过从变动趋势上，自21世纪以来却表现出递增的态势，从2000年的0.10增长到2006年的1.16，近两年又下降到0.8以下，这说明我国的羊肉与其他畜产品相比，出口优势有所回升，单从我国自身来说，羊肉贸易在整个畜产品贸易中还是具有不错的发展前景；不过，我们可以看到，澳大利亚的羊肉显示性比较优势指数从1995年的2.01增长到2006年的3.63，最高一度达到3.79，虽然中间年份有所波动，但整体上均高于2.5，说明其羊肉在国际上具有很强的出口竞争力；同在大洋洲的另一个重要羊肉出口大国新西兰，其显示性比较优势指数变化趋势与澳大利亚的极为类似，但表现更加强劲，1980～2008年始终在7～13，羊肉出口的比较优势明显，表现出超强的国际竞争力；而另一个羊肉出口大国英国的显示性比较优势指数变化同其竞争指数变动类似，呈现先升后降的趋势，不过多数年份均高于2.5，所以总的来说，其羊肉依然具有较强的国际竞争力。通过自身的比较以及与其他羊肉出口大国的显示性比较优势指数的对比，虽然中国羊肉在国内畜产品中具有一定的出口优势，但这是在我国整体畜产品贸易竞争力不高的大背景下的一种相对优势。因此，我们应更理性地看到，与其他羊肉出口大国相比，中国羊肉在出口贸易中基本不具备国际竞争力。

表7－16 中国与世界羊肉主要出口国贸易竞争指数变化

年份	1980	1985	1990	1995	2000	2001	2002	2003	2004	2005	2006	2007	2008
中国	0.18	－0.4	－0.54	－0.74	－0.79	－0.87	－0.82	－0.62	－0.45	－0.39	－0.3	－0.47	－0.58
澳大利亚	1	0.98	0.99	0.99	1	1	1	1	1	1	1	1	1
新西兰	1	1	1	0.99	0.98	0.99	0.99	0.99	0.99	0.99	0.99	0.99	0.99
英国	－0.51	－0.31	－0.03	0.12	－0.05	－0.43	－0.28	－0.14	－0.2	－0.15	－0.1	－0.21	－0.09

数据来源：FAO统计数据库

表7－17 中国与世界主要羊肉出口国的显示性比较优势指数变化

年份	1980	1985	1990	1995	2000	2001	2002	2003	2004	2005	2006	2007	2008
中国	0.13	0.05	0.08	0.05	0.1	0.07	0.12	0.35	0.82	0.95	1.16	0.74	0.61
澳大利亚	1.77	0.85	1.17	2.01	3.35	3.55	3.16	3.25	3.28	3.47	3.79	3	3.63
新西兰	7.51	8.25	9.49	9.69	12.64	12.42	11.9	11.18	10.32	9.77	10.57	9.39	10.42
英国	1.41	1.62	3.41	3.34	3.76	1.89	2.64	3.02	2.86	2.89	3.37	2.23	3.11

数据来源：FAO统计数据库

7.4.2 影响羊肉产品国际竞争力的直接和间接因素分析

根据乔娟（2002）的分类，影响羊肉国际竞争力的直接和间接因素主要有生产成本和价格、质量和安全水平、生产力水平和品种资源、生产规模及经营方式等。我们选择出口价格、质量和安全水平这两个因素来比较分析我国羊肉产品国际竞争力强弱背后的原因。因为在国际市场上，同一种商品在具有相同的质量和安全水平下，价格越低就越具有竞争力；与此类似，同一种商品在相同的价格水平下，质量和安全水平越高就越具有竞争力。而且通过这两个因素的国际对比分析，在某种程度上能够涵盖生产规模及经营方式、生产力水平和品种资源等因素对羊肉产品国际竞争力强弱的影响，所以选用价格、质量和安全水平这两个因素来分析影响我国羊肉产品的国际竞争力强弱是合适的。

（1）生产成本和价格

成本是决定产品价格的基础，成本的高低决定了产品是否具有价格竞争优势和获利能力，正因为产品成本很大程度上决定着产品价格，产品的竞争力状况也能在一定程度上从产品价格中体现出来。因此，我们选取我国和其他主要羊肉出口国的羊肉出口价（出口均价 = 出口额/出口量）来对比分析价格这一影响羊肉国际竞争力最重要的显性因素。

通过表 7 – 18，可以很直观地看到，中国羊肉出口价格在 1980 ~ 2006 年间总体上低于世界平均出口价格，不过总的变化趋势是在波动中稳步上涨；其他 3 个羊肉主要出口国澳大利亚、新西兰、英国的羊肉出口价格变化趋势基本同我国相同，一直趋于上升势头，澳大利亚的羊肉出口价从 1980 年的 1. 40 美元/千克上升到 2006 年的 3. 55 美元/千克，新西兰则从 1985 年的 1. 42 美元/千克上升到 2008 年的 4. 53 美元/千克，同样英国也是从 1980 年的 3. 49 美元/千克上升到 2008 年的 5. 54 美元/千克，其中只有澳大利亚的出口价格低于同期世界平均价格，新西兰在 2000 年之前出口价低于同期世界平均价，此后一直高于世界平均价，英国羊肉出口价自始至终就高于同期世界平均价格。中国羊肉出口价与这 3 个国家相比，整体上具有明显的价格优势，拥有较强的价格竞争力，但我们应看到这种价格优势在逐渐缩小。

表 7 – 18　中国和世界主要羊肉出口国价格变化　（单位：美元/千克）

年份	1980	1985	1990	1995	2000	2001	2002	2003	2004	2005	2006	2007	2008
世界	1. 76	1. 42	2. 11	2. 31	2. 20	2. 55	2. 83	3. 44	3. 88	4. 06	3. 89	4. 16	4. 48
中国	2. 05	1. 68	1. 59	2. 22	1. 37	1. 56	1. 56	1. 65	1. 74	1. 89	2. 00	2. 44	3. 45
澳大利亚	1. 40	1. 26	1. 48	1. 61	1. 62	1. 89	2. 09	2. 69	3. 02	3. 13	3. 03	3. 27	3. 55
新西兰	1. 42	1. 11	1. 72	2. 16	2. 25	2. 62	3. 11	3. 60	4. 27	4. 61	4. 20	4. 35	4. 53
英国	3. 49	2. 52	3. 99	3. 17	3. 08	3. 68	3. 51	4. 11	4. 50	4. 54	4. 92	5. 30	5. 54

数据来源：FAO 统计数据库

（2）质量和安全水平

从总体上看，中国出口的羊肉质量指数（以 1980 年为计算基期）以 2004 年为界，在此之前始终表现出下降的趋势，在此之后表现出缓慢上升的趋势，从 1985 年的 1. 02 下降到 2004 年的 0. 39，此后由 2005 年 0. 44 提高到 2008 年的 0. 66，这说明中国羊肉出口质量的稳定性差且出口附加值低，虽然近期有所好转，出现缓慢回升，但从质量水平上看基本不具备国际竞争力；而大洋洲两大羊肉出口国澳大利亚和新西兰的羊肉指数从 20 世纪 80 年代以来一直趋于稳步上升的态势，尤其是新西兰所有年份均大于 1，表现出很强的质量竞争优势；而同期英国的羊肉质量指数一直趋于下降，从 1980 年的 0. 89 下降到 2009 年的 0. 62，与其他出口大国相比，也不具有质量上的国际竞争力见表 7 – 19。

从安全卫生状况的国际对比来看，几乎所有发达国家在药物和有害物质残留、动植物疫病防治和检疫、畜产品质量等级测定等方面都做到了国内标准和国际标准相一致，并有完善

的监控、检测体系。而我国畜产品及其加工制品的质量标准偏重于国内市场，采用国际标准和国外先进标准的比较少，并且国内标准与国外先进标准之间存在着一定的差距，因此，由于不能适应畜产品出口贸易及国际市场竞争的要求，我国的羊肉出口遭到一些进口国“技术壁垒”的阻碍，国际份额难以扩大。

综上所述，通过对我国和世界其他主要羊肉出口国的国际市场占有率、贸易竞争指数、显示性比较优势指数这几个指标的测定对比后发现，中国的羊肉产品不具备国际竞争力，这与当前我国羊肉出口贸易的实际情况是相符的。通过对出口价格和羊肉质量指数的对比分析，发现我国的羊肉在价格上具有较强的竞争力，而在质量上却不具备国际竞争力，这就产生了“强价格竞争力”和“弱国际竞争力”之间的悖论。究其原因，一种可能的解释就是：在不完全竞争和规模经济条件下，价格竞争优势大多只能形成比较优势，而非价格优势才决定一个产业的国际竞争优势。所以，我们应该更理性地认识到，我国羊肉的这种价格优势更多的是由我国的劳动力成本和资源成本比较低廉所带来的，不是通常意义上的同等质量下的价格优势，而是一种“低质量”水平上的价格体现，意即我国的羊肉在质量和品质上不如其他出口大国，这些国家羊肉出口价格高，在相当程度上是一种优质优价的体现。所以我国羊肉的出口价格优势在某种意义上说根本不是价格优势，而是质量和品质不高的表现。就拿羊肉品质为例，在当今国际市场上销售的羊肉主要为羔羊肉，羔羊肉鲜嫩、多汁、易消化、膻味轻，无论从口感上还是从营养价值上均优于成年羊肉。各国羊肉产量中羔羊肉所占比例英国为94%，新西兰为90%以上，澳大利亚为70%，而我国平均为4%～6%。况且，我国的价格优势在不断缩小，以后很难通过价格这一“优势”来提高自己的国际竞争力。

表7－19　中国和世界其他羊肉主要出口国羊肉质量指数变化

年份	1985	1990	1995	2000	2001	2002	2003	2004	2005	2006	2007	2008
中国	1.02	0.65	0.83	0.53	0.53	0.47	0.41	0.39	0.40	0.44	0.50	0.66
澳大利亚	1.12	0.88	0.88	0.93	0.93	0.93	0.98	0.98	0.97	0.98	0.99	1.00
新西兰	0.97	1.01	1.16	1.27	1.27	1.36	1.30	1.36	1.41	1.34	1.30	1.25
英国	0.89	0.95	0.69	0.71	0.73	0.63	0.60	0.58	0.56	0.64	0.64	0.62

数据来源：FAO统计数据库

7.5　本章小结

本章通过对世界肉羊生产、贸易的变动特征以及中国肉羊贸易特征和国际竞争力的对比分析，得出如下结论。

（1）世界肉羊产业总体保持平稳增长的趋势，不过近年来有所下滑。无论是从绝对量还是相对指标的变动趋势上看，发展中国家肉羊生产的发展速度要远快于发达国家，世界肉羊生产的重心已由发达国家转向了发展中国家。

（2）世界肉羊出口保持快速增长，羊肉出口仍占主导地位。从整体上看，世界肉羊进、出口贸易集中化趋势明显，发达国家仍牢牢掌握贸易的话语权。

（3）中国肉羊国际贸易总额不断增长，但贸易逆差不断拉大。进口、出口市场相对集中，特别是进口市场集中化趋势更为明显。肉羊出口的稳定增长仍面临较大的不确定性。

（4）总体上，中国的羊肉产品不具备国际竞争力。虽然我国羊肉产品在价格上具有一定的比较优势，但这种价格优势与发达国家之间的差距是不断缩小的。而且，至关重要的是，中国羊肉产品的质量水平与澳大利亚、新西兰这两个出口大国相比有不小的差距，从而导致出口份额难以扩大。

8 主要研究结论与对策建议

8.1 主要研究结论

8.1.1 中国肉羊产业发展是内源动力和外源动力交互作用的结果

本课题以快速发展的中国肉羊产业为研究对象，在对比较优势理论、竞争优势理论相关内容进行梳理的基础上，借鉴迈克尔·波特的“钻石模型”作为分析工具构建了研究产业发展动力机制的理论模型，并以肉羊产业的纵向价值链为核心进一步构建了中国肉羊产业发展的动力机制模型。从纵向上看，肉羊养殖、肉羊屠宰加工和羊肉产品市场构成了肉羊产业发展的纵向产业价值链条，而且链条中的每个环节主体对产业发展的作用是不同的，其中，肉羊屠宰加工企业以其前向控制羊源，后向开拓市场在肉羊产业发展中起主导作用，成为肉羊产业价值链的核心环节，它同产业链其他行为主体之间的竞争与协作一道构成了肉羊产业发展的内源动力。同时，生产要素条件、羊肉市场环境、技术进步水平和相关支持产业的发展又构成了肉羊产业发展的基本条件和外部环境，政府的产业政策通过配置资源、培育市场、推进技术进步、优化产业结构、协调各产业主体关系等措施对产业发展施加影响，这些要素一道构成肉羊产业外展的外源动力。正是在内源动力和外源动力的交互作用下共同推动了肉羊产业的不断发展。

8.1.2 中国肉羊产业生产区域变动与比较优势变动具有内在一致性

从肉羊生产的优势区域布局来看，肉羊生产不断向中原地区、中东部农牧交错区、西北地区和西南地区这四大优势区域集中。其中，中东部农牧交错区和西南地区的集聚化趋势明显。而且造成这些区域生产优势变化的影响因素各异，同一影响因素对不同区域肉羊生产的作用方向和影响程度也是不尽相同，但综合看来，除了自然条件这一传统重要影响因素外，区域经济发展水平、非农产业发展和政府的政策支持力度都是影响中国肉羊生产区域变动的重要因素。进一步可以认为在市场化、城市化与工业化深入发展的新形势下，随着中国地区经济特别是农村经济发展差距不断扩大，经济欠发达地区农村劳动力向当地非农产业转移或向发达地区流动规模扩大的时代背景下，中国今后肉羊生产的区域格局将可能发生进一步的变化。饲料资源丰富、劳动力充足、产业发展基础较好的中等及欠发达地区的肉羊生产规模将会进一步扩大，而在非农产业发达、农民非农就业机会较多的经济发达地区的肉羊生产将会进一步萎缩。从生产规模上看，随着农村劳动力不断向非农产业转移，散养和兼业化经营将会日渐减少，养殖专业户和规模化经营将会相应增加。特别是在目前经济发展相对落后的肉羊主产区，随着区域经济的进一步发展和农民非农就业机会的增加，这些地区的肉羊生产的机会成本将会显著增加，如果不采取有效的支持政策，这些地区肉羊生产也将因比较收益的下降可能难以保持持续的增长能力。这预示着经济发展水平、非农就业与比较收益的地区变化这些要素将是影响今后中国肉羊生产区域变动乃至整个肉羊产业可持续发展的关键因素。

8.1.3 利益分割与产业链接方式决定中国肉羊产业的流通模式与运行效率

当前我国肉羊产业流通体系主要包括活羊收购（销售）、肉羊屠宰加工和羊肉产品销售3个环节，而各环节及环节之间活跃着不同的流通（利益）主体。基本形成了以批发市场、集贸市场为载体，以农民经纪人、运销商贩、中介组织、屠宰加工企业为主体，以产品集散、现货交易为基本流通模式，以原产品和初级加工产品为营销客体的基本流通格局。处于肉羊产业发展核心地位的大型屠宰加工企业，为了降低成本、化解风险和追求利润，最有动力实施现代产业链所要求的纵向一体化措施，同时也有资本及技术能力实施纵向一体化措施，向前链接农牧户，实施原料控制战略；向后链接销售与流通，实施后向市场整合战略。不过，从产业链优化的视角来看，当前肉羊养殖环节仍以千家万户式小规模散养为主，农牧户生产严重分散，屠宰加工环节的主体规模不一且区域分布不均衡，而销售环节主体繁多且需求不一，这些使得整个肉羊产业的产业链不健全，产业化组织程度低。而且肉羊产业链涉及环节多，利益主体复杂，且分配极不合理。因此，从整体上判断，我国肉羊产业仍处于产业发展的初级阶段，现代化程度很低。产业链各环节发展程度不一导致处于核心地位的行业内大型屠宰加工企业难以对整个产业链实施有效整合。虽然通过在产业链各环节间成立中间组织，可以将各环节的利益主体有机地统一起来，有效地化解和分散自然风险、生产风险和市场风险，合理地分摊利益。但是当前这些新兴中介组织大都是一些活跃在各环节中的个人，协调能力弱，即使那些具有企业法人特质的各类协会和合作组织也大多是运行机制不健全，有名无实，成立之初的动机有的纯粹是为了响应国家政策的号召，更有甚者就是为了套取各级政府部门的政策优惠。产业合作组织的发育滞后致使肉羊产业链上的肉羊繁殖、商品肉羊生产和出栏羊的屠宰、羊肉深加工、批发零售之间几乎是各自为政、互相独立，并没有形成“风险共担、利润共享”连接机制，产业链各环节主体间行为与利益分配机制的不健全，严重制约了其作为产业发展内部动力的运行效率，这同样也是今后我国肉羊产业发展壮大的最大掣肘。

8.1.4 消费结构、消费者的消费行为及其影响因素对羊肉市场发育起着重要的决定作用

从宏观上看，我国城乡居民畜产品消费结构不合理，羊肉消费比重明显偏低且增长缓慢，甚至有持续下滑的危险。另外，随着居民尤其是城市居民的食品质量安全意识不断增强，这对千家万户式的以小规模生产为主的肉羊产业来说，将面临着极大的考验。进一步从微观视角对城市消费者的品牌信任程度与其羊肉食品购买行为之间关系的实证分析，我们发现，大多数城市消费者对品牌产品比较信任，接受程度也很高。特别是随着消费者对品牌信任程度的提高，其购买羊肉产品时选择品牌产品的比例会显著增加。另外，消费者的性别、受教育程度、家庭是否有16岁以下的孩子或60岁以上的老人、对政府质量安全监管的信赖

程度、购买地点、购买的便利程度以及销售人员的推荐力度，这些变量都会显著影响消费者品牌羊肉产品的购买行为，不过不同变量的影响方向和程度是不尽相同的。此外，本项研究也对城市消费者的户外羊肉消费行为及其影响因素进行了分析，发现城市居民在家庭以外的地方消费羊肉已很常见，不过，具有不同特征的消费者之间的户外消费行为差异显著。并且这些差异不仅通过对调查数据的统计分析可以表现出来，而且大都能够通过计量模型的实证检验。其中，消费者的性别、受教育程度、是否为家里主要食品购买者、家庭规模、家庭人均月收入、户内羊肉购买频率、家里是否有人不喜食羊肉、对就餐价格的敏感程度、羊肉的偏爱程度以及对羊肉产品质量安全的关心程度，这十个变量对消费者的户外羊肉消费频率影响显著，不过不同变量的影响方向和程度同样也是不尽相同的。

8.1.5 贸易自由化使中国肉羊产业面临机遇和挑战，但总体发展处于不利地位

世界肉羊产业总体保持平稳增长的趋势，不过近年来有所下滑。无论是从绝对量还是相对指标的变动趋势上看，发展中国家肉羊生产的发展速度要远快于发达国家，世界肉羊生产的重心已由发达国家转向了发展中国家。从贸易上看，世界肉羊出口保持快速增长，羊肉出口仍占主导地位。从整体上看，世界肉羊进、出口贸易集中化趋势明显，发达国家仍牢牢掌握贸易的话语权。进出口的高度集中充分说明作为世界肉羊生产重心的发展中国家要想扩大自己的出口份额，增强自身话语权，依然任重而道远。就中国而言，自 20 世纪 90 年代以来一直是全球最大的羊肉生产大国，特别是自 2001 年加入 WTO 以来，随着市场开放程度的不断提高，中国羊肉产品国际贸易总额不断增长，但贸易逆差不断拉大。进口、出口市场相对集中，特别是进口市场集中化趋势更为明显。羊肉产品出口的稳定增长仍面临较大的不确定性。总体上，中国的羊肉产品不具备国际竞争力。虽然我国羊肉产品在价格上具有一定的比较优势，但这种价格优势与发达国家之间的差距是不断缩小的。而且，至关重要的是，中国羊肉产品的质量水平与澳大利亚、新西兰这两个出口大国相比有不小的差距，从而导致出口份额难以扩大，严重阻碍了中国肉羊产业发展的国际步伐。

总之，依据中国肉羊产业发展动力机制的理论模型，肉羊产业的发展是由内源动力和外源动力交互作用的结果，产业的健康发展离不开这两种类型动力的协调作用。虽然中国肉羊产业发展具有得天独厚的优势条件，但是由于产业链各环节主体之间利益分配机制的不健全和产业组织化程度低，制约了处于产业发展核心地位的产业链各环节主体的竞争与协作，致使产业发展的内部机制失调，严重影响了内源动力与外源动力的协调运转，因此，必须从整个产业发展的高度来协调各环节之间的发展关系。

8.2 促进中国肉羊产业可持续发展的对策建议

通过对中国肉羊产业发展的纵向分析后发现，虽然我国肉羊产业具有广阔的发展前景，属于畜牧业中的“朝阳产业”，但在新的历史时期，随着经济结构的不断调整，城市化、工业化进程的不断加快，我国肉羊产业发展再次处于矛盾重叠期。如果不妥善处理好这些矛盾，将会严重制约我国肉羊产业的可持续发展进程。从产业发展角度看，一方面是市场对羊肉量的需求不断增加和质量安全的要求水平不断提升，另一方面是面临生态建设和公共卫生的压力加大；从经济角度看，羊价的稳步上涨使养羊收益增加可观，而禁牧、限牧政策缺乏

合理的经济补偿机制；从技术角度看，一方面是舍饲成本高的问题尚未解决，另一方面是现代畜牧业又提出了标准化的要求；从生产力角度看，传统放牧养羊与多数农户所处的生产力水平相适宜，而建设现代畜牧业又必须以一定的规模化养殖为基础。从食品质量安全角度看，一方面是对高质量、高品质羊肉产品的需求增加，另一方面是肉羊产业链间相互脱节、质量难以得到有效保证的现实。因此，在一系列矛盾相互交织之中，要想促进我国肉羊产业的可持续发展，必须从整个产业发展的高度，对肉羊产业链各环节进行优化整合，赋予传统肉羊产业以新的内涵，用现代畜牧业的要求来改造传统的肉羊产业。因此，建议采取以下措施：

8.2.1 政府应继续实施肉羊生产优势区域布局，进一步加大政策的实施力度和广度

在中国这样一个资源禀赋和经济发展水平具有明显地区差异的国家，实现优势区域肉羊生产的稳定增长将是保证产业发展安全的基础，继续加快肉羊优势产业带建设，进一步完善肉羊生产的区域布局。这样可以将散养模式在区域上进行集中，提高我国肉羊生产的区域集中度，这一区域意义上的规模化生产可以在一定程度上弥补以家庭为单位的小规模生产的不足。由于在优势产业带内存在集聚效应，可以快速有效地进行技术推广、疫病防控、市场信息搜集、生产结构优化等，这样不仅能够增强羊肉产品的成本和价格竞争优势，而且能够提升羊肉产品的质量和安全卫生水平，从而提升我国肉羊产业的国际竞争力。现阶段在这些区域，首当其冲的是处理好农村劳动力转移、提高农民收入与保障肉羊生产稳定增长的关系。因此，从整个产业发展的高度来看，首先，政府应该实行区域差异化的产业支持政策，将政策支持的重点倾斜到饲料资源丰富、非农就业不足和产业基础比较好的优势地区，如通过对优势区域养羊户提供贴息贷款、良种补贴、机械补贴、圈舍改造补贴、技术培训与指导、市场信息等一系列政策措施，显著提高这些地区肉羊生产的政策支持力度，提高这些地区的养羊收入及其在家庭总收入中的比重，以调动其积极性。其实，支持养羊户对提升我国肉羊产业市场竞争力具有根本性意义，不仅会全面提高羊肉质量和养羊户的经济效益，而且会提高某些不可贸易的农副产品与农业剩余劳动力的利用率。其次，在经济发达地区，由于具有较高的收入水平而使羊肉消费在这些地区具有广阔的市场前景，但通过自己生产将会有较高的机会成本，因此，可以通过建立区域统一的市场来满足这一需求，这就需要各级政府在制度与政策上鼓励经济发达地区向肉羊生产的优势地区从事肉羊产业发展相关的投资，如在优势地区投资发展肉类加工业和物流业来促进肉羊生产的稳定增长，实现生产与市场之间的互动，这不仅有利于缓解优势区域农业剩余劳动力的转移压力，提高这些地区肉羊生产效率来提高肉羊生产的比较效益，还可以通过拓展产业链来为肉羊产业的可持续成长创造一个更加有利的环境。

8.2.2 加大对养羊户的技术培训力度，大力推广肉羊标准化生产

针对当前中国农村牧区肉羊生产以“老弱病残妇”为主体的现实，这一群体由于人力资本和金融资本上的不足，导致其对新品种、新技术的采纳意愿和接受能力普遍较低。因此，各级政府部门应该设立专项资金，加大对这一群体的技术培训力度，强化其肉羊生产的商品意识。积极发展健康养殖业，引导养殖户转变养殖观念，推进标准化适度规模养殖。在农区专业养羊户和大型养羊场建立标准化生产体系，并推行标准化生产规程。加快专业化养

殖小区建设，在养殖小区突出抓好品种、饲料、防疫、养殖技术和产品等五方面的标准化工作，逐步实现品种良种化、饲养标准化、防疫制度化和产品规格化，促进安全优质羊肉产品生产。

8.2.3 完善利益联结机制，提高肉羊产业的组织化程度

以家庭经营为基本特征的农村经营制度决定了我国以农户分散饲养的生产方式在长时期内还将继续存在。通过“龙头企业 + 合作社 + 养殖户”等形式的利益联结机制，将分散的个体生产与市场联结起来，可以有效地解决小生产与大市场之间的矛盾，增强他们在市场交易中的地位和议价能力。此外，还可以进一步探索建立更加紧密的利益联结机制，使龙头企业和养殖户在平等互利的基础上，通过实行股份制、合作制等多种方式与养殖户形成真正的“风险共担、利益共享”的利益共同体。

8.2.4 加强屠宰加工、质量安全管理、流通市场体系和品牌建设

屠宰加工是提高羊肉及其产品质量安全的关键环节之一。但由于政府监管不力，造成很多现代化屠宰竞争不过私屠滥宰，羊肉及其产品不能够做到优质优价。因此，政府应依法取缔私屠滥宰，严格执行肉羊屠宰加工标准，加强质量安全监管，建立健全各级检疫检验制度，建立有序竞争的规范市场体系。同时，政府应出台优惠政策积极鼓励有实力的企业或个人，去肉羊优势产区投资设立具有一定规模的现代肉类加工屠宰企业，并采取切实有效的激励措施鼓励企业加大品牌的建设力度，努力打造一批具有全国知名度乃至世界影响力的羊肉品牌。

8.2.5 加强羊肉产品质量标准、认证和检测体系建设，提高羊肉产品国际竞争力

中国羊肉产品国际竞争力低下的一个重要原因就是质量安全水平难以达到进口国的要求。从技术角度看，这主要是我国畜产品质量标准偏重于国内市场，而与国际先进标准之间存在一定的差距，从而容易遭遇进口国的技术壁垒，市场份额难以扩大。因此，必须加强与肉羊相关的畜产品质量标准、认证、检测体系的建设，使其与国际标准趋于一致，为我国羊肉产品进入发达国家市场铺平道路。

8.3 研究不足与展望

本项研究虽然从理论上构建了中国肉羊产业发展的动力机制，并且以肉羊产业纵向价值链为主线，对我国肉羊产业的生产、流通、消费、国际贸易诸环节进行了全方位分析，但受时间和精力的限制，对肉羊产业链各环节主体间的行为与利益分配机制缺乏更微观、更深入的调查分析。另外，受肉羊产业在我国农业中比重过小所限，与肉羊产业发展相关的数据极其缺乏，仅有的一些数据也是在时间上缺乏连续性，在空间上缺乏完整性，关键数据的缺失严重限制了本项目相关内容研究的进一步深入，使本课题的一些相关研究结论难以通过详尽的数据或严谨的计量模型进行实证比较分析。不过，随着本课题所依托项目研究的不断推进和肉羊产业规模的不断壮大，产业发展相关的数据也将会不断趋于完整和系统化，今后可以对中国肉羊产业发展动力机制进行更为深入的研究和实证分析。

参考文献

[1] Ahmadi-Esfahani, F. Z. : Constant Market Shares Analysis: Uses, Limitations and Prospects, *The Australian Journal of Agricultural and Resource Economics*, 2006, 50 (4): 510 ~ 526.

[2] Alvarez, B. A. How could reference price and loyalty influence brand choice?. *International Journal of Entrepreneurship and Small Business*, 2006, 3 (3/4): 287 ~ 309.

[3] András Nábrádi, Hajnalka Madai. Risk and risk management in Hungarian sheep production. *Applied Studies in Agribusiness and Commerce*, 1992.

[4] Becker G S. Theory of the Allocation of Time. *Economic Journal*, 1965 (75).

[5] Bowen, H. P. and Pelzman, J. United States Export Competitiveness: 1962 ~ 1977. *Applied Economics*, 1984, 16 (3): 461 ~ 473.

[6] Brakus, JJ, Schmitt, BH, Zarantonello, L. Brand Experience: What Is It? How Is It Measured? Does It Affect Loyalty? . *Journal of Marketing*, 2009, 73 (5): 52 ~ 68.

[7] Brexendorf TO, Muhlmeier S, Tomczak T, *et al.* The impact of sales encounters on brand loyalty. *Journal of Business Research*, 2010, 63 (11): 1148 ~ 1155.

[8] Chaudhuri A, Holbrook MB. The chain of effects from brand trust and brand affect to brand performance: The role of brand loyalty. *Journal of Marketing*, 2001, 65 (2): 81 ~ 93.

[9] Curtis, Kynda R. , *et al.* Consumer Acceptance of Genetically Modified Food Products in the Developing World. *AgBioForum*, 2004, 7: 70 ~ 75.

[10] Delgado-Ballester E, Munuera-Aleman JL, Yague-Guillen MJ. Development and validation of a brand trust scale. *International Journal of Market Research*, 2003, 45 (1): 35 ~ 53.

[11] Duncan Anderson, Paul Keatley. What LFA beef and sheep farmers should do and why they should do it. *The* 83*rd Annual Conference of the Agricultural Economics Society*, Dublin, 2009.

[12] Elena, D. B. , Jose, L. M. A. Brand Trust in The Context of Consumer Loyalty. *European Journal of Marketing*, 2001, 35 (11/12): 1238 ~ 1258.

[13] Fogarasi, J. : Hungarian and Romanian Agri-food trade in the European Union, *Management*, 2008, 3 (1): 3 ~ 13.

[14] Hiemstra S J, Eklund HM. Food Expenditures in 1960 ~ 1961. National Food Situation, USDA NFS-117, 1965.

[15] Hossain, F. and B. Onyango. Product Attributes and Consumer Acceptance of Nutritionally Enhanced Genetically Modified Foods. *International Journal of Consumer Studies*, 2004, 28

(3): 255 ~267.

[16] Jensen, J. M. ; Hansen, T. An empirical examination of brand loyalty. *Journal of Product & Brand Management*, 2006, 15 (7): 442 ~449.

[17] Jepma, C. . J. . *Extensions and Application Possibilities of the Constant Market Analysis: The Case of the Developing Countries' Exports*, Groningen: University of Groningen Press, 1986.

[18] Kim, Seok Eun, Kim, Kon Joong. A Study on Livestock Products Brand Loyalty of University Students. *Journal of Animal Science and Technology*, 2009, 51 (5): 433 ~440.

[19] Keithly G. Jones, William F. Hahn and Christopher G. Davis. Demand for U. S. Lamb and Mutton by Country of Origin: A Two-Stage Differential Approach. Paper prepared for presentation at the American Agricultural Economics Association Annual Meeting, Montreal, Canada, 2003.

[20] Kelly Lock, Joanna Hendy, Suzi Kerr. Sheep And Beef Production Costs Across New Zealand: Introducing The Spatial Dimension. *Motu Economic and Public Policy Research*, 2007.

[21] Li FA, Zhou N, Kashyap R, *et al.*. Brand trust as a second-order factor An alternative measurement model. *International Journal of Market Research*, 2008, 50 (6): 817 ~839.

[22] Liu P. Tracing and periodizing China's food safety regulation: A study on China's food safety regime change. *Regulation & Governance*, 2010, vol. 4 (2): 244 ~260.

[23] Matzler, K. , Grabner-Kra uml uter, S. , Bidmon, S. Risk aversion and brand loyalty: the mediating role of brand trust and brand affect. *Journal of Product & Brand Management*, 2008, 17 (3): 154 ~162.

[24] McKeown, E. G. , Werner, W. B. Content analysis of consumer confidence in food service in relation to food safety laws, publicity, and sales. *Journal of Hospitality Marketing & Management*, 2010, 19 (1): 72 ~81.

[25] McCracken VA, Brandt JA. Household Consumption of Food away from Home: Total Expenditure and by Type of Food Facility. *American Journal of Agricultural Economics*, 1987 (69).

[26] Milana, C. : Constant Market Shares Analysis and Index Number Theory, *European Journal of Political Economy*, 1988, 4 (4): 453 ~478.

[27] Min I, Fang C, Li Q. Investigation of Patterns in Food away from Home Expenditure for China. *China Economic Review*, 2004 (15).

[28] Rao, A. R. , Qu, L. , Ruekert, R. W. Signaling Unobservable Product Quality Through a Brand Ally. *Journal of Marketing Research*, 1999, 36: 258 ~268.

[29] Renato Villano, Euan Fleming, Terence Farrell and PaulineFleming. Productivity Change in the Australian Sheep Industry Revisited. paper prepared for presentation at the International Association of Agricultural Economists Conference, Gold Coast, Australia, 2006.

[30] Sperling, D, . Food Law, Ethics, and Food Safety Regulation: Roles, Justifications, and Expected Limits. *Journal of Agricultural & Environmental Ethics*, 2010, 23 (3): 267 ~278.

[31] Stuart Mounter, Garry Griffith, Roley Piggott. An Equilibrium Displacement Model of the

Australian Sheep and Wool Industries. Economic Research Report No. 38 NSW Department of Primary Industries, 2008.

[32] Stuart Mounter, Garry Griffith. Composition of the National Sheep Flock and Specification of Equilibrium Prices and Quantities for the Australian Sheep and Wool Industries, 2002 ~ 2003 to 2004 ~ 2005. Economic Research Report No. 37, NSW Department of Primary Industries, Armidale, December, 2007.

[33] Tyszynski. World Trade in Manufactured Commodities: 1899 ~ 1950, *The Manchester School of Economic Social Studies*, 1951, 19 (9): 272 ~ 304.

[34] Tzouramani I., Sintori A., Liontakis A. and Alexopoulos G. Assessing economic incentives for dairy sheep farmers: A real options approach 12th Congress of the European Association of Agricultural Economists, 2008.

[35] Wall, P. Food safety and supply: present and future challenges. *Journal of Farm Management*, 2010, 13 (12): 853 ~ 860.

[36] Yue, N, Kuang, H, Sun, L, *et al.* An empirical analysis of the impact of EU's new food safety standards on China's tea export. *International Journal of Food Science And Technology*, 2010, 45 (4): 745 ~ 750.

[37] 邓蓉，张存根，郭爱云．中国肉羊生产与贸易的现状及其发展对策 [J]．北京农学院学报，2006 (3): 69 ~ 73.

[38] 石国庆，任航行，柳楠．欧洲肉羊生产及国内发展现状 [J]．新疆农垦科技，2007 (1): 57 ~ 59.

[39] 马宁．关于发展肉羊产业的思考 [J]．吉林畜牧兽医，2004 (3): 4 ~ 5.

[40] 王锐，何永涛，赵凤立．国内外肉羊业现状及研究进展 [J]．中国畜牧兽医文摘，2006 (5): 5 ~ 6.

[41] 刘玉满．我国肉羊业发展应深入产业化经营面向产业化转变 [J]．农村养殖技术，2008 (4): 4 ~ 6.

[42] 康风祥，高雪峰．内蒙古自治区肉羊业发展现状与对策 [C]．2007 ~ 2008 年全国养羊生产与学术研讨会议论文集，31 ~ 33.

[43] 张立中．肉羊生产及贸易趋势与中国牧区肉羊业 [J]．世界农业，2005 (3): 17 ~ 20.

[44] 刘芳，邓蓉，刘柳等．世界肉羊业生产及贸易研究 [J]．北京农学院学报，2007 (1): 49 ~ 53.

[45] 刘春龙，孙海霞，李长胜．我国肉羊产业发展对策 [J]．中国生态农业学报，2005 (1): 198 ~ 200.

[46] 张德鹏．我国肉羊产业面临问题与对策 [J]．畜牧兽医杂志，2007 (3): 74 ~ 75.

[47] 彭华．我国肉羊生产存在的问题及发展趋势 [J]．当代畜牧，2007 (5): 1 ~ 4.

[48] 吴建尼玛，王月英．我国肉羊业生产现状与发展对策分析 [J]．中国畜禽种业，2008 (8): 13 ~ 14.

[49] 王兆丹，魏益民，郭波莉．中国肉羊产业的现状与发展趋势分析 [J]．中国畜牧杂志，2009 (5): 19 ~ 23.

[50] 肖西山．中国肉羊业的发展现状与对策 [J]．中国草食动物，2001 (1): 33 ~ 35.

[51] 邓蓉，张存根，郭爱云．中国肉羊生产分析［J］．现代化农业，2007（4）：1～3.
[52] 赵有璋．中国肉羊产业现状及发展建议［J］．新农业，2009（3）：8～11.
[53] 徐宏玲，李双海．中国肉羊业发展影响因素的系统分析［J］．中国畜牧兽医，2004（6）：20～22.
[54] 钱宏光．国内外肉羊发展趋势及国内肉羊业存在的问题［J］．饲料广角，2000（15）：5.
[55] 刘芳，何忠伟．中国肉羊产业区域概率优势分析［J］．农业展望，2007（4）：42～44.
[56] 孙晓萍，肖西山．我国羊肉产销现状与消费市场［J］．中国食物与营养，2003（3）：34～35.
[57] 肖西山．中国肉羊产业持续发展对策［J］．中国畜牧杂志，2005（10）：50～52.
[58] 刘芳．中国肉羊产业国际竞争力研究［博士学位论文］．北京：中国农业科学院，2006.
[59] 郑江平．新疆羊产业发展研究［博士学位论文］．乌鲁木齐：新疆农业大学，2005.
[60] 朱明．内蒙古肉羊产业可持续发展研究［硕士学位论文］．北京：中国农业大学，2007.
[61] 邓荣臻．我国羊肉生产现状、存在问题及对策研究［硕士学位论文］．北京：中国农业大学，2006.
[62] 李瑾，秦向阳．消费结构变迁引致的畜牧业生产变革做法与经验借鉴—以美国、日本为例［J］．中国农学通报，2009，25（06）：290～294.
[63] 潘耀国．中国肉类消费的全景图和大趋势［J］．北方牧业，2009（12）：9.
[64] 袁学国，王济民，韩青．中国畜产品生产统计数据被高估了吗？——来自中国六省的畜产品消费调查［J］．中国农村经济 2001（1）：48～54.
[65] 钟甫宁．关于肉类生产统计数据中的水分及其原因的分析［J］．中国农村经济，1997（10）：64～66.
[66] 李志强，王济民．我国畜产品消费及消费市场前景分析［J］．中国农村经济，2000（7）：46～51.
[67] 玉玺．论草原文化在内蒙古特色经济中的地位和作用［硕士学位论文］．呼和浩特：内蒙古师范大学，2007.
[68] 冯永忠，杨改河，杨世琦等．畜牧业对江河源区生态环境演变的影响机理研究［J］．草业科学，2005（11）：77～80.
[69] 左应鸿，刘莉．畜产品加工业不发达是畜牧业大发展的“瓶颈”［J］．四川畜牧兽医学院学报，2001，15（3）：33～37.
[70] 申茂向，李保明．养殖业集约规模化与新型工业化［J］．中国软科学，2005（12）：76～84.
[71] 贾永全．畜牧业风险的规避［J］．家畜生态，2004，25（4）：223～226.
[72] 王冲．对畜禽产品安全性与畜牧产业发展的思考［J］．农业科学研究，2006，27（3）：90～92.
[73] 刘建铭．发展畜牧业是传统农区工业化和城镇化的现实路径［J］．农业现代化研究，2004，25（2）：98～101.

[74] 姚成胜，朱鹤健．福建省粮食生产与畜牧业发展协调状况的时空变化研究［J］．农业现代化研究，2009，30（3）：288～292.
[75] 现代畜牧业课题组．国外建设现代畜牧业的基本做法及我国现代畜牧业的模式设计［J］．中国畜牧杂志，2006，42（20）：24～28.
[76] 王建华．绿色饲料产业的发展及其在畜牧业现代化中的战略地位［J］．草业科学，1996，13（4）：51～54.
[77] 李瑾，秦向阳．基于比较优势理论的我国畜牧业区域结构调控研究［J］．农业现代化研究，2009，30（1）：6～10.
[78] 陈洁，方炎．论从传统草原畜牧业到现代畜牧业的转变［J］．中国软科学，2003（6）：36～40.
[79] 柯炳生．集约型畜牧业发展与水资源保护问题［J］．中国水利，2005（13）：134～137.
[80] 任继周．节粮型草地畜牧业大有可为［J］．草业科学，2005，22（7）：44～48.
[81] 邓蓉，张波．论畜牧业小生产者的组织化问题［J］．北京农学院学报，2003，18（3）：166～171.
[82] 朱玉春，郭江．陕西畜牧业技术进步状况的实证分析：1984～2004年［J］．西南农业大学学报（社会科学版），2006，4（3）：39～41.
[83] 谢双红，王济民．关于加快畜牧业全面协调可持续发展的研究［J］．农业经济问题，2005（7）：65～68.
[84] 卓嘎，杨秀海，罗文红．西藏那曲地区气候变化与牧业生产的关系［J］．资源科学，2009，31（3）：485～492.
[85] 吕晓英．西部主要牧区气候暖干化及草地畜牧业可持续发展的政策建议［J］．农业经济问题，2003（7）：51～55.
[86] 赵剑锋．中国奶业结构、行为、绩效研究［博士学位论文］．北京：中国农业大学，2004.
[87] 赵云平．内蒙古奶业成长机制研究［博士学位论文］．北京：中国农业大学，2006.
[88] 吕广宙．畜牧产业组织与企业行为研究［博士学位论文］．泰安：山东农业大学，2005.
[89] 程支中．中国畜牧产业化经营问题研究［博士学位论文］．成都：西南财经大学，2003.
[90] 王桂霞．中国牛肉产业链研究［博士学位论文］．北京：中国农业大学，2005.
[91] 刘志国．内蒙古牧区畜牧业经济发展的制度研究［硕士学位论文］．呼和浩特：内蒙古师范大学，2007.
[92] 齐春宇．“三鹿奶粉事件”反思：基于中美乳业产业链结构比较视角［J］．内蒙古财经学院学报，2008（6）.
[93] 侯淑霞，郝娟娟，姜海燕．乳品产业链纵向组织关系的经济学分析—以“公司＋奶站＋农户”为例［J］．科学管理研究，2008，26（6）：111～114.
[94] 卢凤君，刘莉．提高猪肉品牌影响力，减少生猪产业价格波动损失［J］．猪业科学，2007（1）：40.

[95] 陈子剑．我国畜产品出口遭遇道德壁垒的原因及对策［J］．江苏商论，2009（6）：51～52.

[96] 李桦，郑少锋，郭亚军．我国生猪不同饲养方式生产成本变动分析［J］．西北农林科技大学学报（自然科学版），2007，35（1）：63～67.

[97] 孙世民，卢凤君，叶剑．我国优质猪肉生产组织模式的选择［J］．中国畜牧杂志，2004，40（11）：32～34.

[98] 孙世民，卢凤君，叶剑．优质猪肉供应链中养猪场的行为选择机理及其优化策略研究［J］．运筹与管理，2004，13（5）：105～110.

[99] 崔惠玲，董筱丹，姚莉等．中国奶业发展的产业主体分析［J］．经济问题，2002（4）：33～35.

[100] 强振宏．绿色肉羊产业发展战略研究［硕士学位论文］．北京：中国农业大学，2005.

[101] 杨军．中国畜牧业增长与技术进步、技术效率研究［硕士学位论文］．北京：中国农业科学院，2003.

[102] 刘晓昀，李娜．贫困地区农户散养生猪的销售行为分析［J］．中国农村经济，2007（9）：60～65.

[103] 张莉侠，杨国涛．市场结构、效率与绩效—基于我国乳制品业的实证分析［J］．南方经济，2007（3）：15～25.

[104] 虞祎，胡浩，刘莹．我国城乡两市场的猪肉价格的影响因素分析—基于均衡转移模型［J］．南京农业大学学报（社会科学版），2009，9（2）：38～42.

[105] 李建平，罗其友．我国畜产品比较优势和国际竞争力的实证分析［J］．管理世界，2002（1）：83～91.

[106] 刘芳，何忠伟．中国肉羊产业区域概率优势分析［J］．农业展望，2007（4）：42～44.

[107] 张莉侠，刘荣茂，孟令杰．中国乳制品业全要素生产率变动分析—基于非参数Malmquist 指数方法［J］．中国农村观察，2006（6）：2～8.

[108] 杨湘华．中国生猪业生产的技术效率研究—基于 DEA 方法的运用［J］．华商，2008（10）：81～82.

[109] 彭秀芬．中国原料奶的生产技术效率分析用［J］．农业技术经济，2008（6）：23～29.

[110] 靳明．绿色农业产业成长研究［博士学位论文］．杨凌：西北农林科技大学，2006.

[111] 杨顺江．中国蔬菜产业发展研究［博士学位论文］．武汉：华中农业大学，2004.

[112] 何玉成．中国乳品产业发展研究［博士学位论文］．武汉：华中农业大学，2003.

[113] 王述英，白雪洁，杜传忠．产业经济学［M］．北京：经济科学出版社，2006.

[114] 杨建文，周冯琦，胡晓鹏．产业经济学［M］．上海：学林出版社，2004.

[115] 卜伟，刘似臣，李雪梅等．国际贸易［M］．北京：清华大学出版社，2006.

[116] 魏农建，谷芬．产业经济学［M］．上海：上海大学出版社，2008.

[117] 刘志迎．现代产业经济学教程［M］．北京：科学出版社，2007.

[118] 巨荣良，王丙毅．现代产业经济学［M］．济南：山东人民出版社，2009.

[119] 赵云平．内蒙古乳业成长：路径、机制与战略［M］．呼和浩特：内蒙古人民出版社，2008.
[120] 邓蓉，张存根，王伟．中国畜牧业发展研究［M］．北京：中国农业出版社，2005.
[121] 闫晓军，邓蓉，孙伯川．中国畜产品生产成本与收益分析［M］．北京：中国农业出版社，2007.
[122] 张存根主编．转型中的中国畜牧业：趋势与政策调整［M］．北京：中国农业出版社，2006.
[123] 张存根著．畜牧业经济与发展（2000~2005）［M］．北京：中国农业出版社，2006.
[124] 张立中，王玉明，辛国昌．中国草原畜牧业发展模式研究［M］．北京：中国农业出版社，2004.
[125] 张利痒．中国饲料经济与管理研究［M］．北京：中国经济出版社，2007.
[126] 祁春节等著．柑橘产业经济与发展研究2008［M］．北京：中国农业出版社，2009.
[127] 蔡昉，王德文，都阳．中国农村改革与变迁［M］．上海：格致出版社，2008.
[128] 孔祥智，庞晓鹏，马九杰等．西部地区农业技术应用的效果、安全性及影响因素研究［M］．北京：中国农业出版社，2005.
[129] 刘玉满．中国肉牛业经济问题研究［M］．北京：当代中国出版社，2000.
[130] 山世英．中国水产业的经济分析和政策研究［M］．杭州：浙江大学出版社，2007.
[131] 乔娟，李秉龙．中国农产品国际竞争力研究［M］．北京：中国人民大学出版社，2006.
[132] 王芳．我国籼米生产、消费和贸易的研究［博士学位论文］．北京：中国农业科学院，2004.
[133] 李锁平．中国蔬菜产业的经济学分析与政策取向研究［博士学位论文］．北京：中国农业科学院，2006.
[134] 司伟．全球化背景下的中国糖业：价格、成本与技术效率［博士学位论文］．北京：中国农业大学，2005.
[135] 王明利．我国粳米生产、消费和贸易的研究［博士学位论文］．北京：中国农业科学院，2003.
[136] 潘耀国．中国肉类消费全景图和大趋势［J］．中国禽业导刊，2007，24（24）：21~22.
[137] 司智陟．2008年中国畜产品贸易分析［J］．中国畜牧杂志，2009（6）：41~44.
[138] 王明利，王济民，申秋红．畜牧业增长方式转变：现状评价与实现对策［J］．农业经济问题，2007（8）：49~54.
[139] 李毳，李秉龙．我国粮食主产区主要粮食作物生产比较优势分析［J］．新疆农垦经济，2003（5）：4~5.
[140] 李勇．中国大豆成本分析［硕士学位论文］．北京：中国农业大学，2006.
[141] 耿红莉，王秀清．北京市主要畜产品生产成本分析［J］．农业技术经济，2003（5）：32~36.
[142] 周应恒等．培育产业组织是提高我国畜牧业竞争力的关键［J］．产业经济研究，2003（1）：66~69.

[143] 陆文聪，梅燕，赵元龙．中国粮食生产的区域变化：人地关系、非农就业与劳动报酬的影响效应［J］．中国人口科学，2008（3）：21～28.

[144] 钟甫宁，刘顺飞．中国水稻生产布局变动分析［J］．中国农村经济，2007（9）：39～44.

[145] 朱启荣．中国棉花主产区生产布局分析［J］．中国农村经济，2009（4）：31～38.

[146] 许咏梅，苏祝成．中国茶产业空间分布格局及演变原因分析［J］．农业现代化研究，2007，28（3）：364～366.

[147] 李干琼，王志丹，闫立萍．我国畜产品区域生产态势分析及中长期预测［J］．农业现代化研究，2007，28（6）：660～663.

[148] 花俊国，朱香荣，殷成文．中国乳业集中状况和空间布局分析［J］．中国农村经济，2007（2）：19～54.

[149] 胡浩，张锋，黄延珺等．中国猪肉生产的区域性布局及发展趋势分析［J］．中国畜牧杂志，2009（20）：44～47.

[150] 张越杰，田露．中国肉牛生产区域布局变动及其影响因素分析［J］．中国畜牧杂志，2010（12）：21～24.

[151] 云鹏．关于北京市肉羊业的发展报告［R］．中国草食动物，2002年专辑：41～44.

[152] 王千六，李强．我国生猪产业市场机制的缺陷及其对策［J］．农业现代化研究，2009（3）：293～297.

[153] 王可山．中国畜产食品质量安全的市场主体与监管机制研究［博士学位论文］．北京：中国农业大学，2008.

[154] 李旭．中国新疆羊肉产业竞争力的影响因素研究［硕士学位论文］．石河子：石河子大学，2007.

[155] 刘芳，张博．中国牛肉市场流通体系研究［J］．北京农学院学报，2001，16（1）：60～64.

[156] 向吉英．产业成长的动力机制与产业成长模式［J］．学术论坛，2005（7）：49～53.

[157] 向吉英．产业成长及其阶段性特征—基于S型曲线的分析［J］．学术论坛，2007（5）：83～87.

[158] 张喜才，张利痒．我国生猪产业链整合的困境与突围［J］．中国畜牧杂志，2010，46（8）：22～26.

[159] 李红，赵明亮．基于产业链视角的新疆羊产业发展模式实证分析［J］．新疆大学学报（哲学·人文社会科学版），2009，37（6）：16～20.

[160] 申秋红．中国家禽产业的经济分析［博士学位论文］．北京：中国农业科学院，2008.

[161] 李道和．中国茶叶产业经济发展的经济学分析［博士学位论文］．北京：北京林业大学，2008.

[162] 方梦琳，张德权，张柏林等．我国羊肉加工业的现状及发展趋势［J］．肉类研究，2008（3）：3～7.

[163] 张磊，王娜，谭向勇．猪肉价格形成过程中及产业链各环节成本收益分析—以北京市为例［J］．中国农村经济，2008（12）：14～26.

[164] 科林·G·布朗，约翰·W·朗沃斯，刘玉满译．食品质量安全与中国肉牛业的发展［J］．中国农村经济，2002（5）：33～40.

[165] 中国肉类协会．中国肉类工业五十年回顾与展望［J］．肉类工业，1999（9）：4～9.

[166] 陈丽芬．我国农产品流通体系发展难题诊断［EB/OL］．http：//www.caitec.org.cn/c/cn/news/2009－11/24/news_1696.html.2009 年 11 月 24 日．

[167] 朱莹莹．龙头企业在构建我国猪肉行业供应链中的作用与发展［J］．市场周刊（理论研究），2008（1）：35～36.

[168] 时悦，李秉龙．基于自然禀赋的肉羊产业集聚分析［J］．技术经济，2010，29（4）：68～71.

[169] 照日格图．内蒙古羊肉产业发展研究［硕士学位论文］．呼和浩特：内蒙古大学，2007.

[170] 孙永珍．河北省肉羊产业化经营研究［硕士学位论文］．保定：河北农业大学，2004.

[171] 崔燕．中国肉羊产业国际竞争力研究［硕士学位论文］．北京：中国农业大学，2010.

[172] 孙瑞萍．宁夏肉羊产业发展研究［硕士学位论文］．北京：中国农业大学，2010.

[173] 夏晓平，李秉龙．国内外肉羊产业发展研究述评．见：张英杰，杨耀光，主编．中国畜牧兽医学会养羊学分会全国养羊生产与学术研讨会议论文集．北京：中国畜牧兽医学会养羊学分会，2010.

[174] 李秉龙，夏晓平．中国肉羊产业经济发展特征、存在问题与政策建议分析．见：沈广主编.2010 中国羊业进展．北京：中国畜牧业协会，2010.

[175] 夏晓平，李秉龙，隋艳颖．中国肉羊生产的区域优势分析与政策建议［J］．农业现代化研究，2009，30（6）：719～723.

[176] 夏晓平，李秉龙，隋艳颖．中国畜牧业生产结构的区域差异分析［J］．资源科学，2010（8）：1592～1599.

[177] 夏晓平，李秉龙．我国羊肉产品国际竞争力之分析［J］．国际贸易问题，2009（8）：38～44.

[178] 李秉龙，夏晓平，时悦．都市型现代肉羊产业发展的困境与出路—以北京市为例［J］．当代畜牧，2009 增刊：9～14.

[179] 夏晓平，李秉龙，隋艳颖．收入变动与城镇居民畜产食品消费的实证分析［J］．消费经济，2010（5）：17～24.

[180] 夏晓平，李秉龙，隋艳颖．中国肉羊产地移动的经济分析——从自然型布局向经济性布局转变［J］．农业现代化研究，2011，32（1）：32～35.

[181] 夏晓平，隋艳颖，李秉龙．我国城镇居民畜产品消费问题分析［J］．晋阳学刊，2011（2）：41～45.

[182] 夏晓平，隋艳颖，李秉龙．中国畜产食品出口波动的实证分析——基于需求、结构与竞争力的三维视角［J］．中国农村经济，2010（10）：77～85.

[183] 夏晓平，李秉龙．中国城市居民户外食品消费行为的实证研究——以内蒙古自治区呼和浩特市和包头市的调查为例［J］．内蒙古社会科学（汉文版），2011（3）：

109 ~ 117.

[184] 夏晓平，隋艳颖，李秉龙．中国肉羊生产空间布局变动的实证分析［J］．华南农业大学学报（社会科学版），2011（2）：109 ~ 117.

[185] 夏晓平，李秉龙．品牌信任对消费者食品消费行为的影响分析——以羊肉产品为例［J］．中国农村观察，2011（4）.

[186] 陈幼春．现代动物农业——可持续农业谋略与模式［M］．北京：中国农业出版社，2005.

[187] 朱信凯等．中国肉鸡产业经济研究［M］．北京：中国农业出版社，2007.

[188] 周建，杨秀祯．我国农村消费行为变迁及城乡联动机制研究［J］．经济研究，2009（1）：83 ~ 89.

[189] 卢锋．我国若干农产品产消量数据不一致及产量统计失真问题［J］．中国农村经济，1998（10）：47 ~ 53.

[190] 袁学国．我国城乡居民畜产品消费研究［博士学位论文］．北京：中国农业科学院，2001.

[191] 李瑾．基于畜产品消费的畜牧业生产结构调整研究［博士学位论文］．北京：中国农业科学院，2008.

[192] 蒋乃华，辛贤，尹坚．我国城乡居民畜产品消费的影响因素分析［J］．中国农村经济，2002（12）：48 ~ 54.

[193] 王秀清．中国食品加工业：增长、结构与绩效［J］．农村经济社会，1999 年下卷：54.

[194] 朱高林．中国城镇居民食品消费结构的基本趋势分析［J］．现代经济探讨，2006（11）：87 ~ 91.

[195] 马恒运．在外饮食、畜产品需求和食品消费方式变化研究［博士学位论文］．北京：中国农业科学院，2000.

[196] 乔娟，张宏升．论农业产业带建设与提升农产品竞争力［J］．农业经济问题，2004（12）：35 ~ 38.

[197] 乔娟，颜军林．中国柑橘鲜果国际竞争力的比较分析［J］．中国农村经济，2002（11）：30 ~ 36.

[198] 帅传敏，程国强，张金隆．中国农产品国际竞争力的估计［J］．管理世界，2003（1）：97 ~ 103.

[199] 金碚等．竞争力经济学［M］．广州：广东经济出版社，2003：35 ~ 41.

[200] 周洁红．消费者对蔬菜安全的态度、认知和购买行为分析［J］．中国农村经济，2004（11）：44 ~ 52.

[201] 王可山，郭英立，李秉龙．北京市质量安全畜产食品消费行为的实证研究［J］．农业技术经济，2007（3）：50 ~ 55.

[202] 钟甫宁，陈希．转基因食品、消费者购买行为与市场份额［J］．经济学（季刊），2008（3）：1061 ~ 1076.

[203] 周应恒，彭晓佳．江苏省城市消费者对食品安全支付意愿的实证研究：以低残留青菜为例［J］．经济学（季刊），2006（4）：1319 ~ 1340.

[204] 杨晓燕，胡晓红．绿色认证对品牌信任和购买意愿的影响研究［J］．国际经贸探索，2009（12）：66～70.

[205] 张立胜，陆娟，吴芳等．认证标识对农产品品牌信任的影响路径分析［J］．技术经济，2010（4）：56～61.

[206] 金玉芳，董大海．中国消费者品牌信任内涵及其量表开发研究［J］．预测，2010（5）：9～15.

[207] 马明峰，陈春花．品牌可信度、品牌信任和品牌忠诚关系的实证研究［J］．经济管理，2006（11）：55～58.

[208] 于春玲，郑晓明，孙燕军等．品牌信任结构维度的探索性研究［J］．南开管理评论，2004（2）：35～40.

[209] 仇焕广，黄季焜，杨军．政府信任对消费者行为的影响研究［J］．经济研究，2007（6）：65～74.

附　录
城市消费者羊肉产品消费行为调查表

尊敬的消费者：

您好！我们来自中国农业大学经济管理学院，是国家现代肉羊产业技术体系产业经济研究的团队成员，正在对羊肉产品消费的相关问题进行调研。本问卷采取不记名方式填答，问题的答案无对错之分。我们保证，对您填答的所有资料，仅供学术研究使用，绝不外流做他用，而您对相关问题的看法将影响我们的调研结果，请根据您的实际情况如实填答这份问卷，以保证研究结果的真实性从而为解决相关问题提出正确的建议。衷心感谢您的合作与参与！

调查时间：　　　　　　　　　　**地点：**　　　　　　　　**访谈员：**

第一部分　羊肉消费习惯和认知水平

1. 以下几种肉类产品中，您家消费数量比较多的两种肉类是什么：

A. 牛肉　B. 猪肉　C. 羊肉　D. 禽肉（鸡、鸭肉）

2. 没有选择 C 项请填此题，您没选择羊肉，主要原因在于（可多选）：

A. 与其他肉类相比，羊肉价格高　　B. 羊肉膻味重

C. 羊肉烹调方式单一　　D. 其他原因

3. 您家购买羊肉产品的频率是：

A. 很少购买　B. 两周一次　C. 一周一次　D. 一周二次　E. 一周三次以上

4. 您购买羊肉产品的最主要场所是：

A. 社区的小肉摊　B. 农贸市场/集贸市场　C. 专营肉店　D. 超市

5. 除了在家里消费外，您和您的家人是否在外面聚餐时消费羊肉：

A. 从不消费　B. 偶尔消费但次数不多　C. 比较多的消费　D. 经常消费

6. 与其他肉类（猪肉、牛肉、鸡肉）相比，您觉得下面哪些是羊肉所具有的特性（可多选）：

A. 激素残留量低　B. 高蛋白低脂肪　C. 营养价值高

D. 味道鲜美、口感细嫩、易消化　E. 胆固醇含量低

F. 氨基酸含量高　G. 维生素含量高

7. 您经常购买的羊肉产品类型是（可多选）：

A. 无品牌但经过检疫合格的普通冷鲜肉　　B. 有专门品牌的冷鲜肉
C. 无品牌但经过检疫合格的羊肉制品　　D. 有专门品牌的羊肉制品

其中：（1）您如果选择选项 A 或 C 请填此题：购买无品牌羊肉产品的原因有（可多选）：

A. 价格相对便宜　　B. 随处可买，购买方便　　C. 口感跟品牌产品没有太大差别
D. 经过检疫，质量上没问题

（2）您如果选择 B 或 D 请填此题：您经常购买的有哪些品牌（可多选）：

A. 小肥羊　B. 四季青　　C. 苏尼特　　D. 伊利
E. 蒙牛　　F. 蒙羊　　G. 草原兴发　　H. 其他

8. 您是否习惯于购买某一固定品牌的羊肉产品：A. 是　　B. 不是

9. （第 7 题选择 A 项或 C 项此题不用作答）您购买有品牌的羊肉产品的原因有（可多选）：

A. 质量有保证　　B. 口感要好　　C. 自己曾听说过该品牌
D. 亲戚朋友的推荐　　E. 销售员推销

第二部分　消费行为与支付意愿

10. 影响您购买羊肉产品的以下因素中，根据重要程度，在相应位置打“√”。

因素	根本不重要	不太重要	一般重要	比较重要	非常重要
（1）品牌知名度					
（2）羊肉的偏爱程度					
（3）价格					
（4）安全卫生					
（5）新鲜程度、外观					
（6）销售人员的推销					
（7）购买便利程度					
（8）消费环境					
（9）亲戚朋友的推荐					

11. 如果您选择外出聚餐消费羊肉产品，请根据重要程度，选择影响您消费决策的因素，在相应位置打“√”。

因素	根本不重要	不太重要	一般重要	比较重要	非常重要
（1）餐饮企业知名度					
（2）消费环境					
（3）就餐价格					

（续表）

因素	根本不重要	不太重要	一般重要	比较重要	非常重要
（4）服务态度					
（5）菜肴可口程度					
（6）羊肉的偏爱程度					
（7）就餐便利程度					
（8）亲戚朋友的推荐					

12. 您对羊肉产品质量安全关心程度：

A. 极不关心　B. 不关心　C. 无所谓　D. 较为关心　E. 很关心

13. 与其他肉类产品相比，您认为羊肉产品质量安全问题严重吗？

A. 非常严重　B. 较严重　C. 差不多　D. 不严重　E. 极不严重

14. 在羊肉质量安全方面，您最担心的问题是（可多选但要排序）：

A. 添加剂（如色素、香精、防腐剂）超量使用　B. 病死羊肉

C. 有毒有害物质（如抗生素、重金属、兽药）高残留　D. 注水肉

E. 寄生虫、微生物污染　F. 非法使用违禁添加剂如瘦肉精

15. 您对政府监管的肉类产品质量安全的信任程度：

A. 完全不信任　B. 不完全信任　C. 比较信任　D. 非常信任

16. 根据你的购买经验或直观判断，你相信市场上的品牌羊肉产品在质量和品质上要优于非品牌的普通产品吗？

A. 根本不信任　B. 比较不信任　C. 一般信任　D. 比较信任　E. 非常信任

17. 品牌意味着保证和承诺，只要品牌羊肉产品的质量能够有效保证，价格比普通产品高一点我也能接受：

A. 完全不同意　B. 不同意　C. 同意　D. 完全同意　E. 说不清楚

18. 您认为对有一定品牌知名度的羊肉产品，支付价格可以高于同类普通产品的比例为：

A. 10%以下　B. 10%～20%　C. 20%～30%　D. 30%～40%　E. 40%～50%　F. 50%以上

19. 假定无品牌的普通羊肉（以冷鲜肉为例）价格为每斤16元，您对同类型有品牌的羊肉最高愿意支付的价格为__________元/斤。

20. 假定无品牌的普通羊肉（以冷鲜肉为例）价格为每斤17元，您对同类型有品牌的羊肉最高愿意支付的价格为__________元/斤。

21. 假定无品牌的普通羊肉（以冷鲜肉为例）价格为每斤18元，您对同类型有品牌的羊肉最高愿意支付的价格为__________元/斤。

22. 假定无品牌的普通羊肉（以冷鲜肉为例）价格为每斤19元，您对同类型有品牌的羊肉最高愿意支付的价格为__________元/斤。

第三部分　被调查者的基本信息

1. 您的性别：A. 男　　　　　B. 女

2. 您的民族：________

3. 您是否为家里主要食品购买者：A. 是　　　　B. 否

4. 您的年龄：

A. 20 岁以下　　B. 20 ~ 29 岁　　C. 30 ~ 39 岁　　D. 40 ~ 49 岁

E. 50 ~ 59 岁　　F. 60 岁以上

5. 您的受教育程度：

A. 小学　B. 初中　C. 高中（或中专）　D. 大学（大专或本科）

E. 研究生（硕士或博士）

6. 您从事的职业：

A. 政府机关或事业单位职工　　B. 企业职工　　C. 文教卫生　　D. 个体经营者

E. 农民　　F. 学生　　G. 离退休人员　　H. 下岗职工

7. 您家总人口数______人；家庭结构：16 岁以下孩子______人，60 岁以上老人____人。

8. 您家里是否有人不喜欢吃或不吃羊肉：A. 有　B. 没有；　如果有的话，有______人。

9. 您的家庭人均月收入为：

A. 1 000 元以下　　B. 1 001 ~ 2 000 元　　C. 2 001 ~ 3 000 元　　D. 3 001 ~ 4 000 元

E. 4 001 ~ 5 000 元　F. 5 001 ~ 6 000 元　　G. 6 001 元以上

10. 您目前的居住地：__________________ 市______________ 区

后　　记

中国虽然是世界上的养羊大国，但却是贸易小国；中国羊的种质资源虽然非常丰富，但却几乎没有自己叫得响的肉羊品种；肉羊虽然出现了优势产区和产业集聚，但在全国各地却都有羊的分布；肉羊养殖在经济发达地区逐渐萎缩的同时，在经济不发达地区却成为支柱产业和农牧民收入的主要来源；一方面在我国广大农区农作物秸秆被还田、被烧掉，在南方山区和半山区很多野草任凭生长无人问津，另一方面在广大的牧区却超载过牧、羊的饲草不足；在生猪基本喂养配合饲料的同时，很多肉羊养殖者却有啥喂啥；我国肉羊现代屠宰企业虽然如雨后春笋，但却普遍处于饥饿状态，手工屠宰仍然根深叶茂，现代工厂似乎难以战胜手工作坊；虽然如小肥羊所代表的肉羊产业链不断延长、加强与增值，但大部分还是处于产加销割裂的状态；在羊肉销售渐渐走向品牌化的同时，很多地方认证的肉羊地理标志却锁在办公桌里；在全国人均家庭消费羊肉大约只有一公斤的情况下，在新疆等肉羊主产区却出现了生产难以满足需求；在羊肉以其鲜嫩、多汁、味美、营养丰富、胆固醇含量低等特点愈来愈受到消费者青睐的同时，假冒伪劣羊肉却开始出现。面对如此多的现代与传统、美好与丑陋、兴奋与无奈，我国的肉羊产业在艰难中前行。

幸逢农业部与财政部建立国家现代农业产业技术体系，围绕农业产业发展需求，进行共性技术和关键技术研究、集成和示范，以农产品为单元、产业为主线，建设从产地到餐桌、从生产到消费、从研发到市场各个环节紧密衔接、环环相扣、服务国家目标的现代农业产业技术体系，肉羊产业技术研究才迎来了明媚的春天。

国家肉羊产业技术体系由遗传育种与繁殖、营养与饲料、疾病防控、屠宰与加工、环境与产业经济 5 个功能研究室、22 个岗位科学家、24 个综合试验站所组成。笔者作为环境与产业经济功能研究室主任和产业经济岗位科学家，在首席科学家旭日干院士的领导下，在与各岗位科学家和综合试验站站长的合作研究中增长了才干，尝到了多学科共同研究所带来的甜头，也感到了肉羊产业经济研究的责任重大。

肉羊产业经济研究团队是一个大家庭，她由中国农业大学的 3 位教授、2 位副教授和不断加入的博士生、硕士生以及外单位的相关研究人员所组成。很多研究需要集体合作才能完成。

在研究中我们深深地感到，羊不仅是一种经济动物，而且具有非常丰富的文化内涵。真正能够象征华夏祥和循法与礼仪之邦本质的灵物是羊，而非表征皇帝和皇权以及面目狰狞与张牙舞爪的龙。中国人的性格特征更多的是一种羊化特征，羊在相当大程度上准确地表达了大部分中国人的基本性格特征、思维方式、行为方式。中华民族应该是羊的传人。

本书是在国家统计局广东调查总队夏晓平的博士学位论文《中国肉羊产业发展动力机制研究》基础上修改完成的，他为本书的完成作出了最重要的贡献，但也凝结着其他团队成员的心血和汗水。

本书是国家现代肉羊产业技术体系（CARS-39）与国家自然科学基金“基于质量安全的畜产食品产业链优化机制研究（70973123）”的部分研究成果，要特别感谢两项基金对本项研究的大力支持！

李秉龙

2011 年盛夏于中国农业大学绿苑